L'EXODE RURAL

ET

LE RETOUR AUX CHAMPS

FÉLIX ALCAN, ÉDITEUR

BIBLIOTHÈQUE GÉNÉRALE DES SCIENCES SOCIALES

SECRÉTAIRE DE LA RÉDACTION

DICK MAY, Secrétaire général de l'École des Hautes Études sociales.

VOLUMES PUBLIÉS :

L'Individualisation de la peine, par R. Saleilles, professeur à la Faculté de droit de l'Université de Paris, 1 vol. in-8, cart. . . 6 fr.

L'Idéalisme social, par Eugène Fournière, 1 vol. in-8, cart. . . 6 fr.

Ouvriers du temps passé (xve et xvie siècles), par H. Hauser, professeur à l'Université de Dijon, 1 vol. in-8, cart. . . . . 6 fr.

Les Transformations du pouvoir, par G. Tarde, de l'Institut, professeur au Collège de France. 1 vol. in-8, cart. . . . . 6 fr.

Morale sociale. Leçons professées au Collège libre des Sciences sociales, par MM. G. Belot, Marcel Bernès, Brunschvicg, F. Buisson, Darlu, Dauriac, Delbet, Ch. Gide, M. Kovalevski, Malapert, le R. P. Maumus, de Roberty, G. Sorel, le Pasteur Wagner. Préface de M. Emile Boutroux, de l'Institut. 1 vol. in-8, cart. . . . . 6 fr.

Les Enquêtes, *pratique et théorie*, par P. du Maroussem. (Ouvrage couronné par l'Institut). 1 vol in-8 cart.. . . . . 6 fr.

Questions de Morale. Leçons professées à l'Ecole de Morale, par MM. Belot, Bernès, F. Buisson, A. Croiset, Darlu, Delbos, Fournière, Malapert, Moch, D. Parodi, G. Sorel. 1 vol. in-8, cart.. 6 fr.

Le développement du Catholicisme social, depuis l'encyclique *Rerum novarum. Idées directrices et caractères généraux* par Max Turmann, 1 vol. in-8, cart.. . . . . 6 fr.

Le Socialisme sans doctrines (*La question ouvrière et agraire en Australie et en Nouvelle-Zélande*, par A. Métin, agrégé de l'Université, professeur à l'Ecole municipale Lavoisier. 1 vol. in-8, cart. . . 6 fr.

Assistance sociale. *Pauvres et mendiants*, par Paul Strauss, sénateur. 1 vol. in-8, cart. . . . . 6 fr.

L'Éducation morale dans l'Université (*Enseignement secondaire*). Conférences et discussions, sous la présidence de M. A. Croiset, doyen de la Faculté des lettres de l'Université de Paris. (*École des Hautes Etudes sociales*, 1900-1901). 1 vol in-8, cart. . . . . . 6 fr.

La Méthode historique appliquée aux Sciences sociales par Ch. Seignobos, maître de conférences à l'Université de Paris. 1 vol. in-8, cart. . . . . 6 fr.

L'Hygiène sociale, par E. Duclaux, de l'Institut, directeur de l'Institut Pasteur. 1 vol. in-8, cart . . . . 6 fr.

Le Contrat de travail. *Le rôle des syndicats professionnels*, par P. Bureau, professeur à la Faculté libre de droit de Paris. 1 vol in-8, cart. . . . . 6 fr.

Essai d'une philosophie de la solidarité. Conférences et discussions sous la présidence de MM. Léon Bourgeois, député, ancien président du Conseil des ministres, et A. Croiset, de l'Institut, doyen de la Faculté des lettres de l'Université de Paris. (*Ecole des Hautes Etudes sociales*, 1901-1902.) 1 vol in-8, cart. . . . . 6 fr.

L'Exode rural et le retour aux champs, par E. Vandervelde, professeur à l'Université nouvelle de Bruxelles. 1 vol. in-8, cart. . . . . 6 fr.

Chaque volume in-8° carré de 300 pages environ, cartonné à l'anglaise . . . . 6 fr.

L'EXODE RURAL

ET

LE RETOUR AUX CHAMPS

PAR

ÉMILE VANDERVELDE
Professeur à l'Université nouvelle de Bruxelles.

La plaine est morne et ses chaumes et ses granges
Et ses fermes dont les pignons sont vermoulus.
La plaine est morne et lasse et ne se défend plus.
La plaine est morne et morte et la ville la mange.

VERHAEREN (*Les Campagnes hallucinées*).

PARIS
FÉLIX ALCAN, ÉDITEUR
ANCIENNE LIBRAIRIE GERMER BAILLIÈRE ET Cie
108, BOULEVARD SAINT-GERMAIN, 108

1903

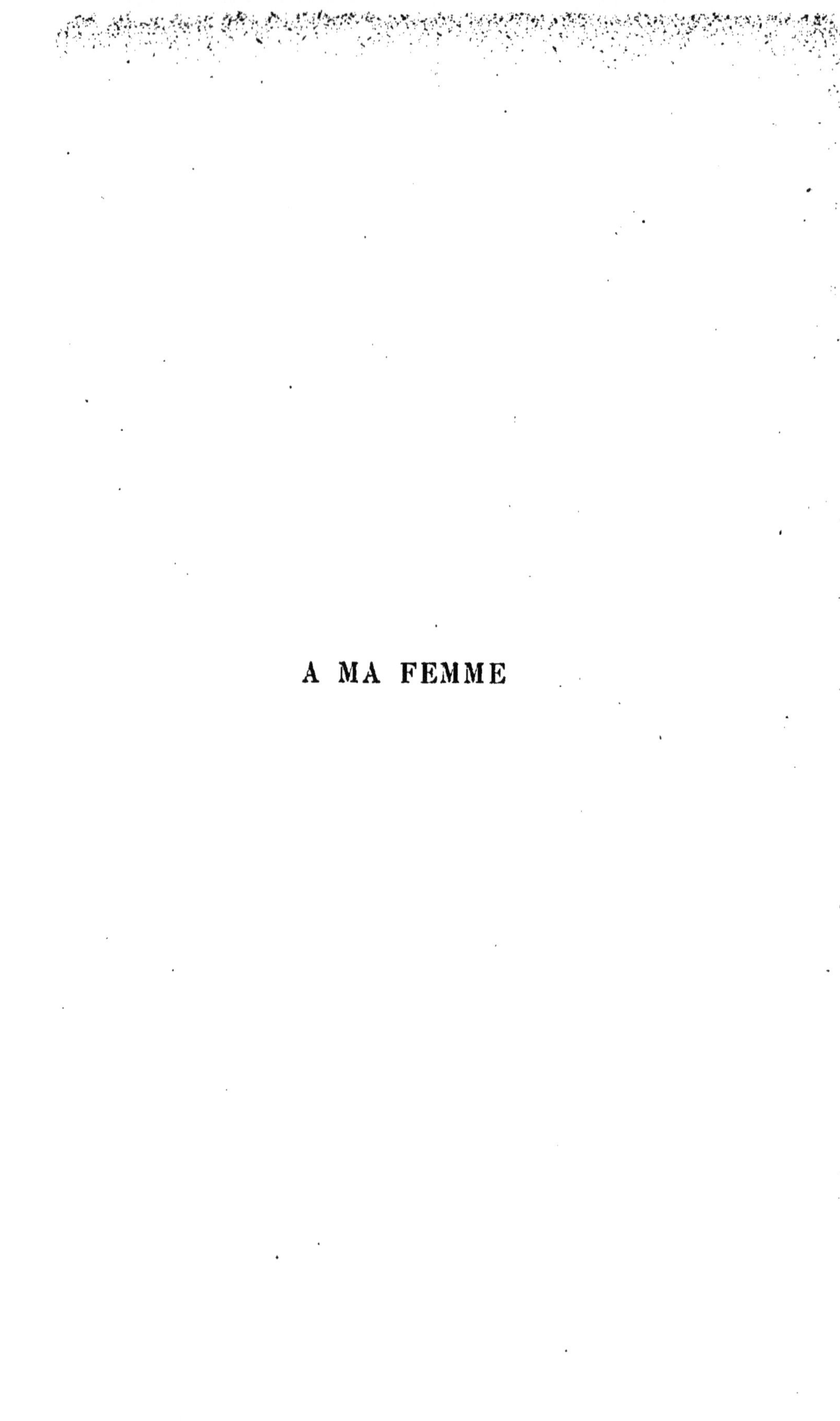

A MA FEMME

TABLE DES MATIÈRES

ANNEXES

L'EXODE RURAL

ET

LE RETOUR AUX CHAMPS

INTRODUCTION

> Et maintenant où s'étageaient les maisons claires,
> Et les vergers et les arbres allumés d'or,
> On aperçoit, à l'infini, du sud au nord,
> La noire immensité des usines rectangulaires.
>
> VERHAEREN (*Les Villes tentaculaires*).

Depuis la crise agricole, c'est un des lieux communs de la littérature contemporaine que l'exode rural, l'émigration des campagnards vers les villes.

Il n'est guère possible d'ouvrir un journal agricole, sans y trouver des plaintes amères sur la rareté et la cherté de la main d'œuvre.

Les démographes, de leur côté, surtout dans les pays de population presque stationnaire, comme la France, se répandent en lamentations sur le dépeuplement des villages, au profit des centres urbains.

Les hygiénistes s'inquiètent des dangers de l'agglomération des hommes, par centaines de milliers, voire par millions, au point de vue du développement de la tuberculose, de la syphilis et de l'alcoolisme, ces trois grandes causes de la morbidité et de la mortalité.

Les conservateurs, enfin, s'épouvantent de voir grandir, d'année en année, les foyers d'agitation socialiste.

Et, ces préoccupations diverses ont un tel caractère de généralité que, débordant les publications spéciales, elles se sont répandues à profusion dans la presse quotidienne et se reflètent même, de plus en plus fréquemment, dans des œuvres purement littéraires.

Telle, par exemple, l'admirable trilogie, pleine d'intuitions profondes et de vues d'avenir, dans laquelle le poète Émile Verhaeren nous décrit successivement, les *Campagnes hallucinées*, se vidant au profit des grandes agglomérations, les *Villes tentaculaires*, étendant leur domination sur le plat pays, les *Aubes*, enfin, se levant sur la révolution sociale victorieuse, réconciliant, en un seul peuple de travailleurs, étrangers et nationaux, citadins et campagnards !

Pour que le phénomène de l'exode rural ait de pareilles répercussions, dans des domaines aussi variés, il faut évidemment qu'il ait pris, pendant la seconde moitié du XIXe siècle, une importance tout à fait anormale. Mais ce serait une erreur d'en conclure que l'émigration des campagnards vers les villes constitue un fait nouveau, et non pas l'accentuation d'un mouvement qui s'est toujours produit, depuis qu'il existe des agglomérations urbaines.

Sans parler des migrations analogues, qui ont marqué la fin de l'antiquité, et, comme l'a montré Karl Bücher, la fin du moyen âge[1], de nombreux témoignages établissent que, bien avant le XIXe siècle, on se préoccupait de la désertion des campagnes et de l'afflux des populations rurales dans les grands centres.

Ainsi que le fait remarquer Weber, dans son important ouvrage, *The growth of cities in the nineteenth century*, les plaintes des Physiocrates sur la rareté de

1. Karl Bücher. *Etudes d'histoire et d'économie politique*, p. 315 et suiv. Paris, Alcan, 1901.

la main-d'œuvre, dans les districts ruraux, devraient être familières à tout le monde[1]. Quesnay, dans son article célèbre « Fermiers », de l'Encyclopédie, constate que les plus énergiques et les plus intelligents, parmi les paysans, émigrent dans les villes, et attribue ce fait aux dépenses d'argent que font, à Paris et dans d'autres grandes villes, les courtisans et les nobles. Bref, les Physiocrates étaient d'accord sur l'existence d'une émigration vers les villes, qu'ils appelaient « dépopulation des districts ruraux » et qu'ils déclaraient exister en France, depuis longtemps.

Dans les *Éphémérides du citoyen*, publiées en 1765, on pouvait lire ce qui suit :

« Quelles sont, parmi nous, les causes qui concourent à diminuer le nombre des agricoles ? Ou, pour mieux dire, quelles sont les causes qui n'y concourent pas ? La guerre, la marine, la finance, la justice, le commerce, les arts, les églises même, arrachent, tour à tour, les enfants de nos cultivateurs aux hameaux qui les ont vu naître. »

En Angleterre, les mêmes mouvements migratoires se produisaient, avec une intensité plus grande encore. Seulement, au lieu de s'en plaindre et de s'y opposer, les *landlords*, soucieux d'opérer à leur profit une révolution dans le système des cultures, avaient recours aux procédés les plus brutaux, ou les plus frauduleux, pour exproprier les paysans, remplacer les petites tenures par de grandes fermes et livrer les travailleurs ruraux à l'industrie des villes.

Mais, si considérable que fût, dès cette époque, l'immigration des campagnards dans les agglomérations urbaines, elle servait plutôt à combler les vides causés

1. A. F. Weber. *The growth of cities in the nineteenth century.* pp. 230 et suiv. *London, P. S. King and Son*, 1899. — Voy. aussi Levasseur. *La population française*, I, pp. 207 et suiv. Paris, Rousseau, 1891. — Karéiev. *Les paysans et la question paysanne en France*, p. 240.

par une mortalité excessive, qu'à augmenter, du moins avec la rapidité actuelle, le chiffre de leur population.

Presque partout en effet, les citadins vivaient dans des conditions hygiéniques et sanitaires à tel point déplorables que la mortalité l'emportait sur la natalité. « Dans les villes, spécialement dans les villes populeuses, — écrivait Süssmilch, en 1761 — le nombre des décès est, la plupart du temps, plus élevé que celui des naissances. Alors même que, pendant des années exceptionnellement favorables, le nombre des naissances est un peu plus élevé, cet excédent disparaît, lorsqu'on totalise les résultats de quelques années [1]. »

Seul, parmi les capitales, Paris présentait, dès cette époque, un faible accroissement naturel. Londres ne réussit à obtenir ce résultat qu'à partir du XIXe siècle. Berlin n'y atteignit, d'une manière permanente, qu'après 1810; Leipsig, pendant la période 1821-1830; Francfort, en 1841; Stockholm, après 1860 [2].

Actuellement, dans l'Europe occidentale, il n'y a plus guère que certaines villes italiennes, et, il faut bien le constater, la moitié des grandes villes françaises, où la mortalité soit plus forte que la natalité et où, par conséquent, la population ne s'accroisse que par immigration [3].

Mais ce qui est maintenant l'exception était jadis la règle, et Jean-Jacques Rousseau pouvait s'appuyer sur des faits incontestables, lorsque, prêchant le retour à la nature, il dénonçait les villes comme des foyers de dépopulation.

Tout le monde connaît ce passage de l'*Émile* : « Les hommes ne sont point faits pour être entassés en four-

1. Süssmilch. *Die göttliche Ordnung in den Veränderungen des menschlichen Geschlecht* Berlin 1761.

2. Weber. *The growth of cities in the nineteenth century*, p. 238, New York. Macmillan C°, 1899.

3. Weber. *Loc. cit.* p. 240.

milières, mais épars sur la terre qu'ils doivent cultiver. Plus ils se rassemblent, plus ils se corrompent. Les infirmités du corps, ainsi que les vices de l'âme sont l'infaillible effet de ce concours trop nombreux. L'homme est, de tous les animaux, celui qui peut le moins vivre en troupeaux. Des hommes entassés comme des moutons périraient tous en peu de temps. L'haleine de l'homme est mortelle à ses semblables : cela n'est pas moins vrai au propre qu'au figuré.

« Les villes sont le gouffre de l'espèce humaine. Au bout de quelques générations, les races périssent ou dégénèrent ; il faut les renouveler et c'est toujours la campagne qui fournit à ce renouvellement[1]. »

Au temps où Rousseau écrivait ces lignes, la révolution industrielle ne s'était pas encore produite, avec les conséquences désastreuses qui en résultèrent, surtout au début, pour les populations concentrées dans les villes manufacturières. Lorsque cette révolution se produisit, agglomérant des milliers de travailleurs, venus de la campagne, dans des lieux où rien n'avait été fait pour prévenir les dangers de pareille agglomération, il n'est pas étonnant que l'aversion contre les villes se soit encore accentuée chez tous ceux que révoltait l'asservissement et la misère du prolétariat.

Les écrits des premiers socialistes, notamment, sont remplis de critiques, éloquentes et amères, contre la dissociation de l'industrie et de l'agriculture, l'une des principales causes de la désertion des campagnes et de l'hypertrophie des centres urbains.

Robert Owen, par exemple, écrivait :

« Le principe, si ce peut être un principe, dans l'état actuel de désordre et d'anarchie sociale, c'est de séparer l'agriculture de l'industrie, du commerce et des autres professions — de lui enlever, au point de vue de la

1. J.-J. Rousseau. *Emile*, liv. I. p. 36.

position et des habitudes, toute connexion, tout contact, immédiats, avec les autres métiers, de concentrer ces derniers dans les rues, les allées, les places formant les villes et les cités, où l'on amène les éléments produits à la campagne — de donner des intérêts séparés en apparence aux innombrables divisions que forment les professions, les industries, le commerce, les manufactures et, en outre, d'opposer, dans chacune de ces branches, l'intérêt individuel à tous les autres intérêts... [1] »

Dans ses plans de rénovation sociale, au contraire, le grand utopiste anglais, parlant du principe de l'union et de la coopération mutuelle, prêche la réconciliation de l'industrie et de l'agriculture, et, pour remédier aux inconvénients de la concentration urbaine, propose de distribuer les populations en groupes de douze cents personnes, en moyenne, habitant des villages carrés — les fameux *parallélogrammes* — et s'adonnant, soit à l'industrie, soit à l'agriculture, d'après un système de production et de consommation en commun [2].

De même, dans l'économie sociale de Fourier, les grands centres de population disparaissent, pour faire place à des *phalanstères*, peuplés de quelques centaines d'habitants.

Déjà, pendant la période transitoire du garantisme, les villes ont été l'objet de mesures systématiques, tendant à supprimer ou à prévenir l'encombrement. Une ville garantiste se compose de trois enceintes : la première contenant la *cité* ou ville centrale, la seconde contenant les *faubourgs* et les grandes fabriques, la troisième contenant les avenues et la *banlieue*. Les trois enceintes sont séparées par des palissades, gazons et plantations qui ne doivent pas masquer la vue. Toute maison de la

1. *Book of the new moral world*. II, p. 16.

2. Voyez l'analyse très complète des écrits d'Owen relatifs à cette question dans Quack. *De socialisten. Tweede deel* pp. 307 à 325. Amsterdam. Van Kampen 1900.

cité doit avoir dans sa dépendance, en cours et en jardins, au moins autant de terrain vacant, qu'elle en occupe en surface de bâtiments. L'espace vacant sera double dans la deuxième enceinte ou local des faubourgs et triple dans la troisième enceinte nommée banlieue[1],

Mais ce ne sont là que préliminaires de transformations bien plus profondes dans les conditions du travail et du domicile.

En Harmonie « l'édifice qu'habite une phalange n'a aucune ressemblance avec nos constructions, tant de ville que de campagne ; pour fonder une grande Harmonie à seize cents personnes, on ne pourrait faire usage d'aucun de nos bâtiments, pas même d'un grand palais comme Versailles, ni d'un grand monastère comme l'Escurial... »[2]. Et, parmi les habitants du Phalanstère, la rotation du travail, divisée en courtes séances, répartit les opérations diverses de telle sorte que tous participent, successivement et alternativement, aux travaux du ménage, de l'agriculture et de l'industrie.

Au lieu des campagnes et des manufactures actuelles, qui n'offrent qu'un spectacle affligeant pour l'homme juste, le philosophe, traversant un canton d'Harmonie, « contemplera de sa voiture, le ravissant spectacle qu'offriront tous les vrais amis des choux et des raves, les héritiers des vertus de Phocion et de Dentatus, déployant avec orgueil leurs drapeaux, leurs tentes et leurs groupes, sur les hauteurs et dans toute la vallée parsemée de brillants édifices, au centre desquels s'élèvera le Phalanstère ou manoir général dominant majestueusement le canton[3] ».

1. *L'harmonie universelle et le phalanstère*, exposés par Fourier, tome Ier, p. 179, Paris, librairie phalanstérienne 1849.

2. *Ibid.*, p. 254.

3. *Ibid.*, p. 281.

Dans ce séduisant tableau, comme dans les autres d'ailleurs qui émaillent l'œuvre de Fourier, nous ne trouvons guère que des aspects champêtres. L'industrie, dans le système Phalanstérien, ne joue qu'un rôle accessoire. Le ménage, l'horticulture, l'arboriculture absorbent la plus grande partie des activités. Comme il arrive toujours, l'utopie se ressent des conditions sociales qui l'ont fait naître. Contemporain de la révolution économique qui s'opérait en Angleterre, mais vivant dans un pays où le règne de la grande industrie ne s'inaugurait pas encore, il semble que l'illustre auteur du *Traité de l'association domestique-agricole* (1822) n'ait point prévu tout le développement que les inventions mécaniques, physiques, chimiques et, surtout, le perfectionnement des moyens de transport, allaient bientôt donner à la production industrielle.

C'est plus tard seulement, quand s'établissent sur le continent les premiers chemins de fer, que le socialisme français commence à envisager le problème des rapports entre l'industrie et l'agriculture, les villes et les campagnes, dans des conditions analogues à celles où il se présente aujourd'hui.

En 1838, c'est-à-dire à l'époque où le gouvernement venait de présenter aux Chambres un vaste plan de chemins de fer, devant relier Paris avec les frontières de la Belgique, du Rhin, et avec les grands ports du Havre, de Bordeaux et de Marseille, l'Académie des sciences morales et politiques mit au concours la question suivante :

« Quelle peut être sur l'économie matérielle, sur la vie civile, sur l'état social et la puissance des nations, l'influence des forces motrices et des moyens de transport qui se propagent actuellement dans les deux mondes ? »

Le mémoire couronné fut l'ouvrage du socialiste

C. Pecqueur, publié à Paris, en 1839, sous le titre : *Des intérêts du commerce, de l'industrie et de l'agriculture, et de la civilisation en général, sous l'influence des applications de la vapeur.*

Parmi les chapitres les plus intéressants de ce livre, remarquable à tant de points de vue, il faut citer ceux où l'auteur s'occupe de l'avenir de l'industrie agricole, de l'avenir de l'industrie manufacturière, de l'exploitation simultanée des deux industries, agricole et manufacturière, de la distribution future des populations, de la disposition et économie architectonique des villes et des villages.

De même que Rousseau, Robert Owen et Fourier, Pecqueur déplore le divorce de l'industrie et de l'agriculture, la désertion des campagnes, l'entassement de la population manufacturière dans les grandes villes; seulement, à la différence de ses prédécesseurs, il n'attend pas une réaction contre ces tendances d'un retour à des idées plus rationnelles, d'une vision plus claire de ce qui est conforme à l'intérêt social, mais, suivant ses propres expressions, de l'influence, toute matérielle, des chemins de fer et des bateaux à vapeur.

« A bien des égards, dit-il notamment, le matériel de la civilisation n'est encore que dans les villes : aux villes, la politesse, le bon goût, l'animation et la vie; l'aisance, le luxe, les lumières, la magnificence; et l'éclat des beaux-arts, et les grandes routes, les édifices publics grandioses, les maisons élégantes, commodes et saines, les rues pavées! Aux campagnes, la misère, ou la médiocrité du bien-être; l'ignorance et les grosses joies de la pure sensualité; les chaumières humides, obscures, laides ou infectes; les chemins impraticables de la barbarie! Aux villes, les grandes manufactures, l'industrie commerciale sous toutes les formes! Aux campagnes, la seule agriculture isolée et comme en exil; le sommeil de l'intelligence, l'engourdissement des facultés, l'inertie!

« Les voies nouvelles de communication vont renouer l'alliance naturelle et si féconde des diverses branches de l'activité humaine. Les campagnes vont se faire un peu villes et les villes un peu campagnes; les chemins de fer, les canaux et les bateaux à vapeur, en rapprochant, par une vitesse extraordinaire, les distances naturelles de l'espace entre les villes et les villages, rapprocheront infailliblement aussi les distances qui les séparent[1]. »

Par conséquent, à mesure que ces voies de transport viendront à sillonner les campagnes, il se fera une vaste et judicieuse distribution des spécialités industrielles sur le territoire de chaque nation, et, par suite, sur le globe entier; ayant à leur portée, et le fer, et la houille, et les chemins de fer et les canaux, les manufactures iront séjourner auprès des fermes et se prêter leurs mutuelles ressources; de toutes parts aussi des établissements seront parsemés sur le territoire, selon les convenances de chaque genre d'industrie, et la bonne répartition de la population s'accomplira.

Certes, les villes ne disparaîtront pas; elles continueront même à prendre de l'extension, car la civilisation semble avoir besoin de ces grands centres, où les idées et les sentiments s'élaborent dans l'effervescence et la liberté qu'on y trouve; où le génie, la puissance et la science, en tout genre, se donnent rendez-vous, comme pour y faire autorité morale par leur nombre et y fortifier chacun, des lumières qu'ils se reflètent mutuellement; d'où, enfin, rayonnent et divergent, par ondulations fécondes, les pressentiments, les expédients, les élans et tous les mouvements généreux qui mettent les masses sur le chemin de l'avenir et leur donne la force de l'atteindre.

1. *Les intérêts du commerce*, I, p. 121. Paris, 1839.

Mais les bienfaits de cette civilisation urbaine — grâce à la perfection croissante des moyens de transport — se répandront largement dans les campagnes urbanisées, de telle sorte que le village futur sera un composé régulier de grandes fermes, d'élégantes fabriques, de confortables maisons de ville, tandis qu'inversement les villes seront un ensemble de *villas*, au lieu d'être des lieux d'étouffement, des cloaques d'égouts, de carrefours, où il n'existe plus trace de verdure, ni de vestiges qui rappellent le berceau naturel de l'homme : la terre et ses ombrages, le ciel et son air pur et frais![1]

Telle est en raccourci, dans son éloquence un peu déclamatoire, la conception que Pecqueur se faisait des villes et des campagnes de l'avenir, ayant tous les avantages de nos capitales, en même temps que tous ceux de nos villages, sans avoir les inconvénients des uns et des autres.

Et, ce qu'il prédisait en 1838, Proudhon l'annonçait encore, trente ans plus tard, dans ce livre sur les *Réformes à opérer dans l'exploitation des chemins de fer* (1868) où tant d'idées justes et profondes voisinent avec d'inconcevables erreurs.

Après avoir soutenu, par exemple, cette théorie étrange que la circulation des voyageurs était destinée, après une courte période d'effervescence, à s'apaiser et à se réduire jusqu'à atteindre ce qu'il appelait son *minimum* normal, Proudhon consacrait un chapitre remarquable au « déplacement du centre de gravité politique sous l'action des chemins de fer ».

Avec la rapidité des transports, en effet, l'entassement des populations dans les villes n'a plus de raison d'être.

« Dès lors qu'un particulier peut, sans inconvénients, faire chaque jour ses affaires à Paris, par exemple, et avoir son domicile à Versailles, à Saint-Denis, à Saint-

1. *Les intérêts du commerce*. Voy. notamment pp. 122 et 172.

Germain, à Sceaux, à Pontoise, 15, 20, 25 kilomètres de la barrière, il n'y a point de raison pour qu'il préfère le séjour de la ville à celui de la campagne. De même, quand la facilité des communications, d'accord avec les intérêts des entrepreneurs, permet à l'ouvrier de travailler le fil, le lin, la soie, les métaux, sans quitter son village et de cumuler ainsi les salaires de l'industrie avec les petits profits de l'agriculture, il a plus d'avantage à garder le toit paternel qu'à émigrer vers ce que nous appelons euphémiquement les *centres de population* et qui ne sont que des gouffres où elle s'engloutit[1]. »

Aussi faut-il s'attendre, sous le régime de célérité, de bon marché et de garantie, dont les chemins de fer sont les énergiques agents, à voir les populations se disséminer sur toute l'étendue du territoire et, par conséquent, l'importance politique des villes se réduire, au profit des habitants de la campagne.

« Que le bon marché vienne, que la circulation se régularise, que la reconstitution de la société s'opère, que Paris... se dégarnisse : et vous verrez quel pauvre calcul ont fait ceux qui, en 1842, décrétèrent ce réseau rayonnant des chemins de fer et de quel faible poids sera dans la destinée du pays, la capitale de la France. »

Rien de plus rationnel à coup sûr que ces prévisions et, cependant, les faits leur ont donné, ou, tout au moins, semblent, à première vue, leur avoir donné, le plus formel et le plus éclatant des démentis.

En effet, c'est précisément vers l'époque où Proudhon publiait son livre, que la création des chemins de fer dans les pays neufs ou arriérés, le développement des transports par mer, la concurrence des blés russes, indiens et américains, déterminaient la crise agricole et que, par suite de la baisse des prix et des salaires, la

1. Proudhon. *Réforme à opérer dans l'exploitation des chemins de fer.* Œuvres complètes, t. XII, p. 293. Paris, Librairie internationale, 1868.

population des campagnes allait se trouver, plus que jamais, contrainte à émigrer vers les villes et à grossir l'armée de réserve du travail industriel.

Aussi, pendant la période d'urbanisation et de centralisation croissantes, qui marque la fin du XIXe siècle, les socialistes ou les réformateurs sociaux qui continuent à prêcher le retour aux champs — tels Tolstoï, Ruskin, William Morris[1] — apparaissent comme de purs utopistes, ne tenant aucun compte des réalités et allant directement à l'encontre des tendances les plus évidentes de l'évolution sociale.

Néanmoins, après avoir analysé, dans la première partie de cette étude, le phénomène de l'exode rural, nous nous proposons de rechercher s'il n'y a pas une âme de vérité dans ces prophéties et si les vues de Proudhon, de Pecqueur, de Fourier, de Robert Owen, sur la réconciliation de l'industrie et de l'agriculture, et sur l'interprétation de la vie urbaine et de la vie rurale, n'ont pas eu le seul tort d'être formulées prématurément.

1. Voy. notamment Tolstoï. *Que faire?* Trad. fr. Polonsky et Debarre, Paris, Savine, 1887. Ruskin. *General statements explaining the nature and purposes of St-George's Guild*. G. Allen, 1882. — Morris. *News from Nowhere or an Epoch of Rest London*, 1891.

PREMIÈRE PARTIE

L'EXODE RURAL

CHAPITRE PREMIER

LES VILLES TENTACULAIRES

C'est la ville tentaculaire,
La pieuvre ardente et l'ossuaire.
Debout,
Au bout des plaines
Et des domaines.

VERHAEREN (*Les Campagnes hallucinées*).

Dans un des plus ingénieux chapitres de son livre — *Les transformations du pouvoir* — Tarde s'attache à montrer que, dans les sociétés modernes, ce sont les *grandes villes* qui jouent le rôle tenu jadis par les *aristocraties*[1].

Peut-être eût-il autant valu dire la même chose, sous une forme moins piquante, mais plus facilement compréhensible, en constatant simplement que la bourgeoisie, concentrée dans les villes, possède aujourd'hui la prééminence qui appartenait, durant le moyen âge, aux nobles, dispersés dans leurs manoirs.

Quoi qu'il en soit, au surplus, c'est un phénomène absolument général, et fécond en multiples conséquences sociales et politiques, que le prodigieux et continuel

1. « Les noblesses, qui sont des supériorités familiales, demandent, pour atteindre à leur apogée de puissance, un monde encore régi par les liens de consanguinité, et commencent à s'affaiblir, devant l'éclat naissant des capitales » p. 87.

accroissement des agglomérations urbaines, dans tous les pays de culture européenne, depuis le début de l'ère capitaliste, et surtout, depuis une centaine d'années.

Au commencement du XIXe siècle, on comptait en Europe — non compris Constantinople — 21 villes de plus de 100000 âmes, avec une population globale de 4700000 habitants, soit le trente-cinquième de la population du continent. Vers 1900 — tous les recensements n'étant pas de la même année — le nombre de ces villes s'élevait à 147, avec plus de quarante millions d'habitants, soit le dixième de la population totale.

En 1800, il n'y avait pas, sur toute l'étendue des pays de civilisation occidentale, une seule agglomération de plus d'un million d'hommes.

Philadelphie, la principale ville des États-Unis, ne comptait que 69.403 habitants. New-York en avait 60.489. Chicago n'existait pas encore. Washington, où le gouvernement fédéral venait de s'installer, avait des monuments et des rues. mais fort peu de maisons. La population urbaine (villes de plus de 8.000 habitants) ne représentait pas tout à fait 4 p. 100 (3,97 p. 100) de la population totale[1].

Sur le continent Européen, les plus grandes agglomérations n'atteignaient qu'aux chiffres suivants[2] :

Berlin	172.000
Saint-Pétersbourg	220.000
Vienne	231.000
Moscou	300.000
Paris	548.000
Londres	958.000

Aujourd'hui, les États-Unis possèdent 135 villes dont

1. Weber. *The growth of cities in the nineteenth century*, pp. 19 et suiv. New-York, 1899.

2. Meuriot. *Les agglomérations urbaines dans l'Europe contemporaine*, pp. 249 et suiv., Paris, Belin frères, 1898.

la population dépasse 30.000 habitants[1]. Trente-huit d'entre elles en ont plus de 100.000, et, d'après le recensement du 1er juin 1900, trois en ont plus d'un million :

New-York	3.437.202
Chicago	1.698.575
Philadelphie.	1.293.697

Dans le reste du monde — si nous faisons abstraction de la Chine, où, d'après des évaluations fort vagues d'ailleurs, il y aurait une demi-douzaine de villes dont la population excède le million — on compte, pour les pays qui possèdent des recensements réguliers, sept agglomérations de plus d'un million d'hommes.

Ce sont :

Moscou	1.036.000 [2]	1900
Saint-Pétersbourg . . .	1.439.000 [2]	»
Yeddo.	1.440.000	
Vienne	1.662.269	1901
Berlin.	1.888.326	1901
Paris	2.714.068	1901
Londres	4.536.063	1901

Encore faut-il observer que les limites administratives de ces capitales ne s'étendent pas aussi loin que l'agglomération même. C'est ainsi que la population de Berlin dépasse deux millions, lorsqu'on y fait entrer les habitants des trois localités adjacentes : Charlottenburg, Schöneberg et Rixdorf. De même, l'agglomération parisienne, avec Levallois-Perret, Neuilly, Clichy et les autres communes qui touchent à l'enceinte de Paris, compte à peu près quatre millions d'habitants. Londres enfin — cette province couverte de maisons — forme une agglomération monstrueuse de plus de six millions d'âmes (6.580.616) soit à peu près autant que les 2.600

1. *Statistics of cities.* Bulletin of the department of labour n° 36, september 1901.

2. Y compris les faubourgs.

communes de notre surpopuleuse petite Belgique (6.717.819).

Aussi n'est-il pas étonnant que ce soit dans cette métropole du monde capitaliste que Verhaeren ait trouvé l'inspiration du poème qui termine ses *Campagnes hallucinées*.

... lorsque les soirs
Sculptent le firmament de leurs marteaux d'ébène,
La Ville, au loin, s'étale et domine la plaine
Comme un nocturne et colossal espoir;
Elle surgit : désir, splendeur, hantise;
Sa clarté se projette en miroirs jusqu'aux cieux,
Son gaz myriadaire en buisson d'or s'attise,
Ses rails sont des chemins audacieux
Vers le bonheur fallacieux
Que la fortune et la force accompagnent;
Ses murs s'enflent, pareils à une armée
Et ce qui vient d'elle encore de brume et de fumée
Arrive, en appels clairs, vers les campagnes...

C'est la Ville tentaculaire!

C'est elle, en effet, la cité géante, projetant au loin, comme des tentacules, le réseau de ses voies ferrées, qui attire et absorbe, insatiablement, les hommes, les produits et l'argent des campagnes!

L'argent, sous forme d'impôts, d'épargnes centralisées dans les banques, de rentes, payées aux douze mille cinq cents individus — Londoniens en majorité — qui monopolisent, à eux seuls, les deux tiers du Royaume-Uni.

Les produits, affluant, pour emplir le ventre de Londres, non seulement de toutes les parties de l'Angleterre, mais de toutes les parties du monde : œufs et lapins de la West-Flandre; fraises et raisins, pommes de terre et légumes de la côte Bretonne ou des *Channel Islands*; *agumi* de Sicile, de Tunisie ou d'Algérie; bananes des tropiques; céréales de la Russie, de l'Inde, des États-

Unis; viandes congelées, arrivant à pleins bateaux des Antipodes; beurres de Danemark, d'Islande, de Normandie, du Canada, et, depuis qu'on a trouvé des procédés d'emballages, qui leur permettent de passer la ligne, des colonies Australiennes et de la Nouvelle-Zélande.

Les hommes, enfin, déracinés de la terre natale, chassés du plat pays par la crise agricole, réquisitionnés par la caserne, le magasin et la fabrique, hallucinés par la Ville-lumière, comme ces oiseaux marins qui, le soleil tombé, volent éperdus sous la clarté des phares.

D'après le recensement de la population de 1891, plus du tiers des habitants de Londres (34,3 p. 100) étaient nés en dehors de ses limites. Chaque année, en moyenne, cinquante mille personnes, arrivant en majeure partie de la campagne, viennent s'y fixer. Ce mouvement, il est vrai, tend à se ralentir : le nombre des sorties n'est pas loin d'atteindre celui des entrées. Seuls, les quartiers situés à la périphérie gagnent encore, tandis que les quartiers du centre sont en perte, mais, dans l'ensemble du pays, la population des villes continue à croître rapidement [1].

Cet accroissement rapide des populations urbaines constitue d'ailleurs un phénomène absolument général, partout où se développe le mode de production capitaliste, et quel que soit, d'ailleurs, le mouvement général de la population.

On le constate aussi bien dans les pays comme la France, où la population est à peu près stationnaire, ou comme l'Irlande, où elle diminue, par émigration, depuis nombre d'années, que dans ceux où la population totale

1. *Census of England and Wales* 1901, p. XII, London, 1901. — De 1891 à 1901, la population urbaine de l'Angleterre proprement dite (England and Wales) s'est élevée de 21.743.977 (75 p. 100 de la population totale) à 25.054.268 (77 p. 100); la population rurale, de 7.258.145 (25 p. 100) à 7.471.242 (23 p. 100).

présente également une augmentation considérable[1].

Et il n'est point douteux que, dans la plupart des cas, cet accroissement n'est pas dû, ou n'est pas dû seulement, au croît naturel, à l'excès de la natalité sur la mortalité, mais encore, et surtout, à l'exode rural, à l'afflux des campagnards vers les villes et les centres industriels.

C'est ce qui apparaît, à toute évidence, lorsqu'on examine les cartes des migrations internes, dressées par Van Mayr, pour l'Allemagne, par Meuriot, pour l'Angleterre et la France[2].

Les taches claires de l'immigration marquent, au premier coup d'œil, le siège des capitales, des métropoles commerciales, des grandes régions industrielles : Berlin-Potsdam ; Paris et l'Ile-de-France ; Londres, Hambourg, Marseille, Liverpool ; les Indes noires du nord de l'Angleterre, les districts industriels de la Saxe et des provinces Rhénanes, le département du Nord, le Lyonnais et le bassin du Rhône.

Par contre, les taches noires de l'émigration nous montrent, immédiatement, la place de la vieille Angleterre, rurale et aristocratique, du pays des *Junker*, depuis Francfort-sur-l'Oder jusqu'à Königsberg, de la Nor-

1. Le rapport du ministre de l'Intérieur au Président de la République française, du 31 décembre 1901, constate que « l'accroissement de population des grandes agglomérations continue à se produire au détriment des campagnes par un déplacement de la population rurale vers les centres industriels et commerciaux ». (Journal officiel, 8 janvier 1902, p. 100).

En ce qui concerne l'Irlande, voy. Weber. *The growth of cities* p. 65 : « La réorganisation de l'industrie, fondée sur la spécialisation internationale a ruiné l'agriculture irlandaise et dépeuplé les districts ruraux et les petites villes de l'Irlande ; d'autre part, elle a fait naître la seule industrie dans laquelle les producteurs Irlandais travaillent avantageusement — l'industrie linière — et a, de plus en plus, concentré cette industrie dans une ville. Le résultat en est que la croissance de Belfast au XIXe siècle n'est égalée que par très peu de villes en Europe ; tandis que Dublin, ville manufacturière et commerçante, et Londonderry, port de mer, sont les seules villes importantes qui se soient accrues depuis 1841 ».

2. Meuriot. *Loc. cit.* pp. 118, 144, 188, 189.

mandie, de la région des Alpes et de la Garonne, du massif central de la France.

Il va sans dire que ces migrations ne sont pas nécessairement un mal. Tout le monde s'accorderait même à les trouver avantageuses, si elles étaient contenues dans certaines limites, si les milieux ruraux, producteurs d'hommes, se bornaient à diriger leurs excédents de productions vers les centres urbains, consommateurs d'hommes. Mais, dans nombre de régions, surtout depuis la crise agricole, il n'en est plus ainsi : l'exode rural aboutit à une véritable dépopulation des campagnes.

Si, dans tous les pays, même de population stationnaire ou décroissante, la population des villes augmente, *dans tous les pays* également, même dans ceux où la population fait des progrès rapides, *on trouve des districts, plus ou moins nombreux, où la population des campagnes diminue*[1].

En France, pendant la dernière période quinquennale

1. Les statistiques des divers pays, relatives à la distinction entre les populations urbaines et rurales, ne sont guère comparables, parce qu'il est impossible de tracer une ligne de démarcation absolue entre les populations urbaines et les populations rurales.

Dira-t-on, par exemple, qu'il faut ranger dans la population urbaine, toutes les populations qui vivent agglomérées ? On aboutit à ce résultat qu'un village allemand, de 300 habitants, composé exclusivement d'agriculteurs, compte dans la population urbaine, tandis qu'un *township* américain de 300 fermiers, séparés les uns des autres, sera compté dans la population rurale.

Classera-t-on dans la population urbaine les habitants de toutes les communes dont la population dépasse un certain chiffre ?

Si ce chiffre est trop élevé, on fait entrer dans la population rurale, des communes qui, sans être très populeuses, présentent tous les caractères de l'agglomération urbaine. S'il est trop bas, au contraire, on met à l'actif de la population urbaine des communes qui, malgré le nombre de leurs habitants, éparpillés sur un vaste territoire, n'en sont pas moins exclusivement agricoles.

D'autre part, on assimile des unités administratives qui ne possèdent, pour ainsi dire, aucun territoire rural, à d'autres unités, dont le territoire rural peut être fort considérable. En Italie, par exemple, l'étendue moyenne des communs est de 35,3 kilomètres carrés; en Allemagne, l'étendue moyenne des *gemeinde* ne dépasse pas 7 kilomètres carrés. Par conséquent, si l'on compare la statistique allemande et la statistique italienne, l'Italie aura une population urbaine plus forte en apparence qu'en réalité. Il en sera de même, si l'on compare sa population urbaine

(1896-1901), la population totale s'est accrue de 444.613 habitants, mais cet accroissement ne se fait sentir que dans 25 départements sur 87 ! Dans 62 départements, au contraire, on constate un déficit, que le rapport du ministre de l'Intérieur au Président de la République, du 31 décembre 1901, explique de la manière suivante :

« La principale cause de la décroissance de la population, dans près des trois quarts de nos départements est l'attraction de plus en plus forte qu'exercent les grands centres.

« En effet, alors que le chiffre total de l'augmentation de la population générale n'est que de 444.613 habitants, la population des villes comptant plus de 30.000 âmes s'est accrue de 458.376 personnes[1] ».

Ce sont donc les principales villes qui absorbent, et au delà, l'accroissement total de la population, tandis que la plupart des départements agricoles se dépeuplent, de plus en plus[2].

à celle de la France, où l'on ne classe dans la population urbaine que les communes ayant plus de 2000 habitants agglomérés.

Néanmoins, et faute de mieux, c'est au chiffre de la population que, généralement, on s'arrête, pour différencier la population urbaine de la population rurale.

Aux États-Unis, le Census de 1900 considère comme population urbaine les populations contenues dans les *cities* et autres *incorporations*, ayant au moins 4000 habitants. — En Belgique, le chiffre limite, adopté par la statistique officielle, est 5000 habitants. — Dans la plupart des autres pays d'Europe, sauf l'Angleterre, — où l'on distingue les *rural sanitary districts* et les *urban sanitary districts* — on classe dans la population urbaine toutes les communes dont la population dépasse 2000 habitants. C'est, d'ailleurs, cette limite de 2000 habitants, adoptée par la France, depuis 1846, et acceptée par l'Institut international de statistique, depuis 1887, qui semble devoir finalement l'emporter dans tous les pays. Pour plus de détails, voy. Weber. *The growth of cities*, pp. 1 à 19.

1. *Journal officiel*, 8 janvier 1902, p. 99.

2. Voici la liste des départements dont la population a diminué : Ain, Aisne, Allier, Basses-Alpes, Hautes-Alpes, Ardèche, Ardennes, Ariège, Aube, Aveyron, Calvados, Cantal, Charente, Charente-Inférieure, Cher, Corrèze, Côte-d'Or, Côtes du Nord, Creuse, Dordogne, Doubs, Drôme, Eure, Eure-et-Loir, Haute-Garonne, Gers, Ille-et-Vilaine, Indre, Indre-et-Loire, Isère, Jura, Landes, Loir-et-Cher, Haute-Loire, Loiret, Lot, Lot-et-Garonne, Lozère, Maine-et-Loire, Manche, Marne, Haute-Marne, Mayenne, Meuse, Nièvre, Orne, Puy-de-Dôme, Hautes-Pyrénées, Haute-Saône, Saône-et-Loire, Sarthe, Savoie, Haute-Savoie, Seine-et-Marne,

Aux États-Unis, d'après le *Census* de 1900[1] la population rurale continue à s'accroître, moins rapidement d'ailleurs que la population urbaine.

On en jugera par le tableau comparatif suivant :

1890		
HABITANTS	NOMBRE	P. 100 DU TOTAL
Population urbaine.	20.768.881	32.9
Population semi-urbaine . .	6.172.275	9.8
Population rurale	36.096.548	57.3
Total	63.037.704	100.0

1900		
HABITANTS	NOMBRE	P. 100 DU TOTAL
Population urbaine.	28.411.698	37.3
Population semi-urbaine . .	8.208.480	10.8
Population rurale	39.528.398	51 9
Total	76.148.576	100.0

Soit donc un accroissemement de 3.431.850, pour la population rurale.

Mais cet accroissement est loin de se produire dans tous les États de la grande République. Elle diminue, au contraire, dans le Delaware, (South-Atlantic division); dans l'Ohio, l'Indiana, le Nebraska et le Kansas (North Central division) et dans tous les États du Nord-Est, à

Deux-Sèvres, Somme, Tarn, Tarn-et-Garonne, Vendée, Vienne, Vosges et Yonne.

Les plus fortes diminutions portent sur les départements suivants : Dordogne (11.871), Haute-Garonne (10.896), Gers (12.024), Lot (13.683), Nièvre (10.116), Orne (12.210), Puy-de-Dôme (10.884) et Yonne (11.594).

1. *Twelfth Census of the United States taken in the Year* 1900. Population. Part. I, Washington, 1901.

trois exceptions près : Rhode Island, Connecticut, Pennsylvanie.

En Allemagne, malgré l'énorme accroissement de la population totale (plus de quatre millions) pendant la période 1895-1900, la population des campagnes, c'est-à-dire des localités de moins de 2000 habitants, accuse, d'après la statistique, une faible diminution. Il est vrai que cette décroissance n'est qu'apparente : elle provient de ce que beaucoup de communes, dont la population était inférieure à 2000 habitants, en 1895, ont dépassé ce chiffre, depuis lors, et se sont rangées, par conséquent, sous la rubrique des localités urbaines. Mais, si l'on peut admettre que, dans son ensemble, la population rurale soit restée à peu près stationnaire, elle n'en est pas moins en décroissance manifeste dans nombre de districts.

C'est ainsi, par exemple, que le royaume de Prusse — cette garenne de l'Europe — a augmenté, pendant la dernière période quinquennale (1895-1900), de 2.613.000 âmes, soit de 8,19 p. 100, proportion supérieure à la moyenne de l'Empire. Seulement, cette augmentation est très inégalement répartie : sur 565 cercles, dont se compose le royaume, 440 ont un accroissement et, sur les 122 qui ont diminué, 97 appartiennent aux provinces agricoles de l'Est. De 1890 à 1895, il n'y avait que 76 cercles en décroissance, dont 45 dans ces mêmes provinces. Soit donc la preuve évidente que les habitants se sont concentrés dans certaines régions, au détriment des autres, par le fait, plus accusé, de l'émigration vers les villes[1].

En Angleterre, d'après le *Census* de 1901, la population totale s'est accrue de 3 523 530 habitants, au cours de la période décennale 1891-1901. Mais le tableau

1. Meuriot. *La population de l'empire allemand en 1900.* Journal de la société de statistique de Paris, 1901, p. 210.

suivant établit que cet accroissement a porté, presque exclusivement, sur la population urbaine :

	POPULATION		POUR CENT	
	1891	1901	1891	1901
Urbaine	21.743.077	25.054.268	75.0	77.0
Rurale.	7.258.145	7.471 242	25.0	23.0
Ni urbaine, ni rurale .	403	565	0.0	0.0
Total.	29.002.525	32.526.075	100.0	100.0

Soit donc une très faible augmentation de la population rurale, mais ici encore, cette augmentation ne s'est produite que dans certaines parties du pays.

On constate, au contraire, une diminution sensible dans beaucoup de régions agricoles (250 districts de recensement sur 635).

Le rapport préliminaire du *Census*, présenté à la Chambre des Communes, le 1er avril 1901, fait, à cet égard, les constatations suivantes :

« Les comtés qui présentent les taux d'accroissement les plus élevés sont, en général, ceux dont les populations sont le plus affectées par le voisinage de Londres — et spécialement les comtés d'Essex, de Kent, et de Surrey — ou bien les comtés dans lesquels l'exploitation des mines est la principale industrie, comme, par exemple, le Glamorganshire, le Northumberland, le Derbyshire, le Durham et le Monmouthshire; ou bien encore les comtés où domine l'industrie manufacturière, comme le Leicestershire et le Nottinghamshire; tandis que *les comtés ruraux viennent en dernière ligne, avec des taux d'accroissement inférieurs à la moyenne, ou bien avec une diminution du nombre de leurs habitants*. Des huit comtés qui accusent une diminution, il y en a six — Merionestshire, Pembrokeshire, Herefordshire, Cardiganshire, Rutlandshire, et Montgomeryshire — qui accusaient également une décroissance pendant la période décennale 1881-1891 [1] ».

Il nous paraît inutile de multiplier ces exemples pour établir que dans toutes les contrées où le développement de l'industrie et l'extension des moyens de transport, livrent l'agriculture des vieux pays à la concurrence internationale, des tendances identiques se manifestent.

Si les habitants des villages ravagés par la crise agricole ne parviennent pas à transformer leurs cultures, à trouver sur place des occupations nouvelles, principales ou accessoires, l'exode rural, sous une forme quelconque, devient inévitable.

Les fermiers petits ou grands, dégoûtés d'une exploitation qui rapporte plus de déboires que de profits, renoncent à la culture, émigrent eux-mêmes vers les villes, ou, plus fréquemment, y envoient leurs enfants, pour en faire des avocats ou des médecins, des curés ou des fonctionnaires, des boutiquiers, des domestiques ou des ouvriers industriels.

Les artisans, dont la clientèle se réduit à mesure que la population décroît, se déplacent avec elle et transportent leur industrie dans des lieux plus favorisés.

Mais, de toutes les classes rurales, c'est naturellement celle qui a le moins d'attaches avec le sol, le prolétariat des journaliers et des domestiques à gages, qui fournit les plus gros contingents à l'émigration vers les villes et vers les centres industriels.

Les uns vont s'y établir définitivement ; d'autres y vont travailler tous les jours, ou bien y restent pendant toute la semaine, ne rentrant chez eux que le dimanche, ou bien encore s'absentent pour des délais plus longs, voire pour une grande partie de l'année; et, nécessairement,

1. *Census of England and Wales* 1901, pp. X, XI, XII. London, 1901.

leur exode — quelles que soient d'ailleurs les formes qu'il affecte — a pour conséquence l'un des phénomènes les plus graves et les plus caractéristiques de ces dernières années : *la diminution du nombre des ouvriers agricoles dans tous les pays d'agriculture capitaliste.*

Même aux États-Unis où l'ensemble de la population agricole augmente, le nombre des ouvriers agricoles tend à diminuer :

1880	1890
3.323.876	3.004.061

En Allemagne, où il y avait, en 1882, 5.881.819 ouvriers agricoles, le recensement de 1895, n'en compte plus que 5.627.794, soit une diminution de 254.025 ; et encore faut-il noter parmi ceux qui restent, un nombre toujours croissant de femmes, d'enfants et de gens âgés.

En France, de 1862 à 1892 — date du dernier recensement agricole — le nombre des journaliers est tombé de deux millions (2.003.744) à douze cent mille (1.210.081), le nombre des domestiques agricoles, de deux millions (2.095.777) à dix-huit cent mille (1.832.174) ; soit une perte totale de près d'un million, si l'on retranche du total de 1862, les chiffres relatifs à l'Alsace-Lorraine (117.000).

Mais c'est en Angleterre, le pays des grandes villes et de la grande culture, que la diminution a été la plus forte. L'enquête agricole publiée en 1897 constate que le nombre des salariés agricoles était, en 1861, de 1.163.227 ; en 1871, de 996.642 ; en 1881, de 890.174 ; en 1891, de 798.912. Il avait donc diminué en trente ans, de 364.315, soit 31,3 p. 100, presqu'un tiers, et cette diminution engendre de telles difficultés que le 22 février 1892, le ministre de l'Agriculture s'écriait, à la Chambre des Communes « que la question de l'avenir, ce ne sera pas la question de la concurrence étrangère, mais la difficulté pour les *farmers* de trouver des ouvriers. »

Malgré les augmentations de salaires, l'utilisation croissante des femmes et des enfants, les économies de travail humain réalisées par l'introduction des machines ou l'extension de la praticulture, le problème de la main d'œuvre se pose dans des conditions toujours plus difficiles, et, dans toutes les régions de grande culture, les fermiers sont obligés d'avoir recours à des ouvriers du dehors, à des *gangs* de travailleurs nomades, pour la fenaison, la moisson, les vendanges, l'arrachage du lin, la cueillette du houblon, la récolte du riz, des betteraves ou des pommes de terre.

Dans la plupart des cas, ces ouvriers proviennent des localités voisines et souvent même, des chassés croisés s'opèrent entre deux régions : les pays de houblon, par exemple, envoient leurs ouvriers dans les pays de blé et *vice versa*[1].

Mais, indépendamment de ces migrations locales, enfermées dans le cercle d'un arrondissement ou d'une province, la raréfaction de la main-d'œuvre dans certains districts, coïncidant avec la surpopulation relative dans certains autres, détermine des migrations à grande distance, intéressant des milliers de travailleurs et les obligeant à rester, plusieurs mois, éloignés de leur domicile.

C'est ainsi, par exemple, que quarante à cinquante mille ouvriers belges, venant des arrondissements les plus pauvres de la Flandre, se répandent chaque année dans les départements du nord, ou même du centre de la France, pour y faire les travaux de la moisson, du sarclage ou de l'arrachage des betteraves. De même, quantité d'ouvriers espagnols se rendent dans les départements du Midi, à l'époque des travaux de la vigne, et, en Corse, ce sont des ouvriers agricoles italiens, sous la conduite de chefs dits *caporali*, qui viennent pendant

1. Kautsky. *Die Agrarfrage*, p. 180 et suiv. Stuttgart, 1899.

la belle saison combler le déficit de la main-d'œuvre.

Partout, d'ailleurs, en Europe, et notamment en Irlande, en Allemagne, en Italie, dans les provinces centrales de la Russie, il existe pareillement des réservoirs de force de travail, dont le trop-plein déborde, chaque année, dans les contrées d'alentour.

1. IRLANDE. — D'après le dernier rapport du *Department of agriculture and technical instruction for Ireland.* (*Report on Irish migratory labourers*), quinze à vingt mille petits cultivateurs passent annuellement le détroit, pour aller faire la moisson en Angleterre ou en Écosse[1].

Cette émigration saisonnière, qui date d'au moins un siècle, était beaucoup plus considérable jadis qu'à l'époque actuelle : en 1841, date à laquelle, pour la première fois, on recensa les « *harvest men* », leur nombre fut estimé à 57651 ; en 1901, il n'y en a plus que 19.732.

La plupart d'entre eux sont de petits tenanciers, habitant les *congested districts* du Connaught et de l'Ulster : ils occupent, moyennant une rente qui varie de quelques shillings à quelques livres, des *plots*, de 2 à 4 acres d'étendue, auxquels se rattachent, généralement, le droit de couper de la tourbe, de prendre des aisances sur le pâturage commun et de cueillir le varech sur les bords de la mer. Mais ces minuscules tenures, plantées de pommes de terre et d'avoine, et soumises aux procédés de culture les plus rudimentaires, ne suffisent généralement pas à l'entretien des paysans et de leur famille. Aussi doivent-ils compter sur des revenus secondaires, de nature incertaine et variable : les uns reçoivent un peu d'argent, de temps à autre, de parents établis en Amérique ; d'autres demandent des ressources subsidiaires au tissage, au tricotage, à la couture ; ceux qui

1. *Agricultural statistics, Ireland* 1901, Dublin, 1901. Voy. également, la publication du Department of Agriculture for Ireland : *Ireland, industrial and agricultural. Handbook for the Irish pavillon.* Dublin, 1901.

habitent la côte se livrent généralement à la pêche, mais les populations de l'intérieur sont dans l'impossibilité absolue de trouver sur place de quoi pourvoir à leur subsistance ; aussi émigrent-elles, définitivement, ou saisonnièrement.

Depuis 1891, on a créé une commission spéciale, *The congested districts Board for Ireland*, pour améliorer les conditions d'existence de ces malheureuses populations.

Les premiers efforts de ce Bureau ont eu pour but d'introduire des procédés agricoles plus rationnels, de favoriser le progrès de l'élevage, de développer sur place des industries viables, et, en première ligne, l'industrie de la pêche. Mais, jusqu'à présent, ces efforts n'ont pas eu pour résultat d'enrayer les migrations saisonnières : le nombre des émigrants a plutôt augmenté depuis dix ans, ainsi que l'établit le relevé suivant :

1891	13.129
1892	14.783
1893	14.761
1894	15.615
1895	14.119
1896	16.312
1897	16.237
1898	17.902
1899	18.910
1900	19.022
1901	19.732

Il est à remarquer, toutefois, que les chiffres antérieurs à 1901 ne comprennent que les émigrants mâles. Pour la dernière année, au contraire, on a recensé également 622 femmes, et, dans leur ensemble, les émigrants formaient 4,4 p. 1.000 de la population totale recensée en 1901.

1. *Glasgow international exhibition*, pp. 104 et suiv., Dublin, 1901.

2. Allemagne. — Dans un livre déjà ancien, mais qui reste l'ouvrage le plus complet sur la matière, Kaerger a étudié, d'une manière approfondie, les migrations des ouvriers agricoles qui partent, chaque année, des provinces situées à l'est de l'Elbe, pour travailler dans les fermes à betteraves de l'Allemagne centrale[1].

Bien que ces ouvriers ne se rendent pas exclusivement en Saxe, on leur donne le nom de *Sachsengänger*. Cette dénomination, d'ailleurs, est historiquement exacte, parce que c'est dans les provinces saxonnes qu'eurent lieu les premières émigrations. Aujourd'hui encore, la majeure partie d'entre eux se dirigent vers la Saxe proprement dite, et les autres régions où ils se rendent sont situées dans les vieux pays de la Saxe historique : Anhalt, Süd Brunswick, Süd-Hannover; quelques principautés de la Thuringe; quelques parties des provinces Rhénanes, spécialement aux environs de Düren; Sleswig-Holstein et Mecklembourg.

En règle générale, les *Sachsengänger* sont organisés par groupes de 50 à 100, sous la direction d'un *Vorschnitter*, sorte de chef d'équipe, qui conclut un marché avec le propriétaire foncier, pour une période qui s'étend de la fin d'avril à la fin d'octobre.

D'après Kaerger on pouvait évaluer leur nombre, pour l'année 1890, aux chiffres suivants :

Brandenburg	14.500
Pommern	3.000
Westpreussen.	16.500
Posen	15.000
Schlesien.	26.000

Soit donc environ 75.000 émigrants, hommes et femmes, dont 15.000 de la seule province de Posen.

Nous ne possédons pas d'évaluations globales plus

1. Kaerger. *Die Sachsengängerei.* Berlin, Parey, 1890. Voy. aussi Blondel. *Etudes sur les populations rurales de l'Allemagne*, pp. 13 et 155. Paris, Larose, 1897.

récentes, mais, en ce qui concerne Posen, « la chambre d'agriculture locale évalue le nombre des *Sachsengänger*, pour 1898, à 41.727; leur nombre se serait élevé à 48.000, en 1899, et, pour 1900, les correspondants des feuilles agrariennes l'évaluent à 80.000, ce qui paraît quelque peu exagéré »[1]. Quoi qu'il en soit, les hobereaux des provinces de l'Est, pendant les années d'expansion industrielle que nous venons de traverser, n'ont pas cessé de se plaindre du déficit croissant de la main-d'œuvre et leur situation eût été tout à fait intenable si les *Sachsengänger* n'étaient pas remplacés, partiellement, par d'autres ouvriers nomades, qui viennent de la Galicie ou de la Pologne russe, à l'époque où se fait la récolte des betteraves ou celle des pommes de terre.

Parmi ces ouvriers, dont le nombre est aujourd'hui considérable, il en est qui sont recrutés et amenés par un entrepreneur pour le compte d'un propriétaire qui paie les frais du voyage; les autres viennent d'eux-mêmes en se passant de tout intermédiaire. Parmi eux se trouvent même un certain nombre de petits tenanciers qui, n'ayant pas un domaine suffisant pour assurer la subsistance de leur famille, cherchent ailleurs un gain supplémentaire.

Nous nous trouvons donc en présence d'une véritable cascade de migrations, qui part des régions les plus pauvres, pour aboutir aux grandes villes et aux centres industriels.

Ces migrations successives, au surplus, ne constituent nullement, un fait exceptionnel. On les observe, généralement dans toutes les régions où l'exode des éléments les plus énergiques raréfie l'offre des bras, et, par conséquent, fait place à des travailleurs plus faibles et moins exigeants.

1. J. Karski. *Die polnischen Wanderarbeiter*. Neue Zeit, 9 mars 1901, p. 723.

3. Italie. — De tous les pays de l'Europe occidentale, l'Italie est actuellement celui qui fournit le plus fort contingent à l'émigration, permanente ou périodique.

Plus de trois cent mille Italiens passent chaque année la frontière, les uns pour se fixer définitivement à l'étranger, et surtout aux États-Unis ou dans l'Argentine, les autres, pour rentrer au logis, après avoir travaillé quelques mois au dehors. Ces émigrants temporaires — terrassiers, maçons, journaliers, ouvriers agricoles — sont, pour la plupart, originaires de la campagne. Leur nombre, qui oscillait de 80.000 à 100.000, pendant la période 1876 à 1889, s'est élevé graduellement, pour atteindre les chiffres de 156.298 en 1898, 177.031 en 1899[1] et 199.573 en 1900 (177.768 hommes et 21.805 femmes)[2].

La majorité d'entre eux viennent du Piémont ou de la Vénétie.

« Dans la région de Novare, notamment, — dit L. Einaudi, dans une étude sur *l'Économie agraire du Piémont*, — un grand nombre d'adultes émigrent à l'étranger et dans les autres provinces italiennes. Ils sont remplacés, dans les rizières, par des manouvriers adventices, qui viennent des villages voisins, des montagnes, des pays situés le long du Tessin. Ce sont, en majeure partie, des femmes et des enfants, dont la moitié n'a pas atteint l'âge de seize ans[3]. »

Ailleurs, dans les environs de Lucques, par exemple, les migrations saisonnières se dirigent vers la Corse.

Dans la campagne romaine, ce sont les *guitti*, les va-nu-pieds descendus des Abruzzes qui viennent, à l'époque

1. *Statistica della emigrazione italiana avvenuta negli anni* 1898, 1899, pp. VIII, IX, XI, Roma. Tipographia nazionale, 1900.

2. Estratto della Gazetta Ufficiale del Regno d'Italia, del 4 guigno 1901, n° 133.

3. L. Einaudi. *L'Economie agraire du Piémont,* dans le *Devenir social* avril 1897, pp. 343.

de la moisson, suppléer à l'insuffisance de la main-d'œuvre locale.

Enfin, dans les provinces essentiellement pauvres de l'Italie méridionale, et, principalement dans les Pouilles, nous trouvons des milliers de travailleurs qui, pour gagner de quoi vivre, s'en vont, chaque année, faire la moisson de l'autre côté de l'Atlantique.

Ils arrivent dans la République Argentine au commencement de décembre et y restent jusqu'en février, descendant vers le sud à mesure que les récoltes mûrissent, pour repartir en mars et recommencer les mêmes travaux en Italie et en France. Ils étaient 1.300 en 1887, 5.000 en 1895; leur nombre, depuis, a toujours augmenté. De grands steamers, aménagés pour ces transports, les amènent à bas prix. En 1901, on les réexportait pour 45 francs, nourriture, transport, logement compris pendant les vingt jours de la traversée[1].

Ces migrations temporaires vers l'Argentine ne sont d'ailleurs pas localisées en Italie : elles se produisent également, bien que sous une forme différente, parmi les populations françaises des Pyrénées[2].

Chaque année, en effet, le plus souvent à l'automne, c'est-à-dire au moment où la rigueur de la saison ne permet plus d'occuper tous les bras, des groupes d'émigrants se dirigent vers l'Espagne et surtout vers la République Argentine, où ils se livrent principalement à des industries pastorales : les uns font le métier de hongreurs[3], d'autres se placent comme bergers, d'autres enfin, propriétaires eux-mêmes d'un troupeau, afferment de vastes espaces pour en utiliser l'herbe. Mais, le carac-

1. E. Daireaux. *Italiens et Français en Argentine.* Revue de Paris, 15 août 1901, p. 339.

2. Demolins. *Les Français d'aujourd'hui,* pp. 28 et 29. Paris, Firmin Didot.

3. Le travail des hongreurs consiste à châtrer les chevaux, et, par extension, à pratiquer un art vétérinaire empirique.

tère commun de la plupart de ces émigrants, c'est qu'ils partent avec esprit de retour : ils reviennent au pays, quand ils le peuvent chaque année, et, en tous cas, le plus tôt possible.

4. Russie. — Si considérables que soient les migrations saisonnières dans l'Europe occidentale, elles ne sont que peu de chose auprès de celles qui constituent l'un des caractères essentiels du régime économique de la Russie.

Maxime Kovalevsky évalue à plus de deux millions les paysans qui émigrent chaque année, des provinces du centre, pour se rendre dans les fabriques, ou se louer dans les grands domaines de la Bessarabie, de la partie septentrionale du Caucase ou de la rive droite du Volga.

« La majeure partie fait le voyage à pied; un moins grand nombre descend le cours du Dnieper, du Don ou du Volga en nacelles ou sur des bacs. Ces derniers gagnent pendant la traversée quelque mince salaire, car ils se chargent de surveiller la descente des bois par les fleuves. Fort peu d'émigrés disposent de moyens suffisants pour entreprendre le voyage en bateau à vapeur ou en chemin de fer... Incapables de transporter eux-mêmes tous leurs effets, les ouvriers se forment en compagnies ou *artels* et louent, à frais communs, quelque chariot où ils entassent pêle-mêle tout ce qu'ils emportent. Ces compagnies sont souvent composées de personnes des deux sexes qui, de cette façon, sont placées dans la nécessité de mener une existence commune pendant tout le temps que dure le voyage. Ceux qui manquent de moyens demandent l'aumône, le long de leur parcours et passent, faute d'autre gîte, les nuits à la belle étoile, exposés ainsi au vent et à la pluie...[1] »

1. Kovalewsky. *Le régime économique de la Russie*, pp. 265 et suiv. Paris, Giard et Brière, 1898.

D'après une enquête récente, faite dans le gouvernement de Kherson, et qui a porté sur 56.000 ouvriers migrateurs, 83,6 p. 100 d'entre eux avaient fait le trajet à pied, 13,2 p. 100 en partie à pied, en partie en chemin de fer et en bateau, 3,2 p. 100 en employant des moyens de locomotion qui n'ont pu être déterminés. La perte de temps résultant de ces voyages, à des centaines, et parfois à plus d'un millier de kilomètres, fut évaluée à 12.500.000 journées de travail, soit, d'après le calcul le plus modeste, à plus de dix millions de francs[1].

Il faut tenir compte, en outre, des chômages provenant de la mauvaise répartition des forces ouvrières, faute de renseignements précis sur l'importance des récoltes et l'intensité de la demande de travail : dans certains districts, les bras font défaut; dans d'autres, au contraire, l'encombrement se fait sentir et beaucoup d'émigrés périodiques rentrent chez eux, n'ayant rien ou presque rien gagné.

Ajoutons encore, pour compléter ce triste tableau, que les conditions déplorables de nourriture, de logement et de travail des ouvriers migrateurs, contribuent puissamment à la propagation d'une foule de maladies contagieuses et, en première ligne, de la tuberculose et de la syphilis.

C'est ainsi que nous arrivons aux dernières couches de l'immense prolétariat qui, sous l'influence directe ou indirecte, des villes, participe à l'exode rural.

Actuellement, dans tous les pays où domine la production capitaliste, les populations urbaines augmentent, absolument et relativement. Cette augmentation s'effectue, du moins en partie, aux dépens des campagnes : alors même que les populations rurales, considérées dans

1. Tougane-Baranowsky. *La fabrique russe, son passé et son état actuel* (en russe).

leur ensemble, continuent à croître, certains districts ruraux se dépeuplent, plus ou moins. En tout cas, le nombre des cultivateurs tend à se réduire; des milliers de domestiques et d'ouvriers agricoles se dirigent vers les villes ou les agglomérations industrielles, soit qu'ils s'y rendent quotidiennement ou périodiquement, soit qu'ils s'y établissent à demeure; et, pour combler les vides, les fermiers ou les propriétaires n'ont d'autre ressource que de faire appel à des ouvriers nomades, venant des régions ou des pays voisins.

Migrations temporaires ou définitives, quotidiennes ou saisonnières, internes ou externes, tel est le spectacle que nous offre une fraction grandissante du prolétariat des campagnes.

A l'antique stabilité des serfs, attachés à la glèbe, succède la mobilité croissante des ouvriers, déracinés du terroir natal.

« Je crois être en droit d'affirmer — dit Karl Bücher — que le nombre des habitants de l'Europe qui résident à un endroit, non par le fait de leur naissance, mais par celui de l'émigration, dépasse, de beaucoup, cent millions. »

Si l'on songe que ce chiffre représente plus du quart de la population totale, on comprendra que le professeur Sering ait pu dire « qu'il y a là une véritable migration des peuples, en comparaison de laquelle pâlissent les migrations du commencement de l'ère chrétienne, au moins quant à l'importance des masses mobilisées ».

Et, pour compléter l'analogie, on est en droit d'ajouter que les causes de l'exode rural actuel, ne diffèrent pas essentiellement de celles qui poussèrent jadis les Barbares à se jeter sur le monde antique.

C'est le développement de la population, joint à un mauvais système de culture et à l'absence de tout autre genre de vie que la vie rurale qui explique, en grande partie, les migrations d'autrefois.

Nous allons voir qu'en dernière analyse, les migrations des temps modernes ne sont pas dues à d'autres motifs.

CHAPITRE II

LES CAUSES DE L'EXODE RURAL

Les gens d'ici n'ont rien de rien
Rien devers eux
Que l'infini, ce soir, de la grand'route.

Chacun porte au bout d'une gaule,
En un mouchoir à carreaux bleus,
Chacun porte dans un mouchoir,
Changeant de main, changeant d'épaule
Chacun porte
Le linge usé de son espoir.

VERHAEREN (*Les Campagnes hallucinées*).

L'exode rural provient de l'action combinée de trois facteurs : l'attraction des villes, la facilité des transports, la surpopulation des campagnes.

Il est évident, tout d'abord, que le *développement des agglomérations industrielles et urbaines* provoque un appel des forces de travail éparses dans un pays, d'autant plus énergique que les fonctions à remplir, les professions et les industries à exercer, sont plus nombreuses et plus lucratives[1].

D'autre part, le *progrès des moyens de communication et de transport*, qui est, à la fois, la condition et la conséquence de l'accroissement des villes, contribue puissamment à rendre cet appel efficace, en supprimant ou

1. Sur les causes qui favorisent le développement des agglomérations urbaines, en régime capitaliste, lire les chapitres consacrés à cette question dans l'important ouvrage de W. Sombart, *Der moderne Kapitalismus* Band II, Zweites Buch, Zweiter Abschnitt. Ursprung und Wesen der modernen Stadt. Leipzig. Duncker et Humblot 1902.

en atténuant les obstacles résultant des distances, ou de l'ignorance des occasions offertes.

Néanmoins, ces deux facteurs, à eux seuls, ne suffisent généralement pas, du moins à l'origine, pour détacher les campagnards de la glèbe.

Certes, les migrations à courte distance peuvent s'expliquer par des différences minimes quant au taux des salaires, ou aux avantages respectifs des occupations : un ouvrier de la banlieue bruxelloise, par exemple, habitant à proximité d'une station de chemin de fer et pouvant, grâce aux « coupons de semaine », se rendre en ville pour quelques centimes par jour, abandonne assez facilement les travaux agricoles, pour travailler, comme paveur ou manœuvre de maçon, sur les chantiers de la capitale.

Mais il en va tout autrement, lorsqu'il s'agit de villages éloignés, de communes rurales n'ayant avec les grands centres que des relations incertaines et fugitives.

Dans ce cas, pour que l'exode se produise, il faut que les circonstances le rendent impérieusement nécessaire, que la *surpopulation relative des campagnes*, l'impossibilité de trouver, sur place, des moyens d'existence, contraignent les ruraux à chercher de quoi vivre en d'autres lieux.

Il serait profondément inexact de croire, en effet — comme on le fait trop souvent — que ce sont avant tout les charmes de la vie urbaine, les séductions du travail industriel, le désir de voir du pays qui hallucinent Jacques Bonhomme et lui font quitter sa chaumière, abandonner sa charrue ou sa bèche, pour descendre dans les mines, s'enfermer dans les filatures ou les tissages, se loger dans les ruelles infectes des grandes agglomérations.

Rien de plus caractéristique, au contraire, que l'obstination de son attachement au coin de terre qu'il a toujours habité; et l'on comprend, d'ailleurs, qu'il en soit ainsi, quand on veut bien songer à tous les liens que le campagnard doit rompre, lorsqu'il veut abandonner son village.

Se fixer à la ville, c'est, à la fois, sortir de sa famille, changer de métier, quitter sa résidence, et, d'autre part, s'adapter à de nouvelles conditions de logement, à de nouvelles occupations, à un nouveau genre de vie, dans des milieux plus ou moins inconnus.

Aussi est-il bien naturel que des gens qui ont toujours vécu à l'ombre de leur clocher, y regardent à deux fois avant de s'engager en pareilles aventures.

« Malgré tout ce qu'on a dit de la légèreté et de l'inconstance de la nature humaine — disait Adam Smith — il paraît évident, par l'expérience, que de tous les bagages possibles, l'homme est le plus difficile à déplacer. [1] »

Certes, grâce à la facilité croissante des transports, et, dans certains lieux, à l'organisation des bourses de travail, les déplacements de la main-d'œuvre ouvrière sont devenus beaucoup plus aisés qu'à la fin du XVIIIe siècle, mais il n'en reste pas moins vrai qu'en règle générale les travailleurs ruraux ne se résignent à l'émigration, interne ou externe, que sous l'empire de la plus extrême nécessité.

C'est ce que constatent tous les auteurs qui se sont occupés de l'exode rural, et, notamment, un praticien peu suspect de tendances socialistes, Heinrich Sohnrey, éditeur de la revue agricole *Das Land* :

« La cause maîtresse de la poussée d'émigration, parmi les travailleurs ruraux, dit-il, c'est le manque presque complet des conditions d'existence les plus élémentaires, dans les localités du plat pays : spécialement

1. Adam Smith. *Recherches sur la nature et les causes de la richesse des nations*. Trad. Garnier, chap. VIII, p. 151.

le manque d'un lopin de terre, lui appartenant en propre, sur lequel l'ouvrier puisse prendre racine ; le manque d'un *allmend* suffisant, qui élève les perspectives sociales du travailleur et lui crée des liens avec la communauté ; enfin, le manque d'un logis convenable, dans lequel puisse se développer une vie de famille réconfortante [1]. »

Les mêmes observations s'appliquent, naturellement, aux migrations saisonnières, qui n'arrachent les campagnards à leur village que pendant une partie de l'année, mais leur imposent, en revanche, des privations et des fatigues beaucoup plus pénibles que celles des travailleurs industriels.

Ici encore, c'est la surpopulation relative qui détermine l'exode rural :

« Si le peuple de nos campagnes s'est souvent déplacé, même au xve siècle, — dit Kovalevsky, — ce n'était que parce qu'il était privé des instruments de travail nécessaires à son activité, nullement à cause de ses prétendus instincts de vagabondage. Il en est de même de nos jours. La terre commençant à manquer, surtout dans la zone la plus fertile, celle du *Tchernozem*, et le nombre des travailleurs agricoles dépassant de presque deux millions le strict nécessaire, le cultivateur robuste et aguerri quitte son foyer pour plusieurs mois de l'année et va prendre du service chez quelque grand propriétaire du midi ou de l'est [2]. »

1. Sohnrey. *Der Zug vom Lande und die soziale Revolution*, p. 136. Leipzig. Werther, 1894. Voy. également Kautsky. *La question agraire*, trad. Milhaud et Polack, pp. 329 et suiv. Paris, Giard et Brière, 1900.

2. Kovalevsky. *Le régime économique de la Russie*, p. 256. Cf. Milioukoff. *Essais sur l'histoire de la civilisation russe*, p. 193 : « ...Dans une grande moitié de la Russie, la majorité de la population payait au fisc plus que l'agriculture, — leur occupation principale — ne leur rapportait ; cette partie de la population était donc obligée de chercher ailleurs le surplus nécessaire au fisc. C'est le cas dans toute la région du Nord, jusqu'à la zone de la *terre noire*. Nous avons déjà dit que la culture ne constitue dans cette partie du pays, ni l'unique, ni même la principale

Nous trouvons des appréciations tout à fait analogues dans le rapport de 1900, publié par le Département de l'agriculture pour l'Irlande, sur les migrations saisonnières des cultivateurs de l'Ulster et de Connaught :

« Je crains fort, pour ce qui les concerne, dit le rapporteur, que l'expression de « mobilité de travail » ne soit qu'un euphémisme pour caractériser une activité que détermine la perspective de mourir de faim. Ce ne sont pas, à proprement parler, des ouvriers agricoles, car cette classe n'existe pas, et son existence n'est pas requise par les conditions spéciales de l'agriculture, dans les districts où ils se recrutent principalement. Ce sont, comme classe, de petits cultivateurs (*landholders*), ou bien des femmes, des fils ou des filles de petits cultivateurs. Dans les *Poor law Unions* de Swineford et de Westport, par exemple, où la proportion des émigrants à la population totale est, respectivement, de 85,9 et 44,4 pour 1000, il n'y a pratiquement pas de fermes de labour, excepté celles de très petite contenance, exploitées par le tenancier et ses enfants; et, par conséquent, il n'y a pas de demande locale d'ouvriers agricoles. S'il n'y avait pas la migration annuelle vers l'Angleterre ou l'Écosse et, dans ces dernières années, le développement de l'industrie de la pêche en plusieurs endroits de la côte, ce pauvre peuple, si bas que soit son *standard of comfort*, n'arriverait pas à joindre les deux bouts. Ce ne sont donc pas les instincts vagabonds de leur nature, mais la pression des conjonctures économiques, qui les arrache de leur *home*, hommes, femmes, garçons et filles, pendant trois à huit mois, chaque année[1]. »

Il faut évidemment attribuer à la même cause initiale

occupation de la population, qui gagne son pain, en grande partie, dans l'industrie domestique ou dans les occupations qu'elle cherche dans son exode par toute la Russie ».

1. *Report on migratory agricultural labourers*, p. 13. Agricultural statistics Ireland, 1900.

l'exode annuel des travailleurs agricoles flamands vers la France, quand on se souvient du portrait que l'économiste belge Ducpétiaux faisait de leurs ascendants immédiats, dans son *Mémoire sur le paupérisme des Flandres*, publié en 1853, au plus fort de la crise provoquée, dans les campagnes, par la transformation mécanique de l'industrie linière :

« Lorsque l'ouvrier anglais ou allemand, écrivait-il, voit décliner le travail et s'approcher la misère, il cherche à échapper au danger en transformant son industrie, en demandant ailleurs les moyens d'occupation qui viennent à manquer chez lui : il s'ingénie pour se tirer d'embarras, il lutte jusqu'au bout; l'ouvrier flamand, au contraire, se résigne sur place aux plus dures privations ; sans rien changer à ses habitudes, il réduit son ordinaire ; victime de la routine, il succombe sur son métier, sans avoir pris la peine de l'abandonner. Aurait-il, d'ailleurs, la velléité d'aller demander l'emploi de ses bras dans une autre province, ou dans un autre pays ? Il en est le plus souvent empêché par l'obstacle de la différence de langage ; si cet obstacle ne l'arrête pas, le souvenir du village, de la famille, la nostalgie, ne tardent pas à le ramener à son domicile. On a vainement essayé d'appliquer des ouvriers flamands aux travaux de terrassement exécutés hors des Flandres ; ils ont renoncé, les uns après les autres, aux avantages qui leur étaient offerts, préférant aller reprendre le collier de misère suspendu au foyer domestique[1]. »

Ce sont les mêmes populations, cependant, qui comptent aujourd'hui parmi les plus mobiles de l'Europe et qui, ne trouvant plus leur subsistance dans les régions qu'elles habitaient, sont allées s'établir dans les bassins houillers, ou bien partent en bandes, pendant six mois de l'année, pour se mettre au service des fermiers

1. Ducpétiaux. *Mémoire sur le paupérisme des Flandres*, p. 155.

Wallons et Français, ou bien encore, prennent le chemin de fer, tous les matins, pour se rendre au travail dans les charbonnages du Centre-Hainaut et dans les tissages du nord de la France.

N'est-ce pas la preuve irrécusable que les causes premières de l'exode rural sont *internes* plutôt qu'*externes* ?

Il ne suffit pas que la ville attire les paysans, mais il faut encore que la campagne les repousse : pour déraciner les terriens, pour transformer en travailleurs nomades, ou en prolétaires industriels, les manants sédentaires de l'ancienne agriculture, il faut une révolution sociale, ou, plus exactement, une série de révolutions sociales ; il faut que le développement de la production capitaliste, en bouleversant l'économie rurale primitive, détruise les conditions d'existence de la propriété paysanne et brise successivement tous les liens qui attachent les travailleurs agricoles à la terre.

« La spoliation des biens d'Église, dit Marx, l'aliénation frauduleuse des domaines de l'État, le pillage des terrains communaux, la transformation usurpatrice et terroriste de la propriété féodale, ou même patriarcale, en propriété moderne privée, la guerre aux chaumières, voilà les procédés idylliques de l'accumulation primitive. Ils ont conquis la terre à l'agriculture capitaliste, incorporé le sol au capital et livré à l'industrie des villes les bras dociles d'un prolétariat sans feu ni lieu [1]. »

C'est en Angleterre, comme on sait, que la transformation commence ; c'est en Angleterre également qu'elle a été la plus radicale et que l'émigration vers les villes a été la plus étendue.

Le premier grand exode se produit, dès la fin du xve siècle, quand le développement de l'industrie lainière

1. *Le Capital*, vol. I. chap. XXVIII. *L'expropriation de la population campagnarde.*

provoque la clôture d'une grande partie des champs communs et la conversion dépopulatrice des terres de labour, occupées par de nombreux paysans, en pâtures permanentes, parcourues par d'innombrables moutons.

Puis, après une période de ralentissement, qui se prolonge pendant près de deux siècles, la révolution industrielle, le développement de la grande industrie, et, par voie de conséquence, l'accroissement des agglomérations urbaines, produisent, dans les campagnes, une série de transformations nouvelles et d'exodes nouveaux.

La propriété paysanne disparaît, ou se transforme en propriété parcellaire.

Les communaux et les droits d'usage achèvent d'être usurpés ou aliénés.

Les industries domestiques, associées au travail agricole, sont anéanties par la concurrence de l'industrie des villes.

La crise agricole se déchaîne, par suite de la révolution des moyens de transport, terrestres et maritimes.

Successivement, les mêmes phénomènes se produisent, avec une intensité variable d'ailleurs, dans les autres pays, et, comme on va le voir, leur conséquence inévitable — lorsque, bien entendu, d'autres facteurs n'agissent pas en sens contraire, — c'est la dépopulation des campagnes et l'afflux des ruraux vers les villes.

§ 1. — La décadence de la propriété paysanne

L'élément le plus stable de la population rurale, c'est le paysan-propriétaire.

Aussi longtemps que sa propriété se maintient et qu'elle suffit à le faire vivre, si pauvrement que ce soit, il reste, en général, obstinément attaché à la terre. Seulement, c'est un fait bien connu que le développement des agglomérations industrielles et urbaines tend à éliminer la propriété paysanne.

Cette élimination ne s'opère pas toujours, comme en Angleterre, au profit de la grande propriété et de la grande culture. En Belgique, par exemple, le nombre des cotes foncières et des petites exploitations a considérablement augmenté depuis un demi-siècle; néanmoins, dans toutes les régions où l'influence de l'industrie et le voisinage des villes ont fait hausser la valeur vénale du sol, la propriété paysanne, cultivée en faire-valoir direct, ne représente plus qu'une faible et décroissante fraction du territoire [1].

Il suffit, pour s'en convaincre, de consulter la carte des modes d'exploitation, publiée en 1899 par le Ministère de l'agriculture [2].

Le faire-valoir direct ne constitue plus la forme dominante que dans les régions pauvres de l'Ardenne et de la Campine limbourgeoise. Partout ailleurs, le faire-valoir indirect, l'exploitation par des fermiers locataires, l'emporte, et, alors même que la propriété paysanne se maintient, elle se divise en parcelles trop petites pour assurer au cultivateur et aux membres de sa famille une existence indépendante.

Bref, on peut appliquer, d'une manière générale, à toutes les régions qui se trouvent aux abords des grands centres, les constatations suivantes, que nous empruntons à la « Monographie agricole de la région des Flandres », publiée en 1900, par le Ministère de l'Agriculture :

1. Voy. pour plus de détails, nos études antérieures : *La propriété foncière en Belgique*. Paris, Schleicher 1900 ; *La petite propriété rurale*, dans le *Socialisme en Belgique*, par Destrée et Vandervelde, 1re édition, Paris. Giard et Brière, 1898 ; *Essais sur la question agraire en Belgique*, Paris, 1902. — Cf. J. de Lavallée-Poussin, *La propriété paysanne en Belgique* dans la *Revue sociale catholique*, 1er février 1898.

2. *Statistique de la Belgique*. Recensement général de 1895, publié par le ministre de l'Agriculture. Atlas, planche II, Bruxelles, 1899.

« Le faire-valoir direct décroît pour faire place à la location. Cette situation est due au prix élevé de la terre, qui empêche le cultivateur d'acquérir une exploitation, et aux ventes forcées, à la suite de mauvaises affaires, de décès et de partage, qui font passer les exploitations des mains de l'agriculture dans celles des grands propriétaires terriens[1]. »

Au surplus, ces changements dans le mode de faire valoir n'ont pas nécessairement pour effet immédiat de réduire le nombre des habitants de la campagne. En règle générale, au contraire, ce sont précisément les arrondissements de la Belgique, où le faire-valoir direct a presque complètement disparu, qui présentent la population la plus dense.

Mais, en relâchant ou en supprimant les liens qui attachent le cultivateur à la terre, la disparition de la propriété paysanne lui rend l'émigration plus facile, le jour où les conjonctures économiques rendent cette émigration nécessaire, ou avantageuse. Et, inversement, il suffit parfois qu'un ouvrier rural possède une maisonnette ou une parcelle de terre, pour empêcher qu'il n'aille s'établir dans les centres industriels.

C'est ce qui apparaît, avec une évidence remarquable, dans l'exemple suivant, qui nous avait été signalé sur place et dont nous avons vérifié ultérieurement les données, d'après les statistiques officielles.

Depuis quelque dix ans, la population a sensiblement augmenté, dans les communes industrielles de la Basse-Sambre (province de Namur).

Pour les quatre principales de ces communes, voici les chiffres que fournissent les deux derniers recensements :

1. Ministère de l'Agriculture. Monographie agricole de la région sablonneuse des Flandres, p. 135, Bruxelles, 1900.

	Au 31 décembre 1890.	Au 31 décembre 1900.
Tamines	3.305	4.381
Jemeppe	3.944	6.008
Ham-sur-Sambre	2.571	3.218
Auvelais	2.233	2.747
	12.053	16.354

Soit, en dix ans, une augmentation globale qui dépasse 4.000 habitants et qui résulte, en grande partie, de l'afflux d'éléments du dehors. A Auvelais, notamment — d'après ce que nous disait le secrétaire communal — il y a sur la liste des électeurs à peu près autant d'étrangers que d'autochtones.

Parmi ces immigrants, on compte un certain nombre de Flamands — plus de deux cents pour la seule commune de Tamines — mais le contingent principal provient des communes rurales du canton de Gembloux, situées le long du chemin de fer de Tamines à Landen. Par contre, les communes qui se trouvent à égale distance, mais de l'autre côté de la Sambre, dans le canton de Fosses, n'envoient pour ainsi dire aucun de leurs habitants s'établir dans les localités industrielles de la vallée.

Et cependant, le nombre des ouvriers qui prennent le chemin de fer, tous les jours, pour se rendre dans les charbonnages ou les glaceries d'Auvelais et de Tamines, est aussi considérable sur la rive gauche (Fosses) que sur la rive droite (Gembloux).

Mais, tandis que les gens du pays de Gembloux, après avoir fait la navette pendant quelque temps, se fixent très souvent dans le bassin industriel, ceux du pays de Fosses continuent indéfiniment à rentrer chez eux tous les soirs.

Les uns rompent facilement avec leur village ; les autres y restent obstinément attachés.

Aussi, dans la partie des deux cantons qui se trouve à proximité des lignes de chemin de fer aboutissant à la Basse-Sambre, la population des communes du canton de Gembloux diminue; celle des communes du canton de Fosses s'accroît assez rapidement.

C'est ce qui résulte du tableau que nous avons dressé, d'après les recensements de 1890 et de 1900, et que nous publions en annexe (Annexe I).

Pour les communes du canton de Fosses, l'augmentation est de 1.723 habitants, tandis que la diminution est de 212, pour les communes du canton de Gembloux.

Or, d'après le témoignage unanime des gens du pays que nous avons interrogés, la raison principale de ce contraste, c'est la différence qui existe entre les deux cantons, au point de vue du régime de la propriété.

Du côté de Gembloux, nous sommes en Hesbaye, région de faire-valoir indirect et de grande culture; du côté de Fosses, nous sommes dans l'Entre Sambre-et-Meuse, région de faire-valoir direct et de culture morcelée.

Lors du recensement agricole de 1895, l'étendue des terres exploitées, dans les deux cantons, se partageait de la manière suivante, quant au mode de faire-valoir :

CANTONS	EN FAIRE VALOIR DIRECT	P. 100	EN LOCATION	P. 100
Fosses . .	12.834 H. 59	52.84	11.455 H. 43	47.16
Gembloux.	4.681 H. 12	32.32	9.799 H. 64	67.68

Dans le pays de Gembloux, couvert de grosses fermes, il ne reste à peu près rien de la propriété paysanne primitive. Les communaux n'existent plus qu'à l'état de vestiges. Les bois sont clairsemés. Le prix de location des terres est très élevé, parce que les petits cultivateurs se disputent la moindre parcelle, avec acharnement. Bien peu d'ouvriers possèdent une vache; la plupart d'entre eux se contentent d'engraisser un porc. Bref, les avantages qu'ils tirent de la terre sont minimes et ne suffisent pas à compenser les multiples inconvénients de l'exode quotidien vers la région industrielle. A Grand Leez, par exemple, — où la population a diminué de plus de deux cents habitants, depuis 1890 — on nous énumérait, comme suit, ces inconvénients : « fatigues excessives, car les ouvriers qui se rendent dans la Basse-Sambre, doivent faire, deux fois par jour, plus de trois quarts d'heure de chemin de fer, et, lorsqu'ils habitent au bout du village, autant à pied, de chez eux à la station; obligation de se lever une heure plus tôt et de se coucher une heure plus tard; la femme, qui doit se lever également, pour allumer le feu et préparer le café, ne demande pas mieux que de s'en aller à Auvelais ou à Tamines; d'autre part, les frais de transport absorbent la différence du prix des loyers; il faut ajouter encore les occasions plus fréquentes de faire des excès alcooliques, car, en attendant les trains, les buvettes des environs de la gare sont toujours pleines; de plus, les écoles de Grand Leez sont mauvaises, le service médical défectueusement organisé. » Aussi n'est-il pas étonnant que la plupart des jeunes couples, dont le mari travaille dans les charbonnages ou les établissements industriels, préfèrent s'établir à proximité de ces derniers.

Dans le canton de Fosses, au contraire, les ménages ouvriers restent fortement enracinés à la terre natale. Les grandes fermes sont relativement rares. La culture est beaucoup plus divisée. Il existe encore un grand nombre de petites exploitations en faire-valoir direct, et d'autre part le prix moyen de location des terres — qui est de 116 francs à l'hectare, dans le canton de

Gembloux — n'est que de 56 francs. La plupart des ouvriers sont propriétaires de leur maison, dont les matériaux proviennent de carrières appartenant aux communes. Presque tous les ménages — outre les poules et le cochon traditionnel — possèdent au moins une vache, qui constitue, pour la famille ouvrière, une ressource dont on ne saurait exagérer l'importance. Un ouvrier mineur, habitant Fosses, à qui nous demandions pour quels motifs il s'astreignait à un long trajet en chemin de fer, plutôt que de se fixer à proximité de son charbonnage, nous répondait, avec un accent de conviction indicible : « Parce que, là-bas, nous n'aurions pas assez de terre pour garder notre vache ! »

On voit que, dans certaines conditions, la propriété paysanne, même à l'état d'accessoire, peut contribuer efficacement à empêcher la désertion des campagnes.

Mais il en est autrement, dans les régions purement agricoles, où le morcellement excessif aboutit, généralement, aux mêmes conséquences que l'expropriation complète.

En France, par exemple, il n'est pas douteux que les propriétaires parcellaires soient plus disposés que tous les autres ruraux, à l'émigration vers les villes[1].

Dans son livre sur la *Propriété paysanne*, A. Souchon établit, par des tableaux comparatifs empruntés au recensement agricole, que, pendant la période décennale 1882-1892, le nombre des agriculteurs a subi une diminution plus forte dans les dix départements où l'étendue moyenne des exploitations est la plus faible (2,08 p. 100), que dans les dix départements où l'étendue des exploitations est la plus forte (1,47 p. 100).

1. Il y avait, en 1862, 1.134.490 journaliers-propriétaires; 727.374 en 1882; 588.950 en 1892. Par contre, le nombre des journaliers non propriétaires, qui était de 862.254, en 1862, s'est élevé à 1.415.945 en 1882; 1.437.023 en 1892. Soit, pour les deux groupes réunis, une diminution considérable, par suite de l'exode rural.

Et l'auteur ajoute :

« Ce résultat est d'autant plus frappant qu'il est conforme à de précédentes observations, obtenues par une méthode tout à fait différente, puisque Zolla, en s'appuyant, non pas sur les enquêtes agricoles, mais sur le dénombrement de 1891, et en recherchant les départements qui tendent le plus vite à se dépeupler, avait montré que, le plus souvent, ces départements appartiennent à des régions de petite propriété, comme celles de l'Est et du Nord-Est, alors que les populations de la Bretagne, et de certaines parties du Sud-Ouest, également peu morcelées, sont particulièrement stables[1]. »

L'extrême division de la propriété peut donc être, aussi bien que le développement de la grande propriété capitaliste, un des facteurs de l'exode rural.

Pour que la population des campagnes se maintienne — si les conditions nouvelles de l'agriculture et de l'industrie ne lui créent pas de nouvelles ressources — ce n'est pas assez que le paysan soit inscrit sur les listes des propriétaires fonciers : il faut que sa propriété soit assez étendue, assez productive pour subvenir à ses besoins, et cela n'est possible, en général, que moyennant des conditions de plus en plus difficiles à réaliser : l'existence de communaux, ou de droits d'usage, qui prolongent, en quelque sorte, la propriété paysanne; l'association des travaux agricoles et des travaux industriels à domicile; la possibilité de se soustraire aux conséquences de la crise agricole, en produisant surtout des valeurs d'usage, pour les besoins de la famille.

§ 2. — La suppression des communaux

Sans méconnaître les inconvénients que présentent, au point de vue de l'exploitation rationnelle du sol, les

1. Souchon. *La propriété paysanne*, p. 23, Paris, Larose, 1899.

« communaux », les droits d'usage, de parcours, de vaine pâture, dans les forêts, les bruyères, les terres incultes, il n'est pas douteux que ces survivances médiévales contribuent puissamment à la stabilité des populations rurales.

Aussi longtemps qu'elles se maintiennent, les pauvres gens des campagnes conservent des intérêts dans la communauté villageoise et ne connaissent pas le dénuement absolu[1].

« Avant la Révolution — dit Macaulay, dans son *Histoire d'Angleterre* — des milliers de milles carrés, maintenant enclos et cultivés, n'étaient que marais, forêts et bruyères. Une grande partie de ces terres incultes était, de par la loi, terrain communal, et la partie qui ne l'était pas avait si peu de valeur que les propriétaires permettaient qu'elle le fût de fait. Le nombre des pauvres qui y butinaient et y glanaient pour y trouver leur subsistance, semblerait incroyable aujourd'hui. Le paysan qui s'y établissait, pouvait, à peu de frais, et même sans frais aucun, se procurer, de temps à autre, quelque supplément agréable à sa maigre nourriture et se fournir de bois pour l'hiver. Là ou s'étend aujourd'hui, un riche verger, il gardait un troupeau d'oies. Il tendait des pièges aux oiseaux sauvages, dans les marais qui ont été depuis desséchés et partagés en champs de blé et de navets ; il coupait l'herbe qui croissait entre les ajoncs des landes, aujourd'hui prairies remplies de trèfles et renommées par la saveur que leurs fourrages donnent au beurre et aux fromages. Le progrès de l'agriculture et l'accroissement de la population l'ont nécessairement privé de ces privilèges[2]... »

1. Sur les avantages et les inconvénients des communaux, voy. von Philippovich ,*Grundriss der Politischen Oekonomie*, Zweiter Band p. 220 et suiv. Freiburg. i. B. 1899.

2. Macaulay. *Histoire d'Angleterre* Trad. Pichot, I p. 462.

Dès l'instant, en effet, où le développement des villes, l'accroissement des centres industriels, augmentent le nombre des bouches à nourrir — en un temps où l'importation des céréales étrangères était encore entravée par les *corn laws* ou par l'élévation des frais de transport — le prix des produits agricoles s'élève, la rente foncière hausse, la mise en valeur des terres incultes apparaît comme une opération éminemment avantageuse et les derniers vestiges de l'ancienne communauté rurale achèvent de disparaître, dans le morcellement des partages, ou la brutalité des usurpations.

Tantôt, en effet, ce sont les paysans eux-mêmes qui se partagent les communaux.

Tantôt, ce sont des spéculateurs avides, des grands propriétaires peu scrupuleux, qui achètent à vil prix, ou s'emparent, soit violemment, soit frauduleusement, des « champs communs ».

Mais, dans l'un comme dans l'autre cas, le résultat final est identique : la minorité s'enrichit, au détriment des plus pauvres, détachés de la glèbe, mûrs pour l'exode rural.

En France, par exemple, au lendemain de la Révolution, le 20 thermidor an III, le député Baraillon déclarait que la loi du 10 juin 1793, sur le partage des communaux « était destructive de l'agriculture, en distribuant les terres incultes à ceux qui, faute de bestiaux et de bêtes de labour, n'avaient aucun moyen de les défricher, et en réduisant ceux qui avaient des bestiaux à les laisser mourir, faute de pacage »[1].

En Allemagne, Rodbertus rapporte que les ouvriers agricoles, en Poméranie, avaient fait passer en proverbe le dicton suivant : « Par le partage des communautés,

1. Cauchez. *De la propriété communale et de la mise en culture des communaux*, p. 38.

les gros paysans sont devenus des seigneurs et nous sommes devenus des mendiants[1]. »

En Angleterre, tout le monde sait que les usurpations des terres communes (*inclosures of commons*) ont été l'une des principales causes de la disparition presque complète des paysans propriétaires, de cette *yeomanry*, qui formait le noyau des armées puritaines, la force principale de la République de Cromwell.

Vers le milieu du XVIIIe siècle — au témoignage d'Ashley et de John Rae — les *yeomen* formaient encore la majeure partie de la population rurale et, malgré les usurpations du temps des Tudors, les champs communs occupaient une vaste étendue du territoire[2].

Mais, à partir de 1760 — c'est-à-dire au moment où s'inaugure le règne de la fabrique et où se développent les grandes agglomérations industrielles du Lancashire — l'économie rurale, sous l'influence des villes, se transforme ; les bills de clôture redeviennent aussi nombreux qu'au XVIe siècle ; jusque vers 1830, l'expropriation des communaux s'achève dans des conditions telles, qu'on a pu la caractériser comme suit : « Malheur à celui qui vole une poule sur le communal, mais honneur à celui qui vole le communal tout entier ! ».

Bref, le résultat dernier de ces usurpations — coïncidant avec la ruine des industries domestiques qui fournissaient aux cultivateurs des suppléments de ressources — c'est, dans toute l'Angleterre, la destruction de la propriété paysanne, la concentration des fermes et, par voie de conséquence, la dépopulation des campagnes.

1. « Durch die Gemeinheitsteilungen sind die Bauern zu Edelleuten geworden und wir zu Bettlern ». H. Sohnrey *Der Zug vom Lande*, p. 24. Leipzig, Reinhold Werther, 1894.

2. John Rae. *Why have the yeomanry perished?* Contemporary Review, octobre 1883, p. 516 et s. Ashley *Histoire et doctrines économiques de l'Angleterre*, II, p. 338.

Karl Marx fournit à cet égard, dans le premier volume du *Capital*, tout un appareil de preuves [1].

Bornons-nous à rappeler ce passage, qu'il emprunte à un ouvrage du Rév. Addington, publié en 1772 :

« Dans le Northamptonshire et le Lincolnshire il a été procédé, en grand, à la clôture des terrains communaux et la plupart des nouvelles seigneuries issues de cette opération ont été converties en pâturages, si bien que là où on labourait 1500 acres de terre, on n'en laboure plus que 50... Des ruines de maisons, de granges, d'étables, etc., voilà les seules traces laissées par les anciens habitants. En maint endroit, des centaines de demeures et de familles ont été réduites à huit ou dix. Dans la plupart des paroisses où les clôtures ne datent que des quinze ou vingt dernières années, il n'y a qu'un petit nombre de propriétaires, comparé à celui qui cultivait le sol, alors que les champs étaient ouverts. Il n'est pas rare de voir quatre ou cinq riches éleveurs de bétail usurper des domaines, naguère enclos, qui se trouvaient auparavant entre les mains de vingt ou trente fermiers et d'un grand nombre de petits propriétaires et de manants. Tous ces derniers et leurs familles sont expulsés de leurs possessions, avec nombre d'autres familles qu'ils occupaient et entretenaient. »

C'est ainsi que, par suite de la disparition de la propriété paysanne et communale, la grande majorité du peuple anglais s'est concentrée dans les villes, tandis que les campagnes ne sont plus habitées que par un nombre relativement faible de fermiers et de salariés agricoles [2].

1. *Le Capital*, vol. I, chap. XXVII.

2. D'après Gregory King, il y avait, en 1868, en Angleterre, 40.000 familles de grands paysans propriétaires, soit 280.000 personnes, avec 3.300.000 livres de revenu ; 140.000 familles de propriétaires moins importants, avec 700.000 personnes et 7.000.000 livres de revenu. D'après le New Domesday Book, il y avait au commencement de la septième décade

Sur le continent, l'influence de la suppression des communaux sur l'exode rural, n'apparaît pas, en général, d'une manière aussi nette.

Certes, leur aliénation ou leur usurpation ont eu pour effet de ruiner l'un des fondements de la propriété paysanne, de contribuer, par conséquent, à faire naître dans les campagnes un prolétariat disposé à l'exode; mais, dans la majorité des cas, leur disparition a été bien plutôt la conséquence d'un accroissement de la population, qui poussait au défrichement des terres incultes, que la cause *immédiate* de l'émigration d'une partie des habitants vers les centres industriels et urbains.

Il n'en reste pas moins vrai que, partout où l'ancien domaine communal subsiste, les avantages qu'il procure aux familles pauvres constituent un motif puissant pour les détourner de l'exode rural.

C'est le cas, par exemple, dans un grand nombre de villages des Ardennes belges, et, notamment, dans la plupart des communes de l'arrondissement de Neufchâteau.

Nulle part en Belgique, le nombre des habitants par kilomètre carré n'est aussi faible que dans cette région, couverte de bois et dépourvue de localités importantes[1]; mais nulle part, aussi, l'équilibre n'est aussi parfait entre la population et les subsistances : le climat est rude; la terre, revêche; les gens doivent travailler dur pour gagner leur pain; mais l'extrême misère est aussi inconnue que l'extrême richesse.

du XIXe siècle, sur 414.000 exploitations, 20.000 propriétaires seulement; les deux tiers de l'Angleterre et du pays de Galles appartenaient à 10.207 personnes; les deux tiers de l'Écosse à 330 personnes.

Brentano *Gesammelte Aufsätze*, I p. 211.

1. Dans les cantons forestiers de Wellin et de Saint-Hubert (arrondissement de Neufchâteau), il n'y a que 35 habitants par kilomètre carré, tandis que la moyenne du royaume est de 229 habitants par kilomètre carré.

Tous ceux qui connaissent l'Ardenne — ou des pays de constitution économique analogue — ont fait maintes fois cette constatation, devenue banale; mais il est intéressant de noter que les habitants de ces régions eux-mêmes se rendent compte de ce que leur situation a de relativement favorable.

Un jour que nous faisions route, à travers la forêt de Saint-Remacle, avec un bûcheron de Hautfays, qui s'en allait au travail, accompagné de son fils, la conversation tomba sur les conditions d'existence de la classe ouvrière locale, et notre interlocuteur, après avoir cité des faits et des chiffres, conclut de la manière suivante :

« Ce pays vaut mieux pour l'ouvrier que le pays bas. J'ai pu m'en convaincre du temps où j'étais soldat. Dans les villes, les riches sont très riches, mais les pauvres sont très pauvres. Ici, toutes les familles ont au moins une vache et tout le monde fait un peu de culture, plante du grain et des pommes de terre... »

Pour compléter cette appréciation, il faut ajouter que, généralement, les communaux sont assez étendus pour fournir à chaque ménage, à chaque « feu » — comme on dit là-bas — des avantages dont il ne sera pas inutile de faire l'énumération détaillée.

Prenons pour type de ces communes forestières, le village même de notre bûcheron, Hautfays, dans le canton de Wellin, au cœur de la Haute-Ardenne.

Hautfays est une commune de 800 habitants (799 au 31 décembre 1900), d'une étendue cadastrale de 2.301 hect. 16, dont 1.543 hect. 79 sont occupés par des bois et 70,56 par des jachères et des terrains incultes.

La population se compose exclusivement de cultivateurs et de bûcherons. Presque tout le territoire est exploité en faire-valoir direct, mais les hypothèques sont assez nombreuses. Il n'y a, dans la commune, qu'une seule ferme de quelque importance.

Les « communaux », plus étendus que dans la généralité des communes voisines, forment un ensemble de 1.221 hectares, qui se décomposent comme suit :

Haute futaie. . .	311 hectares	40 ares	00 centiares.	
Taillis	686 —	31 —	45 —	
Résineux	213 —	88 —	02 —	
Terres vagues . .	10 —	11 —	00 —	
Total.	1.221	70	47	

Ce domaine est exploité de la manière suivante :

1° Affectation des terres vagues au parcours du bétail.

2° Mise à blanc des bois de résineux, après un laps de temps qui varie avec l'usage que l'on fait des produits : bois de houillères, poteaux pour télégraphes, planches.

3° Coupes annuelles, avec rotation de vingt ans, dans la haute futaie.

4° Coupes annuelles, avec rotation de vingt et un ans, pour les taillis, qui forment, au point de vue des habitants, l'aménagement le plus fructueux, celui qui contribue, dans la plus large mesure, à enrayer l'exode rural.

Aussi, malgré les efforts de l'administration forestière pour favoriser l'accroissement de la haute futaie, les taillis constituent-ils la fraction la plus importante des bois communaux.

La partie du domaine qu'ils occupent se divise en vingt et une coupes (*virées*), plantées de chênes et de bouleaux. La commune vend l'écorce des chênes, que l'on utilise dans les tanneries; le surplus des produits se partage entre tous ceux qui, domiciliés depuis un an et un jour, possèdent un foyer séparé [1].

Chaque année, au commencement de l'hiver, le col-

1. Depuis quelques années, les nouveaux mariés ont droit à leur part d'affouage, s'ils appartiennent à la commune, alors même qu'ils ne sont pas domiciliés, à feu séparé, depuis un an et un jour.

lège échevinal dresse la liste des *affouagers*, qui reste affichée pendant un certain nombre de jours, avant d'être adoptée définitivement par le conseil communal. Immédiatement après, généralement au mois de décembre — quand l'état des neiges ne rend pas l'opération impossible — on allotit et on tire au sort les parts d'affouage, classées, d'après la valeur du bois, en 1re, 2e et 3e parts, chaque titulaire ayant dans son lot, trois parts de qualité différente. Enfin, dans le courant du mois de janvier ou de février, on procède à la vente des écorces, qui se fait à la maison communale, soit aux enchères, soit — pour éviter les collusions entre marchands — au rabais [1].

Les opérations de l'*écorçage* se font à l'époque où la sève monte, c'est-à-dire vers la fin de mai ou le commencement de juin. C'est un moment de fièvre pour la population des communes forestières. Presque tous les habitants, riches et pauvres, s'en vont au bois, pour « peler ». La coutume veut que les marchands emploient exclusivement, sur la coupe d'une commune, les gens domiciliés dans cette commune. Ce travail, qui rapporte, pendant deux ou trois semaines, de 7 à 8 francs par jour, se fait aux pièces : à Hautfays, où des influences socialistes récentes se mêlent curieusement aux survivances du collectivisme archaïque, le conseil communal a inscrit, dans les cahiers de charges des ventes d'écorces, un minimum de salaire de 1 fr. 20, par botte de 25 kilos [2].

1. La commune, naturellement met des gardes forestiers à la disposition des acheteurs d'écorces, pour visiter la coupe, avant la vente.

2. L'établissement de ce minimum de salaire a eu pour résultat de relever le taux de la rémunération dans toutes les communes voisines. Il est vrai que, d'autre part, la réduction du profit des marchands, obligés de payer des salaires plus forts, a eu son contre-coup sur le prix d'achat des écorces. Les recettes des communes en ont été légèrement affectées et d'aucunes s'en plaignent; mais la masse de la population qui gagne beaucoup plus au relèvement du prix de la main-d'œuvre, qu'il ne perd

Quand le « pelage » est terminé et les écorces suffisamment « fanées » (séchées), le marchand en prend livraison. D'ordinaire, pour fixer le poids des bottes, alignées sur la coupe, il en pèse une, qu'il désigne à l'avance : par exemple, la 4e botte du 1er rang. Nous n'insisterons pas ici, sur les procédés que certains marchands mettent en œuvre pour voler, sur le poids, les ouvriers employés à l'écorçage ; il est juste d'ajouter, au surplus, que certains ouvriers ne laissent pas d'en pratiquer d'autres, pour tromper les marchands.

Avant que l'on ne se mette à « peler », les titulaires des parts d'affouage sont obligés, par les règlements forestiers, d'abattre les bouleaux, qui ne repoussent plus aussi bien après une certaine époque (1re quinzaine de mai). D'autre part, une fois que les « peleux» ont fait place nette, on abat les chêneaux, dépouillés de leur enveloppe — comme des couleuvres de leur peau — et chacun emporte sa part de bois, pour le chauffage d'hiver.

Puis, sur l'emplacement de la virée, mise à blanc, commencent les travaux de l'*essartage*[1] qui se prolongent jusqu'au mois d'août.

Beaucoup d'habitants n'utilisent pas leur part et la cèdent, ou la vendent, pour 1 franc, ou 1 fr. 50, par exemple, à des ouvriers qui essartent jusque sept ou huit parts, chaque année[2].

au fléchissement des recettes communales, est très satisfaite du résultat obtenu.

1. On sait que l'essartage consiste à couper en larges mottes la superficie d'une coupe ou d'une lande, qui, recouverte de plantes et remplie de racines, forme une espèce de tourbe maigre et légère. On expose ces mottes au soleil afin de les rendre inflammables, puis on les dispose en tas, auxquels on met le feu. Les cendres éparpillées donnent un engrais, qui permet d'obtenir une récolte de seigle ou d'avoine, sans avoir recours au fumier ou aux engrais chimiques. Depuis quelque temps, néanmoins, on emploie ces derniers, même pour les terres essartées.

2. Dans beaucoup de communes du canton de Gedinne (arrondissement de Dinant), on vend l'essartage (appelé aussi gazonnage), au lieu de le partager entre les habitants. A Hautfays même, lorsqu'une partie de

L'ensemble de ces parts, — dont un petit nombre restant ne sont pas mises en culture — forment la *virée à seigle* (dans d'autres localités on plante de l'avoine); chacun travaille et récolte séparément, mais, en apparence, le tout ne forme qu'un seul champ. Au mois de juin, par exemple, pendant les travaux de l'écorçage, la coupe de l'année précédente est couverte d'une vaste nappe, d'un vert glauque, dont les épis ondulent comme une mer et d'où émergent, d'un vert plus vif, les pousses d'un an, qui reconstituent le taillis et, d'un blanc pur, les tiges grêles de quelques bouleaux, laissés debout, pour la semence.

A peu près en même temps, et sur la même virée que l'ensemencement du seigle, se fait l'*ensemencement des genêts*, que l'on récolte, au bout de deux ou trois ans, pour la litière du bétail. C'est la commune qui fournit les semences, et, contrairement à ce qui est de règle dans d'autres localités, ceux même qui n'essartent pas ont droit à leur part de genêts.

En somme, les avantages que le domaine communal procure aux habitants consistent dans les droits d'usage qu'ils exercent *ut singuli* et dans les revenus communaux, qui réduisent d'autant leurs charges fiscales.

La commune, d'une part, vend les écorces et le produit des coupes faites dans les bois de haute futaie ou de résineux; de plus, elle loue le droit de chasse (un millier de francs par an) et les tenderies à grives (4 à 500 francs).

D'autre part, les affouagers jouissent des avantages suivants :

1° Lorsque le produit des ventes annuelles est supérieur aux dépenses communales — telles qu'elles résul-

haute futaie est mise à blanc, l'essartage est également vendu. Le prix de vente est de 80 fr. l'hectare, en moyenne, tandis que la valeur de l'essartage pour un hectare de taillis ne dépasse pas 15 francs (la couche végétale n'ayant eu que vingt ans pour se réformer, tandis que dans les bois de haute futaie elle est beaucoup plus ancienne, partant plus riche).

tent du budget, affiché au préalable — le surplus est partagé entre les habitants. Jusqu'en ces dernières années, on partageait en nature une partie des coupes de haute futaie et, il y a vingt ou vingt-cinq ans, ces parts annuelles valaient de 80 francs (minimum) à 125 francs (maximum);

2° Chaque famille reçoit la quantité de bois nécessaire à son chauffage; il arrive assez fréquemment, au surplus, que les pauvres vendent leur part et s'occupent, en hiver, à ramasser du bois mort pour leur usage personnel;

3° Chaque « feu » a droit à une part d'essartage, dont la valeur vénale est, comme nous l'avons vu, à peu près nulle, mais qui présente cet avantage considérable de fournir aux travailleurs le moyen d'appliquer, fructueusement, leur force de travail;

4° Dans les coupes de plus de douze ans, chaque habitant a le droit de faire paître son bétail[1]. Il peut également y couper la litière et l'on tolère — à tort selon nous — que, dans les bois de haute futaie, il prenne les feuilles mortes, dans le même but[2];

5° Les habitants ont droit à la ramille des bouleaux, que l'on emploie pour la confection des balais — des « balais de luxe » ! — et qui se vendent, généralement, pour être écoulés à Louvain ou à Bruxelles, soit à des négociants, soit à la coopérative socialiste de Hautfays.

1. D'après les règlements forestiers, le pâturage dans les virées ne peut se faire que sous la conduite du pâtre de la commune, nommé par les propriétaires des vaches qui forment la *herde commune*. En fait, ces règlements ne sont pas observés et, moyennant une redevance payée au pâtre communal, de 50 centimes par tête de bétail, certains propriétaires font paître séparément leur bétail.

2. L'enlèvement des feuilles mortes empêche la formation du terreau, de l'*humus* produit par leurs détritus. « Pas n'est besoin de rappeler que cet humus joue... un rôle essentiel dans la bien-venue des peuplements et que son enlèvement par le soutrage constitue un crime de lèse forêt... » Voy. Marchal. *Formation et rôle de l'humus dans les forêts*. Bulletin de la société centrale forestière de Belgique, mai 1897, p. 302 et suiv.

Le prix de vente habituel est de 55 centimes la botte, mais le paiement se fait toujours en marchandises, et beaucoup de marchands en profitent pour se débarrasser de leurs « rossignols ».

6° La récolte des faînes, dans les bois de hêtres, peut rapporter parfois, aux femmes qui s'y livrent, des salaires de 2 fr. 50 à 4 francs par jour, pendant plusieurs semaines[1]. Seulement, cette récolte n'est productive qu'à certaines années. Les vieillards du pays ont coutume de dire que la faîne ne donne que tous les sept ans; périodicité, d'ailleurs, très approximative. Ce sont, en général, des marchands, venus d'Allemagne, qui achètent les faînes, dont on fait de l'huile.

7° Ajoutons, pour être complet, la récolte des glands, que l'on n'utilise pas sur place, pour la nourriture des porcs, — comme dans les villages de la Semoys — mais que l'on vend à des marchands, pour en faire des semis.

Jusqu'à présent, la commune n'a pris aucune mesure, pour écarter les *afforains* de l'exercice de ces droits d'usage. Quiconque s'établit à Hautfays est inscrit sur la liste des affouagers, au bout d'un an et un jour, d'où qu'il vienne et, même, quelle que soit sa nationalité.

En parcourant la virée où se faisait l'écorçage, nous y avons trouvé, par exemple, un ouvrier autrichien, qui était venu dans le pays pour les travaux du chemin de fer de Beauraing à Paliseul, et qui, ces travaux terminés, avait pris son domicile à Hautfays, où il jouit des mêmes droits que les autochtones.

Ce n'est point là, d'ailleurs, un fait isolé. Jadis, quand les parts affouagères avaient une valeur plus considérable,

1. Cette récolte se fait par l'un ou l'autre des procédés suivants : 1° on forme, avec un balai, des tas de feuilles et de faînes, que l'on sépare en les mettant dans un crible spécial; puis on débarrasse les fruits de leur gaine, à la main ; c'est le procédé le plus ordinaire ; 2° lorsqu'il gèle, on place des draps de lit sous les arbres; un homme grimpe dans les branches, les secoue, et — les feuilles étant déjà tombées — fait tomber les faînes.

plusieurs familles — une quinzaine, paraît-il — vinrent se fixer à Hautfays, attirées par le profit des communaux.

Aujourd'hui, la valeur des parts s'est amoindrie : nous avons dit que les coupes de haute futaie ne se partagent plus en nature ; d'autre part, le prix des écorces a diminué de 40 p. 100, par suite de l'invention des procédés de tannage rapide, qui permettent de préparer les peaux en quelques heures.

Ce progrès industriel a donc eu pour résultat de réduire, dans des proportions considérables, le revenu d'un grand nombre de communes ardennaises et, par contre coup, les avantages que les habitants retirent du domaine communal.

Néanmoins, ces avantages restent assez appréciables pour assurer, tout au moins, la stabilité de la population, dans les localités où ils subsistent.

Il suffit, pour s'en convaincre, de comparer les résultats des recensements de 1890 et 1900, pour les communes situées dans les cantons de Wellin ou de Saint-Hubert, qui se trouvent, au point de vue de l'exploitation de leurs bois, dans des conditions plus ou moins analogues à celles de Hautfays.

Communes.	Population au 31 décembre 1890.	Population au 31 décembre 1900.	
Arville	817	883	+
Daverdisse	335	329	—
Gembes	389	453	+
Hatrival	652	599	—
Hautfays	680	709	+
Libin (et Smuid)[1]	1.242	1.102 + 275	+
Lomprez	445	434	—
Porcheresse	411	411	
Redu	552	573	+
Tellin	672	714	+
Wellin	852	886	+
Total	7.053	7.458	+

1. La section de Smuid a été érigée en commune distincte après 1890.

Soit, pour l'ensemble de ces communes, une légère augmentation.

Dans certaines d'entre elles, cependant, on constate, depuis quelques années, un mouvement d'émigration vers le Canada, dont les agents recruteurs manifestent une préférence pour les gens de l'Ardenne belge, parce qu'ils sont plus fervents catholiques que la généralité des émigrants français[1].

D'autre part, nous verrons[2] que, dans plusieurs de ces localités, les bûcherons ne trouvant plus assez de travail sur place, ont pris l'habitude d'émigrer, pendant une partie de l'année, vers les forêts de l'Ardenne française.

Mais, à Hautfays — où le domaine communal paraît s'être mieux conservé que partout ailleurs — ce double mouvement d'émigration reste fort peu considérable : quelques petits cultivateurs, dont la situation était obérée, sont partis pour l'Amérique ; environ vingt-cinq ouvriers travaillent en France, et, comme partout en Ardenne — cette pépinière du fonctionnarisme belge — une vingtaine de personnes ont quitté définitivement la commune, pour entrer dans l'administration.

Malgré ces départs, au surplus, la population augmente plus rapidement que dans les localités voisines et la grande majorité des travailleurs n'a pas besoin de recourir à l'émigration, même temporaire, parce que les bois communaux leur donnent la possibilité d'avoir une ou deux vaches, de gagner des salaires rémunérateurs, à l'époque de l'écorçage, de travailler, même en hiver, dans les coupes de haute futaie et, surtout, de suppléer, par l'essartage, aux *terres à champs*[3] qui leur

1. La pratique du culte catholique est si générale dans cette partie du Luxembourg, que — pour ne pas perdre une grande partie de leur clientèle — les coopératives *socialistes* de Hautfays ou de Rienne, ont, parmi leurs articles de vente, des chapelets et des livres de prières.

2. Voy. *infra* p. 135.

3. On appelle *terres à champs*, par opposition aux *terres essartées*, les terres soumises à une culture régulière.

manquent, ou qui ne suffisent pas à les occuper entièrement.

Ce dernier avantage est d'une importance telle qu'en un mois de travail un homme peut produire assez de seigle pour la consommation de pain annuelle d'une famille de cinq personnes. De plus, la vente de la paille équivaut, en moyenne, à un salaire de 2 francs, pendant toute la durée de l'essartage.

Supprimer cette pratique, ce serait donc enlever aux habitants pauvres une ressource précieuse.

L'administration forestière s'efforce d'y arriver, cependant, ou, tout au moins, de limiter autant que possible le droit d'essartage, parce qu'elle prétend que son exercice nuit considérablement au taillis. En effet, si l'essarteur ne prend pas de grandes précautions, il supprime les « glands », c'est-à-dire les brins isolés de la souche des chênes ou des bouleaux. Cet inconvénient est incontestable, mais, depuis que les paysans recourent aux engrais chimiques, même pour les sarts, ces engrais favorisent la croissance du taillis et, somme toute, compensent le mal qui résulte de la suppression des brins isolés.

Aussi, l'hostilité de l'administration forestière tend-elle à décroître et, d'une manière générale, on peut espérer que l'exploitation, de plus en plus rationnelle, des communaux, fera disparaître les nuisances qu'on leur reproche, tout en conservant les mérites que personne, aujourd'hui, ne songe plus à leur contester.

§ 3. — La scission de l'industrie et de l'agriculture

L'agriculture est, par essence, une industrie saisonnière : la main-d'œuvre qu'elle réclame est relativement considérable à certaines époques de l'année, très réduite, au contraire, à d'autres époques et cette opposition s'accentue d'autant plus que les conditions climatériques sont plus défavorables.

« Les propriétés de notre climat — dit Milioukow dans ses *Essais sur l'histoire de la civilisation russe*[1] — placent notre agriculture dans une situation moins avantageuse que celle de l'Europe occidentale. Plus on avance vers l'ouest, sur la même longitude géographique, plus l'été commence tard et finit tôt. La diminution de la durée de l'été est compensée, il est vrai, par une plus grande chaleur, de sorte que les plantes cultivées mûrissent plus tôt à l'est qu'à l'ouest. Mais cette circonstance force à employer, dans un temps plus court, un travail plus grand : les mêmes travaux agricoles qui, dans l'occident s'accomplissent en sept mois, n'exigent chez nous que quatre mois seulement. Le travail fait là-bas par quatre ouvriers en réclame donc en réalité sept chez nous. En revanche, notre paysan n'a aucun travail agricole pour les huit mois qui restent et sa force de travail peut être appliquée à une autre industrie. Cette possibilité de faire, à côté de l'agriculture, d'autres travaux devient une nécessité dans les cas, et dans les lieux, où l'agriculture rapporte peu et ne répond pas aux dépenses obligatoires du paysan (c'est-à-dire, avant tout, au paiement des impôts). »

Ainsi, l'association du travail agricole et du travail industriel nous apparaît comme la conséquence naturelle, et souvent nécessaire, de l'alternance des saisons, de la succession des périodes de sommeil et de réveil de la terre.

A l'origine, l'agriculteur, aidé des siens, ajoute à ses récoltes les produits de la forêt ou de la rivière voisine, et consacre ses loisirs forcés à la confection domestique de la plupart des choses qu'il consomme ou qu'il

1. Milioukow, *Essais sur l'histoire de la civilisation russe*, p. 114.

emploie. Lors même que la division du travail et la production de valeurs d'échange ont déjà pris un grand développement dans les villes, l'union du travail et la production de valeurs d'usage dominent encore dans les campagnes.

Chaque famille se suffit, ou à peu près, à elle-même : elle se loge dans une maisonnette de bois, provenant de la futaie la plus proche, et se procure, sur place, le chaume et le torchis ; elle se chauffe, exclusivement ou principalement, avec de la tourbe, des bruyères, des ajoncs, du bois mort, ramassés dans les alentours ; elle file, tisse, transforme en vêtements le lin ou le chanvre de sa récolte ; elle se nourrit avec son blé, ses pommes de terre, ses légumes, la viande de son porc ; elle cuit son pain, fait son vin, son cidre ou sa bière, sèche elle-même son tabac, échange ses œufs ou son beurre contre les rares marchandises qu'elle se procure au dehors : chandelles, pétrole, objets en fer, etc. Bref, elle produit à peu près tout ce qu'elle consomme et consomme tout ce qu'elle produit, ne vendant que le strict nécessaire pour faire face à des dépenses en argent très limitées.

Plus tard, lorsque la division du travail se développe et que des relations plus fréquentes s'établissent entre les villes et le plat pays, l'association du travail agricole et manufacturier continue, sous d'autres formes.

Un certain nombre de campagnards deviennent, accessoirement, ou principalement, des producteurs industriels, travaillant pour la consommation locale, ou vendant leurs produits sur le marché de la ville voisine, mais cette production industrielle, — par suite de l'état rudimentaire des moyens de transport — reste intimement liée au travail agricole ou sylvicole.

Le sabotier, le bûcheron, le scieur de long, le charbonnier s'établissent à proximité des bois ; le faiseur de balais s'installe dans la bruyère ; le meunier transforme en farine le blé que l'on récolte dans son voisinage ; le distillateur agricole emploie, pour fabriquer son eau-de-vie, les fruits, les grains ou les pommes de terre provenant de sa ferme, ou des fermes d'alentour ; le vannier ou le chapelier en paille plantent eux-mêmes, ou se procurent, sur les lieux, les osiers ou les épeautres qu'ils mettent en œuvre ; le tisserand fait ses toiles avec le lin ou le chanvre récoltés dans la localité et filés par les femmes ou les filles du village.

Aussi longtemps que ces industries primitives parviennent à se maintenir, fournissant aux campagnards un supplément de ressources et du travail pendant la saison mauvaise, l'exode rural ne s'impose pas comme une nécessité inéluctable et se limite, généralement, au trop plein de la population.

Parmi les occupations associées à l'agriculture qui contribuent le plus efficacement à enrayer l'émigration vers les villes, il faut citer les industries forestières.

« C'est en hiver que les travaux dans les bois (abatages, façonnages de produits, élagages, assainissements, éclaircies, plantations, etc.) occupent la population, précisément pendant les saisons où les autres travaux sont suspendus ; aussi, *une influence bienfaisante des grands massifs boisés est de retenir les populations des campagnes et de diminuer l'émigration vers les villes*. Le travail manque rarement dans les régions sylvicoles[1]. »

Mais, avec le développement des agglomérations urbaines, les régions sylvicoles tendent généralement à se restreindre.

L'accroissement des besoins alimentaires multiplie

1. Huberty. *Conseils pratiques sur l'économie forestière. L'Ingénieur agricole de Gembloux* 1er septembre 1898, p. 76. Rappelons, toutefois, que dans les régions où il existe des taillis à écorces, le travail dans les bois est à son maximum d'intensité, à l'époque où la sève monte, c'est-à-dire à la fin de mai ou au commencement de juin.

les défrichements ; l'augmentation du prix des bois provoque des coupes dévastatrices et — malgré la réaction salutaire qui se manifeste depuis quelques années — le domaine forestier, dans les pays où la collectivité n'intervient pas efficacement pour sauvegarder les intérêts des générations futures, continue à subir, de la part des particuliers, les plus désastreuses agressions.

Quant aux autres industries rurales primitives, elles sont, bien plus encore, réduites, transformées ou menacées par la croissance des grandes agglomérations, avec leurs minoteries à vapeur, leurs distilleries industrielles, leurs fabriques pourvues de tous les perfectionnements du machinisme, leurs moyens de transport qui les mettent en communication avec toutes les parties du monde civilisé.

Les moulins à vent disparaissent, ou ne montrent plus qu'une carcasse dépouillée de ses ailes.

Sur plus de deux mille distilleries agricoles, fonctionnant en Belgique, vers 1835, il n'en reste plus qu'un dixième environ, malgré les exemptions fiscales que leur accorde le gouvernement.

De même, certaines industries rurales à domicile, comme la clouterie, le tressage de la paille, la filature et le tissage à la main, périclitent et tendent à disparaître, devant la concurrence victorieuse du travail mécanique.

C'est ce qui résulte, par exemple, à toute évidence, de la très intéressante enquête sur les industries à domicile, publiée en 1900-1901, par l'*Office du travail* de Belgique[1].

Les monographies contenues dans cette enquête se rapportent aux industries suivantes : l'industrie armurière liégeoise ; l'industrie du vêtement pour hommes à

1. Ministère de l'industrie et du travail. Office du travail, *Les industrie à domicile en Belgique*. Trois volumes. Bruxelles, Lebègue, 1899-1901.

Bruxelles; l'industrie coutelière de Gembloux; l'industrie du tissage du lin dans les Flandres ; l'industrie du tressage de la paille, dans la vallée du Geer; l'industrie de la cordonnerie en pays flamand ; l'industrie cloutière au pays wallon ; l'industrie de la ganterie de Brabant et de Flandre orientale.

Parmi ces industries, il en est, comme la cordonnerie, la ganterie (coupe des gants), la coutellerie, la confection des vêtements, qui ont leurs principaux sièges dans les villes.

Les autres, au contraire, occupent un nombre plus ou moins grand d'ouvriers de la campagne, et entrent, par conséquent, dans le cadre de cette étude.

Nous allons donc les passer en revue, au point de vue de leurs perspectives d'avenir et de l'influence qu'elles exercent sur les conditions de la vie rurale.

1. L'industrie armurière[1]. — L'industrie des armes à feu, qui se trouve concentrée dans le pays de Liège, occupait au 31 octobre 1896, date du dernier recensement, 11.390 personnes, parmi lesquelles 8.417 armuriers à la main, travaillant soit à domicile, soit en atelier.

Dans cette industrie, la division du travail est locale en même temps que technique : les finisseurs et les garnisseurs de canons habitent à Liège même, ou dans les communes circonvoisines; la production des armes en blanc (non achevées) est, au contraire, localisée dans les campagnes : les canonniers, c'est-à-dire les ouvriers qui fabriquent les canons des fusils, sont établis sur les bords de la Vesdre et de son petit affluent, le *Ris de Mosbeux;* ceux qui fabriquent les bascules et platines de fusils, carabines ou revolvers sont disséminés sur les

1. Ansiaux. *L'industrie armurière liégeoise. — Les industries à domicile en Belgique,* volume I.

bords de la Meuse et dans le pays, coupé de monticules et de vallons, formant la première partie du plateau de Herve.

Canonniers, basculeurs et platineurs associent généralement quelque travail agricole à leurs occupations industrielles, sujettes à de fréquents chômages : tantôt c'est un simple jardin potager, tantôt une parcelle plus étendue : il arrive souvent, dit Ansiaux, qu'un recoupeur (petit patron) ait un lopin de terre qu'il cultive avec les quelques ouvriers de son atelier. Aussi trouve-t-on parfois l'atelier désert : les armuriers sont aux champs.

Mais, en dépit de cette union du travail, la condition de ces ouvriers est rien moins que brillante ; leur journée, pendant la saison vive, est de treize à quatorze heures ; leurs salaires sont sensiblement plus bas que ceux des ouvriers d'usine ; le *truck-system* est fort répandu, aussi bien chez les canonniers de la Vesdre que chez les recoupeurs du plateau de Herve et, d'une manière générale, la condition des armuriers à domicile s'aggrave, de plus en plus, par suite du développement de la fabrication mécanique et de l'intensité croissante de la concurrence étrangère.

Aussi n'est-il pas douteux — bien que l'on n'ait pas de chiffres précis à cet égard — que dans les parties rurales du pays de Liège, beaucoup de travailleurs désertent le métier, ou, tout au moins, placent leurs enfants dans d'autres industries.

« Chez les canonniers de la Vesdre — dit Ansiaux — le nombre des ouvriers a certainement diminué. D'après le secrétaire ouvrier du Conseil de l'industrie et du travail de Nessonvaux, la diminution serait de 40 p. 100. Elle atteint même 50 p. 100 suivant un petit patron, M. P. En visitant la région, on s'aperçoit, en effet, qu'un certain nombre de petites forges, auparavant en activité, sont aujourd'hui fermées. Il y a lieu toutefois de remarquer que le personnel ouvrier, abandonnant les petites forges isolées, s'est, en partie, porté vers les usines, les canonneries, où l'emploi paraît plus régulier et la rémunération un peu meilleure[1]. »

Mais, indépendamment de ce passage des petits ateliers à la fabrique, beaucoup d'ouvriers ont passé dans l'industrie métallurgique, ou se sont procuré d'autres occupations, en dehors de leur village, sans cesser pourtant d'y avoir leur habitation.

Des phénomènes analogues se sont produits dans le pays de Herve : « la région ne laisse pas d'être riche ; aussi, beaucoup d'entre ses habitants, qui exerçaient, il y a une vingtaine d'années, le métier d'armurier, lorsqu'il était exceptionnellement lucratif, s'adonnent de plus en plus aux occupations agricoles. Ceux qui sont restés fidèles à leur ancienne profession y ont joint, d'ailleurs, l'élevage de porcs, de poules et parfois de vaches, ainsi que la culture de quelques plantes maraîchères. Certaines localités, les plus éloignées de Liège ont même totalement abandonné le travail industriel à domicile. Dans d'autres, les armuriers se sont faits très rares. Ainsi se manifeste un phénomène de régression qui, pour être lent, n'en est pas moins sensible et ininterrompu »[2].

Cette régression, d'ailleurs, ne se limite pas aux communes les plus écartées; elle s'opère également dans les bourgades voisines de la Meuse, où l'on constate un véritable exode des armuriers vers d'autres industries, et, spécialement, vers les ateliers de grosse ou de petite construction mécanique, situés à Herstal ou dans d'autres localités de l'agglomération liégeoise.

Mais, dans cette région, où les établissements indus-

1. *Loc. cit.*, p. 82.
2. *Loc. cit.*, p. 7.

triels sont nombreux et les communications faciles, la décadence de l'armurerie à domicile n'empêche pas la population rurale de s'accroître, tandis que, sur le plateau de Herve, plusieurs petites communes, trop éloignées des lignes de chemin de fer, ont vu décroître le nombre de leurs habitants[1].

Cette diminution se trouve largement compensée d'ailleurs par le développement de la population, dans les communes plus rapprochées de la région industrielle, soit que leurs habitants s'y rendent à pied, en passant la Meuse au pont de Wandre, soit qu'ils prennent le tramway vicinal allant de Liège à Barchon.

Il convient de noter cependant que les tarifs des chemins de fer vicinaux — établis avant tout dans l'intérêt des actionnaires — sont sensiblement plus élevés que ceux de l'Etat belge; aussi, beaucoup d'ouvriers s'astreignent-ils à de longues marches, plutôt que de les utiliser.

2. L'INDUSTRIE CLOUTIÈRE EN PAYS WALLON. — Au XVIIIe siècle, la fabrication des clous occupait, dans les environs de Liège et sur les bords de la Sambre, plusieurs milliers d'ouvriers, travaillant à domicile et habitant la campagne, à proximité des mines de fer et de charbon : la plupart de ces ouvriers n'étaient cloutiers qu'au mauvais temps, la meilleure partie de l'année étant consacrée aux travaux des champs.

Mais, à partir de 1830, le développement de la clou-

1. Voici les chiffres que donnent, à cet égard, les deux derniers recensements :

	31 décembre 1890	31 décembre 1900.
Cerexhe Heuseux	903	832
Evegnée	297	285
Housse	941	914
Mortier	1.031	1.010
Mortroux	512	504
Tignée	219	217
	3.903	3.762

terie mécanique, localisée principalement dans la petite ville de Fontaine-l'Evêque (Hainaut), fait péricliter la clouterie manuelle, qui est actuellement en voie de disparition complète : la comparaison des recensements de 1846 et 1896 nous donne, à cinquante ans d'intervalle, une diminution de 91 p. 100 ; de 6 786, le personnel passe à 549, et il convient d'ajouter que ce dernier chiffre, exact en 1896, ne l'est certainement plus aujourd'hui.

Les quelques cloutiers à domicile qui subsistent encore sont disséminés dans le pays de Herve, dans les environs de Gosselies et de Fontaine-l'Evêque, et sur la Semoys (Ardennes belges), dans les communes de Bohan, Membre et Orchimont.

Pour la plupart de ces ouvriers, d'ailleurs, la clouterie n'est qu'une industrie accessoire, un « beau métier d'hiver ».

Ceux du Hainaut et de la province de Liège sont, avant tout, briquetiers, peintres, maçons ou plafonneurs et ne font des clous que pendant la période de morte saison.

Cependant, dans la commune de Ham-sur-Heure (hameau de Beignée), nous retrouvons l'ancienne association de l'industrie et de l'agriculture : « beaucoup d'ouvriers sont propriétaires de leur maison ; nombreux sont ceux qui ont une ou deux vaches. Leurs travaux d'été sont rémunérateurs, l'hiver n'est pas perdu pour eux et la femme, souvent, fournit un heureux appoint au budget. Elle a aussi une industrie qu'elle exerce à domicile et qui ne manque pas d'être intéressante : elle se livre à la confection des petites balles dures, connues dans toute la Wallonie, sous le nom de balle au tamis ou « balle d'Ath », du nom de la ville qui en a la spécialité[1] ».

1. Génart. *L'industrie cloutière en pays Wallon*, p. 11, dans *les Industries à domicile en Belgique*, vol. III.

Grâce à la combinaison de ces divers travaux, les familles ouvrières de Boignée paraissent jouir d'un certain bien-être.

Mais c'est surtout dans le Luxembourg, où la clouterie est d'introduction récente (1848), qu'elle apparaît, le plus nettement, comme l'accessoire du travail agricole ou sylvicole.

Génart, dans sa monographie, fournit, à cet égard, les renseignements suivants :

« L'exploitation d'une contrée abondamment boisée, comme l'est la majeure partie de l'Ardenne belge, réclame des bras : il faut écorcer, abattre, fagotter, essarter; mais, toute cette besogne est, à tout considérer, bien limitée ; les principaux travaux ne se reproduisent qu'à de longues périodes d'intervalle, tous ne sont possibles que pendant une partie de l'année. Le bûcheron vit au bois, il loge sous la hutte de branches et de gazons et ne rentre chez lui que le samedi ; le mauvais temps le chasse définitivement, il revient alors au village. C'est ainsi que Bohan se dépeuple momentanément, les ouvriers se répandent dans les environs, surtout du côté de la France ; l'été, il en est aussi qui y vont faire la moisson, mais à part quelques rares ouvriers qui s'avancent plus loin jusqu'aux usines qui bordent la Meuse, la plupart n'ont qu'un emploi momentané et rentrent tout l'hiver au village où ils retrouvent enclume et marteau. *Ils reprennent la clouterie, métier d'appoint dans une région où aucune industrie ne donne un travail continu et régulier*[1]. »

Seulement, il suffirait que d'autres occupations industrielles leur soient offertes, que la construction d'un chemin de fer, par exemple, permette aux ouvriers de Membre ou de Bohan d'aller travailler aisément aux

1. Génart. *loc. cit.*, p. 8.

usines du bord de la Meuse, pour que la clouterie à domicile achève de disparaître, dans la vallée de la Semoys, comme elle a déjà disparu dans beaucoup de communes du Hainaut.

Ainsi, pour ne citer que ce seul exemple, à Gozée, petit village de l'Entre-Sambre-et-Meuse, on a remarqué la fermeture des forges, après l'établissement du tramway vicinal qui emporte les ouvriers vers Marchienne et le pays noir.

Mais, ici encore, grâce à la facilité des communications et à la proximité de l'industrie, la disparition de la clouterie à domicile n'a pas eu pour effet de réduire la population des localités où elle s'est produite.

3. L'industrie du tressage de la paille. — Le tressage et la chapellerie en paille, dans la vallée du Geer, petite rivière qui se jette dans la Meuse, entre Maestricht et Visé, étaient jadis un exemple caractéristique d'association du travail agricole et industriel.

Lorsque de Laveleye décrivit cette industrie, dans son Rapport sur l'agriculture belge à l'Exposition de Paris (1878), elle était en pleine prospérité, fournissait du travail à presque toute la population d'une vingtaine de villages, dans les provinces de Liège ou de Limbourg et avait sa base naturelle dans la constitution géologique du sol et les conditions spéciales de la culture : « Les terrains crétacés de Maestricht, si connus des géologues, se poursuivent dans le bassin du Geer, donnent aux pailles des céréales certaines qualités particulières, de la souplesse, de la force et surtout une blancheur qu'on ne peut obtenir, dit-on, nulle part ailleurs au même degré[1] ».

A cette époque, l'industrie de la paille se rattachait

1. De Laveleye. *Essai sur l'économie rurale de Belgique*, p. 172. Bruxelles, 1863.

directement à l'agriculture locale : les familles ouvrières se procuraient dans les fermes d'alentour, ou produisaient sur une pièce de terre prise en location la paille d'épeautre, dont le chaume était employé de préférence pour le tressage.

S'il faut en croire les renseignements contenus dans une notice publiée en 1884, par Mad. Defrécheux, il y avait dans la région du Geer 4.000 couseurs de chapeaux et 40.000 tresseurs ou tresseuses.

Un certain nombre d'hommes, surtout pendant l'hiver, et, pendant toute l'année, les enfants, les filles, les femmes faisaient la tresse, soit en menant paître les vaches, soit à domicile, en surveillant le ménage, soit à l'*size*, en soirée, lorsqu'on se réunissait dans une même maison pour travailler en commun.

Quant à la fabrication des chapeaux de paille, qui n'occupait sur place qu'un petit nombre d'ouvriers, elle se faisait, en majeure partie, dans les grandes villes : presque tous les hommes valides émigraient pendant l'été, notamment à Bruxelles, Cologne, Paris, Lyon, où ils cousaient et apprêtaient, suivant le goût local, la tresse qui leur était expédiée de Glons, de Roclange ou de quelque autre village de leur vallée.

Bref, culture, tressage et chapellerie, formaient alors un ensemble d'opérations intimement liées les unes aux autres et fournissaient de l'ouvrage, pendant toute l'année, à toute la population.

Mais, depuis lors, sous l'action de la concurrence étrangère et des progrès du machinisme, cet état de choses a subi des modifications essentielles.

Tout d'abord, depuis l'introduction du cousage à la machine, beaucoup de filles de quinze à vingt ans, et jusqu'à leur mariage, se sont mises à émigrer et à travailler, en même temps que les hommes, dans les fabriques de chapeaux. Dans la vallée même, ces fabriques se sont multipliées, mais, chose caractéristique, au lieu d'employer la matière première récoltée et préparée sur place, elles font venir leurs tresses de l'étranger.

En Belgique, comme en Angleterre et, dans une moindre mesure, en Toscane ou en Suisse, l'industrie du tressage subit une crise, qui semble devoir être mortelle, par suite de la concurrence des tresseurs Chinois et Japonais. Les marchands de la vallée du Geer à une exception près, n'ont plus qu'un seul débouché, les Etats-Unis, et un seul article de vente, le *sept bouts* simple, c'est-à-dire la tresse faite avec sept fétus de paille entrelacés. Que l'un des pays concurrents trouve le moyen d'imiter le « sept bouts » et l'industrie locale aura vécu.

Lors du dernier recensement (31 octobre 1896), 2.641 personnes seulement se livraient encore au tressage et leur nombre a considérablement décru depuis cette époque.

Dans la monographie d'Ansiaux, nous trouvons des renseignements intéressants sur les conséquences de cette agonie industrielle, au point de vue de l'exode rural :

« Il n'y a plus guère que des femmes, des enfants et des vieillards qui fassent du tressage. Un certain nombre d'hommes adultes s'y sont consacrés jadis, à l'époque où le travail était suffisamment payé. Alors toute la population masculine de la vallée du Geer était occupée à l'industrie de la paille (tressage ou fabrication des chapeaux). Personne, parmi eux, n'eût consenti, en ce temps-là, à accepter une occupation différente. Nul ne se présentait, par exemple, pour être facteur des postes[1].

Aujourd'hui, la situation s'est considérablement modifiée. Beaucoup d'ouvriers mâles, par suite de la con-

1. Ansiaux. *L'industrie du tressage de la paille dans la vallée du Geer*, p. 51, Bruxelles, Goemare, 1900.

currence féminine, ont abandonné la paille pour être mécaniciens, houilleurs, etc., dans les fabriques et les charbonnages du pays de Liège. D'autres se sont fixés dans les villes où, jadis, ils se rendaient chaque année. Ceux qui font encore la « campagne » de chapellerie, pendant trois ou quatre mois, cinq mois au maximum, cherchent, à leur retour, de la besogne, tantôt chez les maraîchers des environs de Liège, tantôt dans les usines, ou dans les fermes. Quelques-uns fabriquent des pipes. Il en est qui s'occupent à ressemeler des souliers. En sorte qu'actuellement le personnel de l'industrie du tressage est normalement, ou presque exclusivement, féminin ou infantile. Du reste, comme la situation empire d'année en année, un grand nombre de jeunes filles ont été contraintes à chercher d'autres moyens d'existence, et, notamment à se faire couturières, ou servantes, à Liège et dans les communes des environs.

Il ne reste donc presque rien de la solidarité qui existait anciennement, entre la culture et le tressage, le tressage et la fabrication des chapeaux : les pâturages tendent, de plus en plus, à remplacer les céréales. Les tresseuses ne travaillent que pour une exportation dont l'importance va toujours décroissant. Les fabriques de chapeaux, repoussant les produits de l'industrie locale, s'approvisionnent dans l'Extrême-Orient. Une notable fraction des habitants doit chercher du travail au dehors.

Quant aux conséquences de cette révolution industrielle, au point de vue démographique, voici les chiffres de la population, à dix ans de distance, dans les communes de la vallée du Geer, où l'industrie de la paille avait la plus grande importance :

	31 décembre 1890.	31 décembre 1900.	
	—	—	
Glons	2.002	2.010	+ 8
Boirs.	1.070	1.017	— 53

	31 décembre 1890.	31 décembre 1900.	
	—	—	
Roclenge.	1.171	1.073	— 98
Bassenge.	1.058	945	— 113
Wonck.	1.692	1.631	— 61
Eben Emael.	1.606	1.665	— 59
Total	8.599	8.341	— 258

Soit une diminution très sensible, qu'un agent recenseur de Bassenge, Grognard, explique en ces termes : « L'émigration des ouvriers chapeliers en pays étranger est un mal pour nos contrées ; il arrive très souvent que ces ouvriers contractent des unions à l'étranger, en sorte que notre population diminue, d'année en année. En voici un exemple : en 1865, notre population était de 1.050 ; en 1897, elle reste à 990 habitants[1] ». Et nous venons de montrer qu'au 31 décembre 1900, elle tombait à 945.

Cette diminution, d'ailleurs, serait plus considérable encore, si, grâce à la proximité du pays de Liège, beaucoup d'ouvriers et d'ouvrières, privés des moyens d'existence que leur fournissait l'industrie de la paille, n'avaient trouvé des occupations qui leur permettent de travailler dans les établissements industriels des environs, tout en rentrant chez eux chaque soir.

Ceux-là même, qui sont employés dans les fabriques de chapeaux, à Bruxelles, pendant une partie de l'année, profitent des trains-ouvriers, à prix réduits, pour rentrer chaque semaine au village et passer le dimanche en famille.

4. L'INDUSTRIE DU TISSAGE DU LIN. — De toutes les industries primitivement associées à l'agriculture, la filature et le tissage à la main étaient, pendant la première moitié du XIXe siècle, les plus importantes et les plus répandues.

1. Ansiaux, *loc. cit.*, p. 7.

Dans tous les pays du continent, et notamment en Silésie, dans le nord de la France, dans la majeure partie des provinces flamandes, des milliers de travailleurs, cultivateurs et ouvriers agricoles en été, faisaient le métier de tisserands pendant la mauvaise saison.

« L'industrie linière, — écrivait Ducpétiaux en 1850 — forme, depuis de longues années, la base principale du travail dans les Flandres ; dans sa combinaison avec l'agriculture, la population des campagnes trouvait non seulement des moyens d'existence, mais encore la source d'un certain bien-être. Le sol produisait la matière première ; la famille entière, hommes, femmes et enfants, concourait aux diverses manipulations du lin ; les occupations étaient alternées : le chef de famille passait de la culture de son champ à son métier ; la ménagère quittait son rouet pour veiller au soin du ménage ; chacun avait sa tâche et nul instant n'était perdu. La vente du fil et de la toile suffisait au paiement du loyer et des contributions. *La petite culture, associée à la filature et au tissage, apparaissait aux yeux de tous, comme l'expression d'un système qui était proposé comme modèle aux autres nations*[1]. »

Des renseignements, publiés par le Département de l'intérieur, dans le *Moniteur belge* du 13 mai 1846, portaient à 328.249, le nombre d'individus de tout âge et des deux sexes, occupés, en 1843, dans les diverses branches de l'industrie linière. D'après ce relevé, qui comprenait quatre provinces, les deux Flandres, le Hainaut et le Brabant, ces ouvriers se subdivisaient comme suit :

57.821	tisserands.
194.091	fileuses.
76.337	teilleurs et séranceurs.
328.249	

1. Ducpétiaux. *Mémoire sur le paupérisme dans les Flandres*, p. 66. Bruxelles, 1850.

Parmi les tisserands, les uns étaient des cultivateurs, qui mettaient eux-mêmes en œuvre les produits de leur récolte ; les autres, beaucoup plus nombreux, étaient des journaliers agricoles, qui, n'ayant pas de ressources suffisantes pour cultiver le lin, se voyaient obligés d'acheter leur matière première. « Cette catégorie — disait le *Rapport sur l'enquête linière de* 1840 — se compose d'ouvriers qui ne possèdent qu'un métier, occupent une chaumière, avec un, un demi, un quart de journal de terre en location, achètent leur lin teillé à crédit chez le marchand ou le gros fermier (parfois le fil sur le marché) et vendent la toile sur le métier ou au marché. Le plus petit nombre de ces tisserands travaille toute l'année. *Ils ne tissent guère que l'hiver et s'occupent pendant l'été, comme journaliers, aux travaux agricoles, pour eux, ou pour les fermiers des environs*[1].

Durant la dernière moitié du XVIIIe siècle, et jusqu'à la chute de l'Empire, ces artisans, propriétaires de leurs instruments de travail, et produisant pour leur compte, avaient connu des temps de grande prospérité. Mais, à partir de 1815, cette situation commence à se modifier, sous la pression de la concurrence anglaise, et, vers 1840, le développement des fabriques de coton provoque la crise industrielle terrible, que vint aggraver la famine de 1845-1847, et qui aboutit à la suppression complète de la filature à domicile. Le tissage à domicile résista plus longtemps, mais sa situation nouvelle ne laissa guère de doutes sur sa prochaine disparition.

D'après l'enquête sur les industries à domicile en Belgique (1900), il reste environ dix mille tisserands à l'ancienne mode, dont plus de 8.500 appartiennent à la Flandre occidentale. Et, par un phénomène de décomposition tout à fait analogue à celui que nous avons constaté dans l'industrie de la paille, il n'existe plus

1. *Enquête linière*, vol. II, p. 363.

qu'une solidarité très incomplète entre la culture du lin et la filature, la filature et le tissage, le tissage et les manipulations qui achèvent la fabrication de la toile.

Ainsi, par exemple, le lin jaune de Courtrai, c'est-à-dire le lin roui dans l'eau courante, qui lui donne une teinte claire et jaunâtre, est acheté surtout par les filatures anglaises, qui absorbent les 4/5 de la production totale ; les filatures belges, au contraire, emploient principalement les lins et les étoupes de Russie ou de Sibérie, et, en second lieu, le lin bleu des Flandres, roui dans l'eau stagnante, qui s'exporte également vers la France, l'Angleterre, la Bohême et la Russie. D'autre part, les tissages belges emploient fréquemment des fils anglais, et font blanchir les toiles très fines en Irlande.

« C'est une singulière odyssée — dit Ernest Dubois — que l'histoire des pérégrinations du lin. Voilà un produit dont la culture et les préparations premières se font dans le pays. Les plus belles qualités de lin roui dans la Lys sont expédiées en Angleterre ou en Irlande, premier voyage. Elles nous reviennent de là, sous forme de fil de première qualité, pour être tissées dans le pays, second voyage. Le tissu achevé est renvoyé en Irlande, pour y être blanchi, troisième voyage. On attribue la supériorité du blanc de Belfast à l'influence exercée par les brouillards sur le blanchiment. Peut-être y a-t-il certaines préventions en faveur des blanchisseries de Belfast. Certains fabricants se contentent d'envoyer leurs belles qualités de toiles à Ypres et se déclarent très satisfaits des résultats. En tout cas, les multiples déplacements du lin et des demi-fabricats surchargent le prix des toiles de frais de transport considérables[1] ».

1. E. Dubois. *Les industries à domicile en Belgique*, vol II. *L'industrie du tissage du lin dans les Flandres*, p. 80. *Bruxelles*, 1900.

Bref, l'internationalisation du marché, le développement du machinisme, la concentration des fabriques dans les villes, l'emploi de matières exotiques comme le coton, ou les lins russes, ont radicalement transformé l'organisation de l'industrie textile et, dans tous les pays de l'Europe occidentale, la filature et le tissage à domicile, combinés avec l'agriculture, n'existent plus ou sont à la veille de disparaître.

En Angleterre, lorsque John Ruskin essaya de ressusciter les fileuses, dans le Westmoreland, il eut toutes les peines du monde à retrouver un rouet.

En Prusse, où l'on comptait, vers 1849, plus de 84.000 tisserands à domicile, il n'en restait plus que 14.500 en 1861, et Sohnrey considère leur disparition comme une des principales causes de l'afflux des paysans vers les villes [1].

Chevallier fait des constatations analogues, dans une étude de l'*Economiste français*, sur la population rurale de la France :

« Dans notre première enfance, dit-il, la portion du département de l'Oise, qui faisait partie de l'ancienne Picardie, comptait de nombreux tisserands, travaillant chez eux sur un métier qui était leur propriété et qu'ils se transmettaient de père en fils ; ils alternaient le tissage avec le travail agricole. L'hiver, ils étaient à leur métier ; l'été, aux champs. Aujourd'hui, des usines de tissage se sont construites sur différents points ; elles ont drainé la population rurale, soumise maintenant aux règles et à la discipline de la vie industrielle. C'est une population à jamais perdue pour l'agriculture et le village [2]. »

En Belgique, l'énorme réduction du personnel de

1. Sohnrey. *Der Zug vom Lande und die soziale Revolution*, p. 45, 46. Leipzig. Werther, 1894.

2. Chevallier. *La population rurale de la France*, d'après une enquête monographique. *L'Economiste français*, 15 juin 1901, p. 847.

l'industrie linière et sa concentration dans les villes ont également eu pour effet de contraindre des milliers de campagnards à chercher au dehors les moyens d'existence qu'ils ne parvenaient plus à trouver dans leur village.

Voici, par exemple, quelques notes recueillies au Graty, petite commune située dans la partie nord de la province du Hainaut, sur les conséquences de cette transformation industrielle :

« Il y a quelques années, dans toutes les maisons de paysans, les filles et les femmes filaient, les hommes tissaient pendant l'hiver, et, pendant la belle saison se livraient à la culture, notamment à la culture du lin et du colza. Enghien, le chef-lieu de canton, était le centre d'un commerce de toiles assez considérable. Toutes les terres de la commune appartenaient à des résidents, depuis le baron du Graty, jusqu'aux plus petits tenanciers. Depuis quelque quarante ans, cette situation s'est profondément modifiée. La plupart des terres ont été achetées par un industriel bruxellois ; le faire-valoir direct a perdu du terrain ; l'huile de pétrole a détrôné l'huile de colza ; l'industrie textile, qui constituait la principale ressource du village a complètement disparu ; les tisserands ou leurs fils ont dû chercher d'autres occupations.

Dans une famille que nous avons visitée, le grand-père (78 ans) était un ancien ouvrier tisserand, devenu infirme ; le père (47 ans) s'est fait sabotier ; de plus, il fait la moisson, chez les fermiers, cultive pour son compte un hectare de terre en location et tient un petit cabaret, qui sert de Maison du Peuple, aux socialistes de l'endroit ; les trois fils (18, 20 et 22 ans) ont également appris le métier de sabotiers ; mais, à la suite de défrichements, la matière première est devenue trop coûteuse ; les droits d'entrée sur les bois l'ont rendue plus coûteuse encore ; bref, ils ont dû abandonner le métier paternel, se sont faits ouvriers maçons et travaillent en dehors de la commune ».

C'est ainsi que, sous une forme ou sous une autre, l'exode, définitif ou périodique, apparaît, en dernière analyse, comme le seul moyen de remédier efficacement à la diminution de main-d'œuvre résultant de la chute de l'ancienne industrie linière.

Ce sont les habitants de la région où florissaient jadis la filature et le tissage à domicile qui forment le principal contingent de la grande armée ouvrière qui s'en va tous les ans, à l'époque de la moisson ou des betteraves, faire campagne en Wallonie ou en France[1].

Il en est également qui font, tous les jours, quatre heures de chemin de fer pour travailler dans les charbonnages du Centre (Hainaut), où la main-d'œuvre locale commence à devenir insuffisante : un assez grand nombre d'ouvriers mineurs, en effet, trouvant leur métier trop pénible, font de leurs enfants des métallurgistes ou des employés.

1. Dans la Flandre orientale, surtout, la zone actuelle des migrations saisonnières coïncide exactement avec l'aire de dispersion de l'ancienne industrie linière. « Les tisserands de toile de la Flandre Orientale, dit E. Dubois, se rencontrent surtout dans l'arrondissement d'Alost, et puis, mais dans une faible proportion, dans ceux de Gand, Termonde et Audenarde ». Or, d'après l'enquête sur les migrations à l'étranger, faite par le Ministère de l'Intérieur (v. infra) les ouvriers agricoles de la Flandre orientale, qui vont travailler en France, se répartissent comme suit :

Arrondissement	d'Alost	6.208
—	d'Audenarde	5.400
—	de Gand	4.373
—	de Termonde	2.353
—	de Saint-Nicolas	539
—	d'Ecloo	69

On voit que l'arrondissement d'Alost, où l'industrie linière était particulièrement développée, et où il existe encore un assez grand nombre de tisserands à domicile, est également celui qui fournit aux départements français le plus grand nombre d'ouvriers agricoles. Audenarde, Gand, Termonde, présentent, à la fois, moins d'émigrants et moins de tisserands à domicile. Ecloo et Saint-Nicolas, qui n'ont guère de tisserands à domicile, n'ont pour ainsi dire pas d'ouvriers émigrants.

Il en est, enfin, qui depuis longtemps, sont allés s'établir dans les villes de fabriques, ou dans les centres industriels du pays de Charleroi.

Au hameau de Taillis-Pré, près de Châtelineau, par exemple, la colonie flamande est si nombreuse que l'on prêche en flamand tous les dimanches, et que, dans cette région foncièrement wallonne, les socialistes, à la veille des élections, doivent appeler des orateurs de Gand ou de Bruxelles pour haranguer dans leur langue maternelle, des centaines de mineurs qui ne savent pas encore le français.

La conclusion qui se dégage clairement de l'*Enquête belge sur les industries à domicile*, c'est que, de plus en plus, l'association du travail industriel et agricole, sous ses formes anciennes, se trouve rompue, ou tout au moins compromise.

Il en est de même, d'ailleurs, dans tous les pays où le mode de production capitaliste se développe.

Tougane-Baranovsky le constate en ces termes, dans son étude sur la *Fabrique russe, son passé et son état actuel :*

« La marche victorieuse de la grande production industrielle et capitaliste est, de nos jours, le facteur dominant de l'évolution économique de la Russie. Le petit industriel rural ne peut pas lutter contre la concurrence des fabriques et doit abandonner ses instruments de travail peu perfectionnés. Par quoi faut-il remplacer les industries qui tombent en désuétude et qui constituaient autrefois une partie essentielle de son plus que modeste revenu ? Il n'a plus rien à faire dans son village — la terre ne pouvant pas combler le déficit du cultivateur-industriel — et, dans ces conditions, le paysan se voit obligé d'aller au loin pour chercher du travail. C'est ainsi que l'exode rural commence ».

Ainsi, par exemple, dans le gouvernement de Pskow, le nombre annuel moyen des passeports délivrés aux hommes, qui était de 11.716, pendant la période décennale 1865-1875, s'est élevé en 1896 à 45.973. La plupart d'entre eux se rendent à Pétersbourg et y travaillent dans les usines et fabriques, ou s'y engagent comme portiers, cochers, camionneurs [1].

Malgré la diversité profonde des milieux, la croissance de la grande industrie produit des conséquences analogues dans certaines parties des États-Unis.

C'est ce qui résulte, notamment, d'une enquête statistique de H.-F. Fletcher, sur la population des villages situés le long du chemin de fer de Des Moines à Détroit (*the Chicago, Rock Island and Pacific and the Michigan Central railways*), soit une ligne de 500 milles, traversant une contrée agricole florissante, à l'est et à l'ouest de Chicago. Les seuls villages qui ont vu croître leur population sont ceux qui se trouvent dans les environs immédiats de Chicago ; toutes les autres petites localités au contraire, présentent un déficit ; et ce déficit, que Fletcher essaie d'expliquer par les *discriminations*, les tarifs différentiels favorisant les grandes villes, Weber, dans *The growth of cities*, n'hésite pas à l'attribuer à une cause plus générale : le développement de la production sur une grande échelle, au détriment des industries locales [2].

Personne ne conteste, au surplus, — ce serait nier l'évidence — la généralité des phénomènes que nous venons de décrire, la décadence croissante des industries primitivement associées à l'agriculture.

1. D'après une publication du Département de la statistique du Conseil provincial de Pskow : « *Les industries de la population des campagnes dans le gouvernement de Pskow* (1898) », citée par Tougane-Baranovsky.

2. H. F. Fletcher « *The Doom of the Small Town* », The Forum. Avril 1895, cit. par Weber. *The growth of Cities in the nineteenth century*, p. 188. New-York, 1899.

Dans les grandes agglomérations, la population devient trop dense et, par conséquent, les terrains coûtent trop cher pour que les travailleurs conservent, ne fût-ce qu'un jardin potager.

D'autre part, dans les campagnes, beaucoup de cultivateurs, trouvant intérêt à acheter les choses dont ils ont besoin, plutôt que de les confectionner eux-mêmes, et renonçant à des industries que la concurrence capitaliste rend trop peu rémunératrices, se livrent exclusivement à l'agriculture.

Néanmoins, pour ce qui concerne le plat pays, le travail agricole et le travail industriel restent unis, dans la majorité des cas, mais sous des formes atténuées, imparfaites, ou bien absolument différentes des formes précapitalistes de la production.

A la place des moulins à vent ou des distilleries agricoles, nous trouvons des fabriques de sucre ou des laiteries à vapeur.

A la place des producteurs autonomes, travaillant à leur compte, mettant en œuvre les produits de l'agriculture locale, nous trouvons des prolétaires, travaillant pour compte de capitalistes et occupés à des travaux qui n'ont plus aucun lien, ou n'ont plus que des liens fort lâches, avec le travail agricole.

Dans ces conditions, il arrive fréquemment que le nombre des cultivateurs diminue, mais que celui des travailleurs industriels, ou semi-industriels, habitant la campagne, aille toujours en augmentant.

Les uns travaillent à l'atelier ou en fabrique, soit au village même, soit dans les localités voisines. D'autres — tâcherons, briquetiers, terrassiers, ouvriers du bâtiment — émigrent pendant la bonne saison, pour amasser un pécule qui leur permettra de vivre pendant la mauvaise. D'autres encore travaillent aux champs en été, et, durant l'hiver, sont occupés dans les bois, dans les sucreries, ou dans les industries qui requièrent à cette époque un surcroît de main-d'œuvre : charbonnages, hauts-fourneaux, usines à gaz, etc.

Tous, cependant, joignent à leur foyer, certaines dépendances rurales, que Le Play énumère dans l'ordre suivant, en commençant par celles dont l'usage est le plus général : « La culture d'un jardin potager, fournissant à la famille les légumes, les fruits et les plantes aromatiques ; un élevage d'abeilles, de volailles et autres petits animaux, tirant surtout leur nourriture du parcours autorisé par le patron ou par les propriétaires voisins ; l'engraissement d'un ou deux porcs, nourris, selon les cas, par le ménage, le jardin, le parcours et des combinaisons variées ; enfin, l'exploitation d'une ou deux vaches laitières, dont la nourriture provient d'une prairie possédée, ou louée par la famille, du parcours dans les bois communaux et de diverses subventions qui varient à l'infini. La culture du jardin est acquise même aux plus pauvres familles ; les autres exploitations, en s'y ajoutant successivement dans l'ordre indiqué, constituent pour des familles plus aisées trois degrés croissants de bien-être[1] ».

Mais, naturellement, la condition *sine qua non* de ce bien-être, c'est la possibilité pour les familles ouvrières de trouver des occupations principales, qui leur permettent de rester à la campagne, tout en ne tirant qu'un revenu accessoire du travail agricole.

Or, il est des régions où le développement de la production capitaliste des villes a pour conséquence de ruiner les industries locales, sans fournir aux travailleurs expropriés des occupations nouvelles, et, dans ce cas, la disparition de ces industries a nécessairement pour conséquence l'exode rural et le dépeuplement des campagnes.

1. Le Play. *L'organisation du travail, selon la coutume des ateliers et la loi du Décalogue*, p. 168. 4e édit. Paris, Dentu, 1877.

§ 4. — La crise agricole

Si les conséquences de la révolution industrielle ont été généralement désastreuses pour les paysans, dépouillés de leurs communaux, privés de leurs ressources industrielles accessoires, réduits à vivre exclusivement de l'agriculture, ou à chercher du travail dans les villes de fabriques, il en a été tout autrement, à l'origine, pour les fermiers capitalistes et, surtout, pour les propriétaires fonciers.

Aussi longtemps, en effet, que les importations étrangères restent minimes, par suite de l'imperfection des transports, ou de la législation douanière, le développement de l'industrie et de la population, en accroissant la demande des produits alimentaires, fait nécessairement hausser les prix et le taux des fermages.

C'est en grande partie pour ce motif qu'en Angleterre, pendant les premières années du XIXe siècle, le prix nominal du froment fut, en moyenne, seize fois et demie plus élevé que pendant les deux cent quatre-vingts années précédentes.

Le même phénomène se produisit, avec une intensité moindre d'ailleurs, dans les pays du continent, lorsque s'ouvrit l'ère de la grande industrie. Nul exemple n'est à cet égard, plus frappant que celui de la Belgique. Alors que nos fermiers se plaignent, aujourd'hui, de l'avilissement des prix et de l'invasion des céréales étrangères, qui dépasse un *milliard* de kilos par an, c'est exactement du contraire que l'on se plaignait, il y a quelque cinquante ans. A cette époque, en effet, on n'importait guère plus de *cent millions* de kilos par an, et, le 25 novembre 1853, à la Chambre des Représentants, le ministre de l'Intérieur manifestait les inquiétudes les plus vives, quant à l'insuffisance de la production alimentaire, dans un prochain avenir :

« Si, à l'ombre de la paix, la population de la Belgique continue à s'accroître dans la même proportion, avant dix ans, le déficit de nos récoltes de céréales — je n'ose pas dire le chiffre — sera d'à peu près deux millions d'hectolitres. Je reste au-dessous de la vérité, pour que ces chiffres ne puissent être contestés. »

Il va sans dire que, dans ces conditions, se vérifiait avec une clarté saisissante cette parole de Ricardo, que les propriétaires fonciers constituent la seule classe de la société dont les intérêts sont toujours en contradiction avec ceux de toutes les autres classes.

Pendant la période de crise industrielle et alimentaire, qui a conservé dans l'histoire le nom sinistre de *famine des Flandres*, le mouvement ascensionnel des fermages ne s'arrête pas un instant.

De 1846 à 1875, la rente moyenne par hectare — d'après les chiffres que nous empruntons à H. Denis[1] — s'élève successivement à :

1846-1849	68 francs.
1850-1854	70 —
1855-1859	82 —
1860-1864	102 —
1865-1869	108 —
1870-1874	116 —

Dans un rapport du 4 mai 1860, adressé au ministre

1. H. Denis. *La dépression économique et sociale, et l'histoire des prix*, p. 116. Bruxelles, 1895. Voy. également De Laveleye. *Essai sur l'économie rurale de la Belgique*, 2e édition. Bruxelles, 1863 p. 232 : « En Belgique, plus peut-être qu'ailleurs, on voit s'élever le revenu de tous les biens sans exception, même de ceux en faveur desquels aucun sacrifice n'a été fait. Il faut donc bien reconnaître ici l'effet d'une loi générale et en revenir, pour l'expliquer, à la théorie de Ricardo, qui, seule, rend compte des faits partout constatés. La population s'accroît, la demande des produits du sol augmente, par suite ceux-ci deviennent plus chers, les profits du cultivateur s'élèvent, la rente ne tarde pas à monter en proportion, et tout le bénéfice, en dernier résultat, finit par se concentrer aux mains du propriétaire foncier ».

de l'Intérieur par l'inspecteur du service de l'émigration, on trouve des renseignements, fort instructifs, sur le mécanisme de cette augmentation des fermages et sur les conséquences qui en résultaient, pour les diverses catégories de la population rurale.

Ce rapport s'applique surtout aux provinces wallonnes :

« Les grands fermiers — y lisons-nous — ont fait d'énormes bénéfices dans l'élève des chevaux et des bestiaux, dans la vente des grains, du beurre, etc.; ils s'enrichissent rapidement et ont les moyens de se rendre, quelques-uns acquéreurs de terre à des prix anormaux, et tous locataires à des taux que le petit fermier ne peut plus payer. On donne 50, 60, et même 70 francs de loyer, là où le maximum devrait être de 40 francs.

« Que le grain descende au-dessous de 25 francs le demi-setier et qu'il y ait baisse dans le prix des chevaux et bestiaux élevés pour la vente, et les gros fermiers fléchiront, peu à peu, sous le fardeau de leurs loyers; car, parmi eux, le propriétaire est l'exception.

« Quant aux petits fermiers qui possèdent 2 et demi ou 3 hectares en propre, n'ayant pu s'occuper de l'élève du bétail, ni du cheval, ils ont payé cher tout ce qui est nécessaire à la vie. Depuis plusieurs années, ils n'ont même pu se suffire avec le produit de leurs récoltes et le montant des salaires qu'ils ont pu gagner chez les grands fermiers. Dès qu'ils ont deux, trois ou quatre enfants à nourrir, l'équilibre entre leurs ressources et leurs besoins devient impossible. Aux environs de Wavre, le prix d'une journée de travail est de 45 centimes pour les hommes et de 20 centimes pour les femmes. Le petit propriétaire grève son bien, à 4, 4 et demi et 5 p. 100, et voit avec terreur, le moment où l'hypothèque absorbera sa terre. De là son empressement à réaliser son avoir et à chercher en Amérique un meilleur sort. N'ayant pu subsister à l'époque où son bien était libre, que peut-il espérer, en effet, du moment où il s'oblige à servir une rente, que le rendement médiocre de plusieurs récoltes successives ne lui a pas permis de rembourser ou de diminuer?

« La culture, du reste, commence à coûter cher; on force la récolte, on épuise, on appauvrit la terre qui n'a plus de repos et ce n'est qu'à grand renfort de chaux, de guano, etc., qu'on lui conserve une valeur végétale qui ne peut aller qu'en s'affaiblissant, à moins qu'on ne revienne au système des jachères, qui ne se concilie pas avec l'état actuel du laboureur, ni avec ses besoins.

« Les prévisions, à cet égard, sont fort tristes, dans le Condroz, entre Dinant, Namur, Marche et Liège. La condition du petit laboureur y est, dit-on, très malheureuse et l'émigration paraît devoir éclater bientôt avec force dans le *Delta* formé par la Meuse, la Lesse et l'Ourthe.

« Aujourd'hui, c'est la rive gauche de la Sambre et de la Meuse qui fournit le plus d'émigrants et, surtout le pays compris entre Bruxelles, Charleroi, Namur, Huy, Jodoigne, Tirlemont et Louvain.

« *Bon nombre d'émigrants belges raisonnent en se posant le dilemme que voici : ou bien la vie restera chère et notre dernier pécule y passera; ou bien le bon marché viendra, et dès lors, les grands fermiers diminueront nos salaires, déjà de beaucoup insuffisants* Faute de bras, dans certains cantons, les premiers préfèrent battre eux-mêmes en grange, plutôt que d'augmenter le salaire. Ceux-là demandent au gouvernement qu'on entrave l'émigration! Vienne une baisse considérable dans les denrées agricoles et ils auront à trouver eux-mêmes leur salut dans l'émigration, attendu qu'ils louent à des prix exorbitants[1]. »

1. Legoyt. *L'émigration européenne*, p. 269. Paris, Guillaumin, 186.

On voit que les principaux, sinon les seuls bénéficiaires de la hausse des prix agricoles, provoquée par l'accroissement des villes, ainsi que par le perfectionnement des moyens de production et d'échange, ont été les propriétaires fonciers.

Pendant que la masse des campagnards travaille, ou exploite, dans des conditions ruineuses, ils encaissent, automatiquement pour ainsi dire, l'*unearned increment* résultant des progrès de la population et de l'industrie.

Mais cet âge d'or des mangeurs de rente prend fin, à partir du moment où, par suite de l'abaissement du prix des transports par mer et de la création des chemins de fer dans les pays neufs, le développement du commerce international se traduit par cette invasion des blés d'Amérique, de l'Inde et de la Russie, que le maréchal Bugeaud déclarait plus redoutable que les tempêtes de l'Atlantique, les épidémies du Gange et les incursions des Cosaques.

La chute des prix se déclare. Les profits des fermiers se réduisent ou disparaissent. La rente foncière fléchit à son tour et les ouvriers agricoles, qui avaient tant souffert pendant les années de disette, vont éprouver des souffrances plus grandes encore, maintenant que les denrées alimentaires se vendent à bas prix.

Il est vrai que le taux de leurs salaires, déjà réduits, ou à peu près, au minimum d'existence, ne subit, en général, que des réductions assez faibles. Mais, sous la pression de la crise, les cultivateurs s'efforcent, par tous les moyens, d'économiser la main-d'œuvre salariée, soit en n'exécutant pas ou en exécutant eux-mêmes certains travaux, soit en transformant les procédés et la nature de leur exploitation par l'emploi de machines et la création de pâturages.

1. Diminution du nombre des travaux. — De toutes

les causes internes de l'exode rural, la crise agricole est incontestablement celle qui a exercé, et continue à exercer, l'action la plus puissante.

En 1894, c'est-à-dire au temps où la crise battait son plein, Leplae décrivait en ces termes la situation du Furnes Ambacht, l'une des régions de Belgique les plus éprouvées par la crise :

« Il y a dans nos campagnes beaucoup de misères, causées non par le coût des denrées, mais par le manque de travail. Cela n'a rien d'étonnant, car le cultivateur, réduit aux abois, cherche tout naturellement à payer le moins d'ouvriers possible et se garde bien d'entreprendre un travail aussi longtemps qu'il lui est pratiquement possible de le différer.

Un cultivateur du Furnes Ambacht me parlait, il y a quelques jours, du grand nombre d'ouvriers qui manquent de travail en été. Cela ne se voyait pas autrefois, me disait-il. Mais aussi, combien la conduite des fermiers est-elle changée! Avant la crise, le curage des fossés, très nombreux et très profonds dans le Furnes Ambacht, occupait nombre d'ouvriers. Un personnel considérable était employé plus tard pour répandre les curures sur les prairies; le fermier surveillait, mais ne travaillait pas. Maintenant, cela ne se fait plus ainsi : le fermier ne fait nettoyer ses fossés que lorsqu'il y est absolument forcé; l'ouvrage se fait par un très petit nombre d'hommes travaillant à l'entreprise, ce qui coûte moins, et, quant à l'épandage des boues, c'est le fermier lui-même, aidé d'un gamin et d'un charretier, qui consacre à cette besogne ses bras et son temps.

Ceci n'est qu'un exemple : on pourrait en citer mille. La situation, au point de vue des heures de travail, se résume en cette phrase, que nous entendons répéter partout par les ouvriers : « *De boeren doen niets meer doen, omdat zij niet meer kunnen !* » (Les fermiers ne font plus rien faire parce que les ressources leur manquent).

Le même état de choses se retrouvait, à des degrés divers, partout où sévissait la crise et, naturellement, cette mise en disponibilité d'une notable fraction du prolétariat rural eut pour effet de contraindre des milliers de travailleurs à chercher de l'ouvrage dans l'industrie, ou à s'expatrier tous les ans, soit pour aller aux briques, soit pour faire la moisson et la récolte des betteraves.

Actuellement encore — bien que la situation générale de l'agriculture belge tende plutôt à s'améliorer — cette transformation des ouvriers ruraux sédentaires en ouvriers industriels, ou nomades, se poursuit dans la plupart des régions.

Il en est surtout ainsi lorsqu'une culture spéciale, occupant une main-d'œuvre considérable, vient à péricliter par suite de la concurrence étrangère. C'est ce que l'on peut observer, par exemple, dans la région houblonnière qui s'étend aux environs d'Alost, et notamment sur le territoire des communes de Liedekerke, Lombeek-Sainte-Catherine, Ternath.

Au temps de la prospérité de cette culture et jusqu'aux dix dernières années, le nombre des ouvriers, briquetiers ou maçons, qui s'en allaient travailler au dehors était peu considérable, et à l'époque de la récolte des houblons, les villages du pays d'Alost étaient envahis par des centaines de travailleurs adventices, — le plus souvent des femmes, — venant de Sotteghem, de Zele et d'autres communes situées aux environs de Termonde.

Aujourd'hui, le nombre de ces nomades a considérablement diminué : d'abord, parce que les houblonnières sont beaucoup moins étendues; ensuite parce que les houblons ayant perdu beaucoup de leur valeur, les paysans préfèrent récolter eux-mêmes, au risque de voir leur récolte endommagée, plutôt que de payer des journées d'ouvrier.

D'autre part, le nombre des travailleurs agricoles habitant la région a subi une forte réduction [1]. Beaucoup de jeunes gens, fils de cultivateurs, abandonnent définitivement ou temporairement, le travail des champs, pour se faire ouvriers ou domestiques.

Parmi ces ouvriers, les uns — c'est la grande majorité — vont tous les jours travailler dans l'agglomération bruxelloise, comme maçons, terrassiers, jardiniers, ouvriers des usines à gaz (ces derniers, fort nombreux pendant la saison d'hiver, retournent généralement aux travaux agricoles pendant l'été).

D'autres restent absents pendant toute la semaine, paient 20 centimes par jour pour leur logement, 4 centimes pour leur café et emportent toute la nourriture dont ils ont besoin : c'est le cas, par exemple, pour un certain nombre d'ouvriers de Ternath, occupés, de l'autre côté de Bruxelles, dans la fabrique de céruse d'Auderghem.

Il en est, enfin, qui restent à la campagne presque toute l'année, ne s'absentent guère que deux ou trois semaines, pour être employés au curage de la Senne. Après que l'on a planté les pommes de terre, commence une période pendant laquelle il n'y a pas grand chose à faire dans les champs et qui coïncide avec l'époque du curage de la Senne. Le garde champêtre d'Anderlecht se rend à Lombeek, Liedekerke et les communes

1. D'après les recensements de 1880 et 1895, la population agricole du canton d'Assche, situé dans la région houblonnière, a subi la réduction suivante :

	Membres de la famille occupés aux travaux agricoles.	Domestiques et ouvriers journaliers permanents.	Total.
1880. . . .	14.044	1824	15.868
1895. . . .	13.158	1441	14.599
	— 886	— 383	— 1.269

d'alentour, pour embaucher les travailleurs dont il a besoin, et, comme l'offre de bras dépasse beaucoup la demande, il choisit ceux qui lui offrent en retour un jambon, une volaille, des œufs, un pot de beurre ou quelque autre victuaille. Les ouvriers les plus pauvres, sont, dans ces conditions, supplantés par des fils de cultivateurs, relativement aisés, qui ne sont pas fâchés de gagner ainsi 3 francs par jour, avec une assez forte gratification pour la dernière semaine.

D'une manière générale d'ailleurs, les ouvriers se plaignent de la concurrence que leur font les fils des cultivateurs qui, vivant chez leurs parents, peuvent accepter des salaires moindres que les prolétaires n'ayant d'autres moyens d'existence que leur travail. Aussi les salaires agricoles, tout en ayant une tendance à la hausse — par suite de la transformation d'une grande partie des ouvriers ruraux en ouvriers industriels — restent à un taux extrêmement bas : 1 fr. 32 en moyenne et seulement 80 centimes (9 *stuivers*), pendant la mauvaise saison.

On comprend que, dans ces conditions, les ouvriers préfèrent prendre le train tous les jours et travailler en ville, ou bien s'y engager comme domestiques. Nombre de ces derniers, après avoir réalisé quelques économies, ouvrent un cabaret ou une boutique dans l'agglomération bruxelloise et font généralement d'assez bonnes affaires.

Malgré cette émigration, du reste, et grâce aux trains ouvriers qui dispensent la plupart des travailleurs de se fixer en ville, la population des villages situés dans la région houblonnière n'a pas cessé de croître depuis dix ans[1].

1. Dans les six communes du Brabant, où la culture du houblon est la plus répandue — Hekelghem, Liedekerke, Lombeek-Sainte-Catherine, Pamel, Ternath, Wambeek, — la population globale, qui était de 14.611 ha-

Pour que la crise agricole produise une véritable dépopulation des campagnes, et non pas seulement une décroissance de la population vivant d'agriculture, il faut se transporter dans des régions sans ressources industrielles, sans communications faciles avec les grands centres et où les fermiers ont dû réduire leur personnel, en n'exécutant pas certains travaux ou en transformant leurs procédés et leurs cultures.

2. Développement du machinisme et de la praticulture. — Depuis une trentaine d'années tous les recensements constatent, en même temps que la diminution des salariés agricoles, le développement du machinisme et la régression de la culture des céréales, au profit des pâtures permanentes.

Que ces divers phénomènes soient conditionnés les uns par les autres, que le nombre des travailleurs nécessaires diminue avec les progrès du machinisme et de la praticulture, tout le monde est d'accord sur ce point.

Certes, toutes les machines agricoles n'amènent pas une réduction de la main-d'œuvre : les semoirs mécaniques ou les charrues perfectionnées, par exemple, rendent le travail plus fructueux, sans diminuer le nombre des ouvriers employés; mais il en est d'autres, comme les faneuses, les moissonneuses et surtout les batteuses mécaniques, qui permettent de faire en peu de temps et avec peu d'hommes, des travaux qui exigeaient, jadis, beaucoup de temps et beaucoup d'hommes.

D'autre part, en ce qui concerne la main-d'œuvre requise par les divers genres de culture, Montesquieu écrivait déjà, dans un des chapitres de l'*Esprit des lois*[1] :

« Les pays de pâturage sont peu peuplés, parce que

bitants au 31 décembre 1890, s'est élevée à 16.399 habitants, au 31 décembre 1900.

1. Montesquieu. *De l'esprit des lois*, chap. XIV, livre XXIII.

peu de gens y trouvent de l'occupation ; les terres à blé occupent plus d'hommes, et les vignobles infiniment davantage.

« En Angleterre, on s'est souvent plaint que l'augmentation des pâturages diminuait les habitants, et on observe en France que la grande quantité de vignobles y est une des grandes causes de la multitude des hommes ».

Aussi, les ravages du phylloxera et des autres maladies de la vigne ont-ils puissamment contribué à la dépopulation de certains départements français et ce n'est pas seulement en Angleterre que le développement des pâturages, aux dépens de la culture des céréales, a eu pour conséquence de diminuer la population rurale.

« Le Furnes Ambacht — dit Leplae[1] — nous en donne la meilleure preuve : on y élève beaucoup de bétail, on y a beaucoup de prairies et on y emploie moitié moins d'ouvriers que dans les pays à cultures variées : supposez une ferme où l'on ne fasse que nourrir des vaches laitières et du bétail d'engrais ; il n'y faudra presque plus de main-d'œuvre, puisque les sarclages, la moisson, le battage, etc., seront presque réduits à néant. »

Ce sont là des faits trop connus pour qu'il soit nécessaire d'insister.

Seulement, faut-il considérer les progrès de la praticulture — et la même question se pose pour les progrès du machinisme — comme la cause, ou la conséquence de l'exode rural ? En d'autres termes, les ouvriers agricoles émigrent-ils vers les villes, parce que les fermiers emploient des machines et créent des pâtures permanentes ; ou bien, les fermiers recourent-ils à des pâtures

1. Leplae. *La crise agricole anglo-belge*. Revue agronomique de l'Institut agricole de Louvain, n° 2, 1894.

et emploient-ils des machines parce que les ouvriers émigrent vers les villes ?

On ne saurait, à notre avis, répondre d'une manière absolue, dans un sens ou dans l'autre, sans méconnaître la réalité des faits.

Tantôt c'est l'émigration, provoquée par d'autres causes, qui précède et nécessite les transformations de la technique agricole ; tantôt, au contraire, ce sont les transformations de la technique, qui précèdent et déterminent l'émigration.

On sait, par exemple, qu'en Angleterre, si les campagnes sont généralement désertes, c'est parce que les hommes ont été chassés par les moutons.

« Le sol et le climat des îles Britanniques se prêtent moins au labour qu'à l'élevage. L'Angleterre avait d'abord méconnu cette vocation. Au XVIe siècle, la transformation commença, et le pâturage devint la forme préférée de l'exploitation agricole. Les *landlords* n'hésitèrent pas à reprendre aux *yeomen* ces terres vagues, ces landes, ces *commons*, où ils avaient trouvé antérieurement intérêt à attirer le plus de bras possible. Ce fut pour les paysans une révolution meurtrière. On n'avait plus besoin d'eux : *partout où le champ se métamorphose en prairie, la main-d'œuvre diminue et l'émigration commence*[1].

L'histoire lamentable des tenanciers de la duchesse de Sutherland n'est qu'un épisode, plus odieux que les autres, de cette transformation, qui a duré plusieurs siècles et se continue de nos jours, avec plus de lenteur et sans expropriations brutales.

D'après le Rapport sur l'agriculture de la Grande-Bretagne, pour 1900[2], la répartition du domaine

1. De Foville. *Le morcellement*, p. 28, Paris, Guillaumin et Cie, 1885.
2. Board of agriculture. *Agricultural Returns for Great Britain*, p. VIII, London, 1901.

cultivé a subi, de 1870 à 1900, les transformations suivantes :

	Terres labourées acres.	Pâtures permanentes acres.	Total acres.
1870. . .	18.335.000	12.073.000	30.408.000
1900. . .	15.708.000	16.729.000	32.437.000
	— 2.627,000	+ 4.656.000	+ 2.029.000

Ainsi, pendant cette période de trente ans, le domaine cultivé, dans son ensemble, a augmenté d'environ 2 millions d'acres; les pâtures permanentes ont gagné 4.600.000 acres, aux dépens des terres incultes et des terres labourées ; ces dernières ont subi une réduction de 2.600.000 acres et cette réduction a porté principalement sur la culture du blé : 1.845.000 acres en 1900, contre 3.688.000 acres en 1869 ; soit une diminution de moitié !

Dans certains comtés, le Herefordshire, par exemple, qui ne forme plus aujourd'hui qu'un parc immense, planté de chênes et parcouru par des moutons à grosse queue, l'on nous a raconté que les vieilles gens se souviennent du temps où les champs de blé couvraient de larges espaces, dont les rangées d'arbres marquent encore les limites; et, dans cette région, — où la population rurale décroît sans cesse — la main-d'œuvre est devenue si rare, qu'à l'époque de la fenaison les propriétaires sont obligés d'avoir recours à des *gangs*, recrutés dans les quartiers pauvres de Londres, qui vont ensuite terminer leur campagne annuelle dans les houblonnières du Kent.

Pour l'ensemble de l'Angleterre, d'ailleurs — Langstaff l'a démontré en faisant une étude comparative de la dépopulation, dans les comtés à céréales (*corn growing counties*) et dans les comtés à pâturages (*grazing counties*)[1], — il n'est point douteux qu'à la fin du XIXe siècle,

1. Langstaff. *Rural depopulation*, Journal of the R. Statistical Society, september 1893, p. 385 et 386.

comme au commencement du XVIe, le développement de la praticulture ait été l'un des facteurs les plus importants de l'exode rural. Mais, il n'est point douteux, non plus que l'exode rural réagisse, à son tour, depuis quelques années déjà, sur l'extension des pâtures permanentes, en rendant impossibles les cultures qui requièrent une main-d'œuvre abondante.

Et, si l'on passe sur le continent, la création de pâturages apparaît bien plutôt comme une conséquence que comme une cause de l'émigration des travailleurs agricoles vers les villes ou les centres individuels.

C'est le cas, par exemple, en Belgique, ou, de 1880 à 1895, les prairies fauchées ont gagné 18.859 hectares, les prairies pâturées, 27.378 hectares, et les vergers, 9.642 hectares, aux dépens des terres de labour [1].

Or, la monographie agricole de la région du Condroz, publiée, en 1900, par le ministère de l'Agriculture, explique ce fait de la manière suivante :

« Autrefois, dans beaucoup de situations, les prairies constituaient moins du dixième de l'étendue totale de l'exploitation. Depuis quelque temps, sous l'influence des circonstances économiques : avilissement du prix des céréales, *rareté et cherté de la main-d'œuvre*, etc., on a créé beaucoup de prairies, permanentes et temporaires. Cette évolution de l'agriculture condrusienne n'est pas encore assez accentuée, car, si les conditions économiques perdurent, le bétail deviendra, de plus en plus, le pivot des spéculations agricoles [2]. »

Nous trouvons des constatations analogues dans la monographie de la région limoneuse et sablo-limoneuse, qui n'est d'ailleurs pas une région herbagère; cepen-

1. Statistique de la Belgique. *Agriculture. Recensement général de 1895*, partie analytique, p. 167. Bruxelles, 1900.

2. Ministère de l'agriculture. *Service des agronomes de l'État, Monographie agricole de la région du Condroz*, p. 63. Bruxelles 1900.

dant : « par suite de l'extension donnée à l'élevage et *du peu de main-d'œuvre qu'exigent les prés*, on en a créé un bon nombre dans ces derniers temps[1]. »

On voit qu'il est bien difficile, en cette complexe matière, de démêler l'enchevêtrement des effets et des causes.

C'est la même histoire que la poule qui engendre l'œuf et l'œuf qui engendre la poule : les progrès de l'herbe réduisent la population agricole; la décroissance de la population agricole détermine les progrès de l'herbe; mais, en tout cas, il est certain que la régression des terres à blé, qui constitue l'un des aspects les plus généraux et les plus frappants de la dépression économique, coïncide nécessairement avec la diminution du nombre des travailleurs occupés par l'agriculture.

Il en va de même pour le développement du machinisme agricole, et, particulièrement, du battage mécanique.

« Quelque utile et indispensable que soit la batteuse pour l'exploitation agricole — dit l'agronome prussien Th. v. d. Goltz — son emploi étendu a exercé une funeste influence sur la condition des travailleurs agricoles. Le battage avec le fléau était, autrefois, l'occupation principale des travailleurs agricoles pendant l'hiver. Le battage avec la machine réclame beaucoup moins de personnes; souvent, pour obtenir, le plus vite possible, beaucoup de céréales vendables, il est entrepris pour la plus grande partie déjà en automne, particulièrement là où l'on emploie la batteuse à vapeur[2]. »

Par conséquent, les ouvriers agricoles, privés de la

1. Ministère de l'agriculture. *Monographie agricole de la région limoneuse et sablo-limoneuse*, p. 185. Bruxelles, 1900.

2. V. d. Goltz. *Die ländliche Arbeiterklasse und der preussische Staat*, p. 144, 145.

ressource que leur donnait le battage au fléau, se trouvent contraints, par le manque de travail pendant la mauvaise saison, de chercher des occupations nouvelles, en dehors de l'agriculture, et, le plus souvent, en dehors de leur village.

Dans une des monographies de l'Enquête sur la population rurale de la France, publiée lors de l'Exposition de 1900, nous relevons, à ce sujet, les observations suivantes :

« L'augmentation croissante du nombre des machines a eu pour conséquence la diminution de la main-d'œuvre, et la diminution de la main-d'œuvre a été l'une des causes de l'émigration vers les villes. Voici le nombre des ouvriers de notre commune (Soing, Haute-Saône) et le nombre des journées faites par eux dans l'année :

	1852		1899	
	Nombre d'ouvriers.	Nombre de journées.	Nombre d'ouvriers.	Nombre de journées.
Hommes . . .	21	160	4	50
Femmes . . .	28	150	5	75

« Il ressort de ces chiffres qu'en 1852, 49 ouvriers étaient occupés une grande partie de l'année; aujourd'hui, il y a peu d'ouvriers et ils ne sont occupés que pendant les grands travaux : foins, moisson, arrachage des pommes de terre, époques pendant lesquelles tous les cultivateurs voudraient les avoir à la fois. Le reste de l'année, l'ouvrier agricole est obligé de couper du bois ou de casser des pierres sur la route, s'il n'a quelques parcelles de terre pour l'aider à vivre [1]. »

La même situation se retrouve, partout où les néces-

1. Chevalier. *Monographie de Soing. La population rurale de la France d'après une enquête monographique.* L'Economiste français, 15 juin 1901, p. 846.

sités économiques ont amené le développement du machinisme.

« Dans le temps — nous disait un ouvrier du Condroz — les journaliers se serraient le ventre en hiver ou s'arrangeaient de manière à gagner quelque chose en battant au fléau. Depuis l'introduction des machines, et, d'autre part, la mise en exploitation des carrières, ils n'ont guère d'ouvrage agricole pendant la mauvaise saison et trouvent, au contraire, pendant toute l'année du travail régulier dans des carrières. D'où le manque de bras dans les campagnes, à l'époque de la moisson. »

En hiver, par conséquent, le machinisme réduit la demande de travail et les ouvriers se trouvent dans l'obligation d'émigrer, ou, du moins, de se livrer à des occupations industrielles; en été, au contraire, leur émigration réduit l'offre de travail, et les fermiers se trouvent dans l'obligation d'introduire des machines nouvelles ou de recourir à des ouvriers nomades, pour suppléer au déficit de la main-d'œuvre locale.

§ 5. — Les facteurs principaux et les facteurs accessoires de l'exode

En résumé, l'agriculture étant, sous nos climats, l'industrie saisonnière par excellence, ne peut, à elle seule, fournir des occupations régulières aux travailleurs pendant toute l'année.

Aussi est-il indispensable que les ouvriers agricoles, les petits cultivateurs, ou leurs enfants, sous peine d'être livrés à la misère, ou condamnés à l'exode, parviennent à trouver des ressources ou des occupations accessoires, qui leur permettent de joindre les deux bouts.

Les uns ont une parcelle de terre, une ou deux têtes de bétail, une part de communal, pour les aider à vivre, ou bien ils reçoivent un peu d'argent — c'est le cas de la plupart des paysans Irlandais — de membres de leur famille, établis en ville ou à l'étranger. D'autres exercent des « métiers d'hiver », comme le teillage du lin, le tissage, la saboterie, la fabrication des clous. D'autres, enfin, ont « une grange », où ils sont assurés d'avoir du travail — si maigrement rémunéré soit-il — sans avoir à subir les arrêts dus aux intempéries.

Cet état de choses se maintient aussi longtemps que subsiste le régime du *village isolé*, n'ayant avec les agglomérations urbaines que des communications rares et difficiles.

Dans son *Mémoire sur les fonds ruraux du département de l'Escaut*, par exemple, le vieux Lichtervelde nous décrit, en ces termes, les conditions d'existence de l'ouvrier agricole des Flandres, au commencement du XIXe siècle.

« Un villageois ensemence un ou deux arpents, dont les labours se font par les fermiers pour lesquels il travaille ; il y cultive avec sa femme des pommes de terre, du lin, des légumes de toute espèce, et parfois un peu de grain, dans le temps qu'il n'est pas occupé par son fermier ; il met à profit les fumiers que lui et sa famille ont soin de ramasser partout où ils les trouvent, et, sans être riche, ce villageois peut faire les frais convenables à cette culture. Ces petites moissons lui fournissent la plupart des premières denrées nécessaires à la vie ; et son travail, celui de ses enfants, ce que sa femme peut gagner au rouet, mettent toute cette famille dans une espèce d'aisance. »

Mais cette aisance, très relative d'ailleurs, disparaît avec l'ancienne économie rurale. A mesure que le mode de production capitaliste se développe, les ressources et les occupations anciennes du cultivateur viennent à manquer, les unes après les autres : les industries rurales primitives périclitent ; les défrichements enlèvent du travail aux bûcherons et renchérissent la matière première des sabotiers ; la propriété paysanne et commode fait place au faire-valoir indirect ; le battage à la machine remplace le battage au fléau.

Il est vrai que dans beaucoup de localités, d'autres industries, manufacturières ou extractives, s'implantent et occupent un plus grand nombre de bras ; les progrès de la culture intensive, et notamment des cultures industrielles, nécessitent l'emploi d'un personnel agricole plus nombreux ; la facilité croissante des communications permet aux ouvriers ruraux de travailler au dehors, tout en conservant leur ancien domicile ; mais, dans les régions qui restent purement agricoles, qui perdent leurs industries archaïques. sans en voir naître de nouvelles, l'exode des travailleurs s'impose pour leur permettre de vivre, si pauvrement que ce soit.

Ainsi que l'écrivait Marx, en 1867, dans le premier volume du *Capital :* « l'émigration continuelle vers les villes, la formation constante d'une surpopulation relative dans les campagnes, par suite de la concentration des fermes, de l'emploi des machines, de la conversion des terres arables en pacages, etc., et l'éviction non interrompue de la population agricole, résultant de la destruction des cottages, tous ces faits marchent de front... D'un autre côté, malgré cette surpopulation relative, les campagnes restent en même temps insuffisamment peuplées. Cela se fait sentir, non seulement d'une manière locale, sur les points où s'opère un rapide écoulement d'hommes vers les villes, les mines, les chemins de fer, etc., mais encore généralement, en automne, au printemps et en été, aux moments fréquents où l'agriculture anglaise, si soigneuse et si intensive, a besoin d'un supplément de bras. *Il y a toujours trop d'ouvriers pour les besoins moyens, tou-*

jours trop peu pour les besoins exceptionnels de l'agriculture[1].

C'est ce qui permet de comprendre comment, dans un même district, les ouvriers peuvent se plaindre du manque de travail, alors que les fermiers se plaignent du manque de bras.

Si les uns sont obligés, pendant la bonne saison, de recourir à des travailleurs du dehors, c'est parce que les autres, faute de trouver de l'ouvrage en hiver, sont contraints d'émigrer, ou tout au moins de se transformer en ouvriers industriels.

L'exode rural, la décroissance de la population agricole ne dépendent donc pas de la seule attraction des villes, mais encore et surtout des transformations que l'agriculture subit, sous l'influence des villes et des centres de production.

Et ceci fait justice des larmes de crocodile, versées par les agrariens, sur l'aveuglement et la folie des cultivateurs infortunés, qui renoncent aux patriarcales douceurs de la vie des champs, pour se jeter dans la fournaise des grandes agglomérations industrielles.

Neuf fois sur dix, lorsqu'un campagnard s'arrache à la glèbe, c'est parce que l'occupation de toutes les terres, le manque de travail pendant la mauvaise saison, l'absence d'industries locales, le taux dérisoire ou l'irrégularité des salaires, ne lui laissent d'autre alternative que la misère noire ou l'émigration.

Néanmoins, il va sans dire qu'à ces causes initiales, et toujours prépondérantes, vient s'ajouter l'action de quantité d'autres facteurs, politiques, économiques et moraux, dont il serait absurde de méconnaître l'importance.

Défectuosité des logements; besoin d'indépendance ou esprit d'imitation; désir d'échapper à la monotonie de l'existence rurale, capillarité sociale qui pousse les

1. Marx. *Le capital*, I, chap. xxv, p. 365.

ouvriers les plus intelligents vers des industries moins pénibles, tentation de chercher fortune sur des champs d'action plus vastes, sont autant de causes adjuvantes de l'exode rural.

Dans certaines régions, l'organisation défectueuse de l'assistance médicale ou de la bienfaisance publique entre également en ligne de compte.

« Personnellement — lisons-nous dans un rapport de Melot, sur la main-d'œuvre agricole[1] — je connais des familles entières que la maladie d'un des leurs a chassées vers la ville. Elles ne trouvaient pas au village un service d'assistance médicale, de bienfaisance publique suffisamment organisé. Le développement de la civilisation contribue ainsi à cet exode rural dont l'exagération conduit fatalement un pays à la décadence ».

A ces avantages qu'offre le séjour dans les villes, au point de vue de l'assistance publique ou privée, il convient d'ajouter, naturellement, l'influence exercée par le contraste entre la vie monotone des campagnes et les distractions de toute nature que l'on peut trouver dans les grands centres. Et, cette influence, qui n'est guère importante lorsque les campagnards ne font que passer dans les villes, devient, au contraire, considérable, lorsque, pour un motif quelconque, ils sont contraints d'y séjourner pendant un certain temps.

C'est, notamment, ce qui arrive pour les jeunes gens astreints au service militaire. Tout le monde, en effet, est d'accord pour reconnaître que l'encasernement, dans les villes, détourne un grand nombre de ruraux du pénible labeur agricole :

« Le petit troupier — dit le commandant E. Manceau — qui compare la vie de chez lui à celle de la caserne, trouve à celle-ci une douceur qui le grise et l'énerve.

1. *Congrès agricole national de Namur*, 3e fascicule, p. 769.

Après en avoir goûté, il prend en aversion le travail des champs, si pénible et si incertain, dont une heure de grêle ou une nuit de gelée enlève tout le profit. Il aspire à continuer, après sa libération, le train-train régulier dont il jouissait à la caserne. S'il ne reste pas soldat, c'est que les rigueurs de la discipline l'effarouchent, et aussi un certain sentiment d'instabilité, d'insécurité; mais il cherche à « entrer en condition », à devenir domestique, cocher ou quelque chose d'analogue, c'est-à-dire à trouver une place où il ait des occupations régulières, calmes, rémunératrices, avec des avantages assurés, une nourriture convenable et une dépense de forces modérée.

« L'oisiveté qu'on fait aux militaires, pendant leur séjour sous les drapeaux, les corrompt et les amollit : si les campagnes se dépeuplent, c'est que les paysans perdent, sous l'uniforme, les habitudes laborieuses de leur classe[1] ».

Il va sans dire que nous ne souscrivons pas à cette affirmation que le service militaire constitue la principale, voire même la seule cause de l'exode rural.

Ce qui prouve, à toute évidence, le contraire, c'est que la poussée vers les villes se manifeste chez nombre de campagnards qui n'ont jamais porté le fusil et dans des pays qui ne connaissent pas les armées permanentes, comme le Canada et les États Unis.

Un phénomène aussi général ne peut, en dernière analyse, trouver son explication que dans les causes générales qui ont déterminé la constitution du marché international, la centralisation des moyens de production et d'échange, le développement des agglomérations urbaines, et, par voie de conséquence, la dissolution de l'ancienne économie rurale, la ruine des industries domestiques primitives et la crise agricole.

1. E. Manceau. *Notre armée. Essai de psychologie militaire*. Paris, Bibl. Charpentier, 1901.

CHAPITRE III

LES FORMES DE L'EXODE RURAL

> Les gens s'en vont, les gens d'ici
> Par la grand'route à l'infini.
>
> VERHAEREN (*Les Campagnes hallucinées*).

Les travailleurs mis en disponibilité par la réaction du capitalisme sur l'agriculture, ne trouvent pas toujours, dans leur pays d'origine, des occupations nouvelles, plus ou moins stables, plus ou moins bien rémunérées. Partout, en effet, où l'agriculture, si malade soit-elle, reste l'industrie dominante, les campagnards habitant des régions surpeuplées, des *congested districts*, n'ont d'autre ressource que de s'expatrier, temporairement ou définitivement.

Les uns, comme les paysans russes, les *Sachsengänger*, les « Français » du pays Flamand, les petits cultivateurs du Connaught, les moissonneurs italiens, s'en vont terrasser, moissonner, faire des briques, vendanger, ou récolter les betteraves, dans d'autres contrées, voire dans d'autres parties du monde.

Les autres, renonçant définitivement à la terre natale, ou n'y revenant qu'après fortune faite, entrent dans le grand courant d'émigration qui, surtout depuis le début du XIXe siècle, peuple les pays neufs.

D'après la statistique italienne sur l'émigration, pour 1893, publiée par l'Administration générale de la statistique, les agriculteurs représentaient 61,02 p. 100

des émigrants définitifs et 23.61 p. 100 des émigrants temporaires[1].

« En réunissant l'émigration permanente avec la temporaire — ajoute le rapporteur — nous trouvons, pour l'année 1899, que les agriculteurs (hommes et femmes) furent au nombre de 104.464, soit 38,2 p. 100 du nombre total des émigrants âgés de quatorze ans et au-dessus; les terrassiers, *braccianti* (manœuvres, gens qui travaillent des bras), journaliers et *facchini* (portefaix), 82.455, soit 30,2 pour cent; les maçons et tailleurs de pierre, 40.325, soit 14,7 pour cent; les artisans et ouvriers, 20.791, soit 7,6 p. 100. Dans l'ensemble, ces classes donnent un total de 248.035, soit 90,7 p. 100 de tous les émigrants, hommes et femmes, au-dessus de quatorze ans.

« Les agriculteurs fournissent un contingent relativement plus fort à l'émigration permanente qu'à celle qui se dirige vers les autres États d'Europe; c'est le contraire qui se produit pour les terrassiers, maçons, mineurs, tailleurs de pierre, briquetiers, charbonniers, bûcherons, etc., que nous trouvons répandus en grand nombre sur notre continent, pour les grands travaux de voirie ou de construction.

« *Au reste, la distinction entre agriculteurs d'un côté, et terrassiers ou manœuvres de l'autre, ne peut avoir qu'une valeur relative, parce que ces derniers aussi proviennent généralement de la campagne.* »

1. *Statistica della emigrazione Italiana avvenuta negli anni* 1898 à 1899 p. XI. Roma, Tipografia nazionale 1900. — Pour l'année 1900, le nombre total des émigrants s'est élevé à 153.209 personnes (113.800 hommes; 39.409 femmes) pour l'émigration permanente et à 199.573 (177.768 hommes, 21.805 femmes), pour l'émigration temporaire. Soit un total de 352.782 personnes, parmi lesquelles 34.911 âgées de moins de 14 ans.

Sur 130.524 émigrants permanents, âgés de plus de 14 ans, il y avait 76.075 agriculteurs, (57 p. 100); sur 187.347 émigrants temporaires, âgés de plus de 14 ans, il y avait 60 585 agriculteurs, (32 p. 100). Les autres étaient, en immense majorité, des maçons, terrassiers, *braccianti*, etc., habitant la campagne. (*Emigrazione italiana avvenuta nell' anno* 1900.) Estratto dalla Gazzetta Ufficiale del Regno d'Italia, del 4 giugno 1901, n° 133.

C'est donc, principalement, dans les régions agricoles, que se recrutent les milliers d'émigrants qui se dirigent chaque année, soit vers les pays limitrophes, soit vers le Brésil, les États-Unis ou la République Argentine.

Il en est de même, d'ailleurs, dans les autres pays, sauf l'Angleterre, où la majeure partie des émigrants appartient aux populations urbaines. Mais, à cette exception près, les foyers les plus importants de l'émigration européenne se trouvent dans les contrées où la crise agricole sévit, sans que le développement industriel soit assez rapide et assez considérable pour fournir du travail aux paysans et aux ouvriers ruraux en quête d'occupations nouvelles.

C'est le cas, par exemple, pour l'Irlande, l'Espagne ou l'Autriche-Hongrie.

C'était le cas, également, pour l'Allemagne, avant le grand essor industriel de ces dernières années : de 1880 à 1892, l'émigration annuelle oscillait entre un peu moins de cent mille et un peu plus de deux cent mille personnes; aujourd'hui, il ne dépasse guère vingt mille individus (23.740 en 1899).

En Irlande, au contraire, l'émigration reste très considérable et fait, nous l'avons vu, de tels vides, que la population de l'Ile verte va toujours décroissant : l'agriculture ne suffit plus à occuper les travailleurs; l'industrie n'y suffit pas encore.

Cependant, le dernier rapport du *department of agriculture for Ireland* — une des rares institutions bienfaisantes que le ministère Salisbury-Chamberlain ait le droit de mettre à son actif — constate « que le remarquable développement des centres commerciaux comme Belfast et Londonderry tend à prouver que, si l'industrie manufacturière florissait en Irlande, l'exode rural prendrait, dans une certaine mesure, la même forme qu'il a prise en Grande-Bretagne, c'est-à-dire l'immigration plutôt que l'émigration ».

Lorsqu'on consulte, en effet, les statistiques de l'émigration pour la Grande-Bretagne (Ecosse et Angleterre), il apparaît immédiatement que les cultivateurs ne représentent qu'une faible partie du chiffre total des émigrants : ces derniers sont, bien plutôt, des citadins allant chercher fortune, que des campagnards en quête d'un gagne-pain.

Ceux-ci préfèrent, en général, recourir à ce que le rapport, que nous venons de citer, appelle *immigration*[1], dans le sens de « migration à l'intérieur » et les mines, les manufactures, l'industrie des transports, les professions commerciales leur offrent de multiples emplois.

Le même phénomène, du reste, se produit partout où le développement de la production capitaliste est assez rapide pour fournir de l'ouvrage aux travailleurs qui renoncent à la culture.

Les uns deviennent domestiques, ou parviennent à trouver une place dans l'administration, civile, militaire ou cléricale.

D'autres entrent au chemin de fer, ou s'embauchent dans les carrières, les charbonnages, les fabriques, collectives ou concentrées.

D'autres, enfin, contribuent à former la population flottante qui se recrute dans les campagnes, mais dont les occupations sont en grande partie industrielles :

« C'est l'infanterie légère du capital, jetée, suivant les besoins du moment, tantôt sur un point du pays, tantôt sur un autre. Quand elle n'est pas en marche, elle campe. On l'emploie à la bâtisse, aux opérations de drainage, à la fabrication de la brique, à la cuite de la chaux, à la construction des chemins de fer, etc.[2]. »

1. *Statistica della emigrazione Italiana* p. 98, Roma, 1900.

2. Marx. *Le capital*, vol. I, chap. XXV, p. 293. Paris, Lachâtre, 1867.

En temps de crise industrielle, ou bien à certaines époques de l'année, dans les moments de presse, un grand nombre d'ouvriers de cette dernière catégorie retournent au travail des champs, mais ces « réservistes », difficiles à classer d'ailleurs, ce qui rend les statistiques professionnelles toujours un peu suspectes, ne peuvent pas être considérés comme faisant partie de la population agricole proprement dite.

Quoi qu'il en soit, au surplus, la décroissance de la population agricole, par suite de l'exode rural, dans les pays où l'industrie dépasse un certain degré de développement, est un fait indéniable.

Ce qui varie seulement, d'après les régions, ce sont les formes de l'exode.

Tantôt, les travailleurs qui émigrent, soit à l'intérieur, soit à l'extérieur, abandonnent leur village, pour toujours, ou pour de longues années (*émigration permanente*).

Tantôt, ils conservent leur domicile à la campagne, mais s'en vont chaque jour, travailler au dehors (*émigration quotidienne*).

Tantôt, enfin, ils restent absents pendant une partie de l'année, puis rentrent au logis, à l'issue de leur campagne (*émigration saisonnière*).

§ 1. — L'émigration permanente

Partout où se développe la production capitaliste, la population — bien plus que sous les régimes antérieurs — tend à se concentrer dans les milieux industriels et urbains. Mais, tandis que dans certains pays, à natalité forte, cette concentration n'empêche pas la population rurale de continuer à s'accroître, il en est d'autres, à natalité faible, où elle a pour conséquence la dépopulation des campagnes.

En France, par exemple, nous avons vu que 62 départements sur 87 ont une population décroissante, non seulement parce qu'en beaucoup d'endroits les décès l'emportent sur les naissances mais parce que, chaque année, des milliers de villageois vont s'établir, définitivement, ou pour un long terme, dans les agglomérations urbaines.

En Belgique, au contraire, où les naissances l'emportent sur les décès, dans *tous* les arrondissements administratifs, il en est 4 seulement, sur 41, où, par le fait de migrations permanentes, la population ait diminué pendant la dernière période décennale.

Philippeville	— 2.05	p. 100
Virton	— 0.84	—
Ath	— 0.70	—
Marche.	— 0.48	—

De 1880 à 1890, ces quatre arrondissements ont vu leur population décroître, à peu près dans les mêmes proportions.

Si l'on envisage maintenant la période de plus d'un demi-siècle, qui va du recensement de 1846 à celui de 1900, l'on constate que seuls les arrondissements de Thielt et Ath — grandement éprouvés jadis par la crise de l'industrie linière — ont vu décroître leur population (1 p. 100 pour Thielt; 2 p. 100 pour Ath).

Et cependant, il est peu de pays où la concentration industrielle et urbaine s'effectue avec autant de force et de rapidité qu'en Belgique.

Les cinq arrondissements de Bruxelles, Anvers, Gand, Liège et Charleroi, qui comprennent les quatre principales villes et l'agglomération industrielle la plus dense, représentent, à eux seuls, environ 40 p. 100 de la population totale; et cette proportion tend à augmenter constamment, car — sauf dans l'arrondissement de Gand — l'accroissement de la population des arrondissements principaux dépasse, considérablement, pour chaque période décennale, la moyenne du pays.

Depuis 1846, la population du royaume a augmenté de 54,33 p. 100, tandis que dans les arrondissements de Charleroi, Anvers, Bruxelles et Liège, elle a beaucoup plus que doublé :

Charleroi.	+ 188 p. 100.
Anvers	+ 165 —
Bruxelles.	+ 126 —
Liège.	+ 113 —

La même tendance se manifeste, avec autant d'énergie pour l'ensemble des agglomérations urbaines.

Tandis que la population des communes de moins de 5.000 habitants ne s'est accrue, depuis 1846, que de 272.863 habitants, soit une augmentation de 9,33 p. 100, dans les communes de plus de 5.000 habitants, l'augmentation est, pour la même période de 54 ans, de 2.083.751 habitants, soit 147,17 p. 100. La population de ces communes représente actuellement 52,28 p. 100, plus de la moitié de toute la population[1].

Enfin, les *Tableaux des entrées et des sorties dans les communes des arrondissements administratifs et des provinces*, dressés par C. Jacquart, d'après des documents en grande partie inédits[2], achèvent de montrer à toute évidence que les migrations internes enlèvent aux arrondissements agricoles, une notable partie de leur population, pour la porter aux centres urbains et aux arrondissements industriels.

« Dans douze arrondissements, dit Jacquart, on cons-

1. Voy. pour plus de détails, l'Introduction, fort bien faite, du *Recensement général de la population, au 31 décembre 1900*. Relevé du nombre des habitants du royaume, par province, par arrondissement administratif et par commune. Bruxelles. Stevens, 1902.

2. C. Jacquart. *Les migrations de la population belge*. Revue sociale catholique, 1er octobre et 1er novembre 1899.

tate un excédent des entrées sur les sorties. Ce sont les arrondissements où se trouvent les quatre villes de plus de 100.000 habitants : Bruxelles, Anvers, Gand et Liège ; les arrondissements industriels de Charleroy, Mons, Soignies ; en outre, dans les Flandres, Courtrai et Ostende ; dans le Hainaut, Thuin et Tournai ; dans le Luxembourg, Virton. L'arrondissement d'Ostende doit son excédent d'entrées au développement de son chef-lieu, devenu une ville balnéaire de premier rang. Quant à Courtrai, Thuin, Tournai et Virton, ce sont les arrondissements frontières ; c'est par là que passe le flot de l'émigration belge vers la France : les sorties vers les communes belges de l'intérieur sont faibles ; le courant se porte au delà des frontières. C'est pour le même motif que, parmi les arrondissements où le chiffre des sorties dépasse celui des entrées, Furnes, Ypres, Philippeville, Neufchâteau, arrondissements frontières également, n'ont que de faibles excédents de sorties. Les arrondissements où l'excédent des sorties est franchement accentué, d'où le mouvement de migration tire les éléments nécessaires pour le ravitaillement des grandes villes et des centres industriels, ce sont les arrondissements agricoles de Turnhout, Saint-Nicolas, Hasselt, Malines (le Nord qui pousse vers le Sud)[1], Louvain, Nivelles, Termonde, Alost (le Centre, qui est aspiré par les grandes villes), puis encore les Flandres agricoles, Audenarde, Thielt, Roulers, Bruges. A l'Est, il y a également Tongres et Huy, qui fournissent un contingent considérable.

Dans l'ensemble, les arrondissements Flamands ont un excédent de 71.682 sorties en dix ans, les arrondissements Wallons de 23.160. Le pays flamand fournit donc 75 p. 100 (les deux Flandres, à elles seules, 38 p. 100), le pays Wallon 25 p. 100 de toute la population qui

1. Ou, plutôt, le pays de Waes et la Campine, qui poussent vers Anvers.

est absorbée par les centres industriels et urbains ».

Ainsi, pendant le cours d'une seule période décennale (1890-1900), les arrondissements agricoles ont perdu près de cent mille habitants au profit des arrondissements industriels.

Ce sont là des pertes considérables. Néanmoins, ces pertes seraient bien plus considérables encore et se traduiraient vraisemblablement par une véritable dépopulation du plat pays — alors même que la natalité resterait à son taux actuel — si les *trains-ouvriers* et la proximité des villes ne permettaient pas, à un très grand nombre de travailleurs, la combinaison du séjour à la campagne et de l'occupation dans les centres industriels.

Grâce à cette facilité des communications, par chemins de fer ou tramways vicinaux, la population augmente, ou tout au moins se maintient, malgré la diminution du nombre des agriculteurs, dans l'immense majorité des communes rurales.

Il n'en est guère autrement que dans des villages situés à de trop grandes distances d'une voie ferrée, ou d'un centre d'industrie.

Mais ce qui est l'exception en Belgique devient, au contraire, la règle dans les pays et parties de pays où les communications sont plus difficiles, les chemins de fer plus rares, les tarifs de transport plus onéreux, les agglomérations urbaines plus éloignées, plus clairsemées, au milieu d'étendues plus vastes.

Dans ce cas, la décroissance de la population agricole et de la population rurale marchent de pair : les campagnards qui abandonnent la charrue, abandonnent également leur village.

C'est ce qui apparaît, plus clairement que partout ailleurs, dans presque toutes les parties rurales de la France.

Rien de plus caractéristique, à ce point de vue, que le

nombre croissant des communes inférieures à 500 habitants.

En effet, lorsque la population des campagnes s'accroît normalement comme en Belgique ou en Hongrie, le chiffre des petites communes diminue de plus en plus, par le fait de leur passage dans des catégories supérieures. En France, nous constatons le phénomène inverse. Depuis 1851, le nombre des communes ayant moins de 500 habitants augmente à chaque dénombrement et cette augmentation s'est accentuée surtout au cours des dernières décades : de 1876 à 1896, elle a été de 16.442 à 18.044, soit un accroissement de 1.592 ou de 9,4 pour cent. Ajoutons que, dans cette catégorie, ce sont les plus petites communes, celles qui ont moins de 300 habitants, qui augmentent, en nombre : elles se sont élevées de 8.521 en 1876, à 10.216 en 1896[1].

Pour montrer, par un exemple concret, toute la gravité de ce dépérissement des agglomérations rurales, nous emprunterons à une publication récente d'A. Dumont[2] les chiffres qu'il a recueillis pour Saint-Pierre-de-Clairac, dans le Lot-et-Garonne, un des départements français qui souffrent le plus d'une faiblesse anormale de la natalité.

De 1836 à 1896, la population de cette commune a décru de 493 habitants, soit 40,2 p. 100 du chiffre initial (1.113 à 620). Pour la période de soixante ans, qui va de 1832 à 1892 — on voit que ces données statistiques ne sont qu'approximativement comparables — les décès l'ont emporté sur les naissances de 264. Par conséquent, la perte de 493 habitants doit être attribués à l'excès de la mortalité, jusqu'à concurrence de 264 et, pour le sur-

1. Meuriot. *Les agglomérations urbaines dans l'Europe contemporaine* p. 110, Paris, Belin, 1898.

2. A. Dumont. *La natalité à Saint-Pierre de Clairac (Lot-et-Garonne)*, Revue de sociologie, janvier 1902.

plus, à l'émigration, ou plutôt à l'excès des émigrants, sur le chiffre inconnu des immigrants.

On voit que, même dans une localité qui présente un déficit anormal de naissances, l'émigration n'en joue pas moins un rôle considérable, d'autant plus considérable que le déficit de la natalité provient en partie de l'exode des jeunes gens en âge de se marier.

Il ne serait que trop facile de citer un très grand nombre de cas analogues dans la plupart des régions agricoles de la France et, notamment, la Normandie, les départements du Sud-Ouest, les pays de la Loire ou les Alpes.

Aussi trouve-t-on des descriptions, plus ou moins fidèles, des conséquences de l'exode rural, dans la plupart des romans contemporains qui ont pour cadre les campagnes françaises.

Citons, par exemple, la *Terre* d'Emile Zola, ou bien le meilleur livre de René Bazin, *La terre qui meurt*, dont les principales scènes se passent dans la curieuse région du Marais, où l'émigration a pris un grand développement depuis quelques années.

De même encore, dans le *Manuscrit du chanoine*, d'André Theuriet, cet aimable Bœdeker du lac d'Annecy, le curé savoyard, faisant aux « Compagnons du cyclamen » les honneurs de sa paroisse, leur montre, au bord des torrents, de vieux moulins, au toit moussu, aux portes closes, à la voix silencieuse : « Tous ces moulins sont maintenant déserts ; on les a abandonnés faute de bras.... Même dans notre Haute-Savoie, où le paysan aime sa montagne, les jeunes gens qui consentent à travailler la terre deviennent de plus en plus rares. Les filles sont attirées vers votre Paris, comme des alouettes au scintillement d'un miroir. En quittant le service militaire, les garçons ne se soucient plus de porter la *bennette* dans les vignes ou de pousser des traîneaux par les *couloires*. Ils vont chercher fortune dans les grands centres. La ville les prend et ne les lâche plus. Les vieux demeurent seuls au village, face à face avec la terre qui redeviendra une friche, pour peu que ce mouvement d'émigration continue... Il y a dix ans, dans ma paroisse d'Entrevernes, il y avait encore sept cents âmes ; il n'y en a plus trois cents aujourd'hui... »

Et, partout, la même histoire se répète.

Plus de cent mille campagnards émigrent ainsi tous les ans[1] pour se fixer — au plus grand profit de M. Vautour — dans les quartiers pauvres des agglomérations urbaines, et, comme ce sont, en général, les éléments les plus jeunes, les plus actifs, les plus *féconds*, il en résulte une double perte pour la population rurale : le vide causé par leur départ, tout d'abord, et ensuite, car il ne reste plus guère que des vieux au village, une diminution considérable de la natalité.

« L'émigration des campagnards vers les villes — dit Lannes[2] — est la cause principale, la cause mécanique, de la diminution de la natalité. Tous les jeunes gens qui désertent le village n'enlèvent pas seulement des bras à l'agriculture, suivant l'expression consacrée ; ils privent la commune de ses meilleurs reproducteurs. Les instituteurs, qui tiennent les registres de l'état civil, ne se lassent pas de répéter : « On fait bien encore quelques enfants pour s'occuper en hiver, mais il n'y a plus que des vieux au village ; tous les jeunes gens sont partis à la ville ».

On comprend que dans ces conditions, tous ceux que préoccupe l'état stationnaire de la population française — alors que la courbe d'accroissement des populations

1. De 1876 à 1881, la population rurale (communes de moins de 2.000 habitants), perdait par émigration 821.000 habitants (3,3 p. 100) ; de 1881 à 1886, 455.000 (1,9 p. 100) ; de 1886 à 1891, 585.000 (2,4 p. 100).

2. Lannes. *L'influence de l'émigration des campagnes sur la natalité des villes*. Revue politique et parlementaire, 1895, p. 325 et suiv.

voisines ne tend même pas à fléchir[1] — considèrent l'exode rural comme un véritable fléau et s'efforcent de conjurer la congestion des grands centres, en retenant, ou en ramenant les travailleurs à la campagne.

Malgré tout, cependant, la désertion des districts agricoles continue et — d'après les chiffres du dernier recensement — tend plutôt à s'accentuer.

Ce ne sont pas seulement les journaliers, ou les cultivateurs parcellaires qui émigrent, mais les artisans de village, à qui la dépopulation enlève la plus grande partie de leur clientèle.

Voici, par exemple, ce que porte, à cet égard, le compte rendu de la séance tenue par la Société nationale d'agriculture de France, le 20 février 1901.

« M. Dufaure signale les difficultés qu'on éprouve aujourd'hui dans nos campagnes à trouver sur place des ouvriers de métier : charrons, mécaniciens, chaudronniers, etc. Il y a encore parfois quelques ouvriers de métier, mais, comme aucun apprenti ne s'est formé, on prévoit le moment prochain où il n'y en aura plus du tout à la campagne. M. Dufaure insiste vivement sur la situation difficile qui en résulte, pour les propriétaires, les agriculteurs, les viticulteurs.

« M. Émile Chevalier confirme absolument l'opinion, malheureusement trop vraie, de M. Dufaure. Le fait ne s'observe pas seulement dans la région qu'habite ce dernier, c'est-à-dire dans les Charentes, il est général en France. Ce manque d'ouvriers tient à la diminution de la population rurale de la France. »

La même situation d'ailleurs se retrouve, avec des caractères plus ou moins graves, dans tous les pays, ou toutes les régions, qui souffrent de la crise agricole.

C'est ainsi que Graham, dans *Rural Exodus*, raconte

1. En Angleterre, en Allemagne, en Belgique le progrès de la population a été plus considérable de 1890 à 1900 que de 1880 à 1890.

que, lors d'une visite qu'il faisait à son village natal, il demanda ce qu'étaient devenus les tailleurs, les forgerons, les menuisiers, si nombreux autrefois : et l'un des survivants de lui répondre : « Presque tous ont disparu et, moi-même, s'il ne me restait pas la fabrication des cercueils, je n'aurais pas de quoi vivre ![1] ».

Dans une lettre adressée au *Journal d'agriculture pratique*[2] J. Agnet, membre de la Société des agriculteurs italiens, fait des observations analogues en ce qui concerne l'Italie, où, cependant, la population des campagnes, considérée dans son ensemble, ne diminue pas.

« C'est l'attrait de la ville — dit cet agronome — qui prive la campagne des ouvriers de métier. Le service militaire les emmène de leur village, le régiment les promène dans les grandes villes, où ils voient leurs compagnons de métier mieux rétribués, et l'artisan après

1. Graham. *The rural Exodus*, ch. IV pp. 30 et suiv. London. Methuen, 1892. — Nous trouvons dans une communication, déjà ancienne malheureusement, du Dr Ogle, à la Soc. royale de statistique de Londres (1889), — *The alleged depopulation of the rural districts* — les chiffres suivants, sur les modifications subies par les divers groupes de la population du comté de Huntingdon, de 1851 à 1881.

	1851	1861	1871	1881
Métiers du bâtiment. . .	1.140	1.050	1.092	997
Couturières et modistes .	741	889	815	830
Dentellières	1.022	708	678	389
Cordonniers	700	669	499	364
Papetiers.	160	230	264	303
Total pour 11 métiers . .	4.932	4.611	4.307	3.704
Boutiquiers.	1.338	1.370	1.513	1.444
Débitants de boissons . .	319	324	415	268
Professions libérales, instituteurs	332	369	408	421
Clergé, médecins, etc. .	246	255	243	234
Domestiques	2.308	3.165	3.638	3.293
Agriculteurs	12.256	12.173	11.819	10.161

Soit donc, une notable diminution du nombre des agriculteurs et des gens de métier et. par contre, une augmentation, moindre d'ailleurs, du nombre des bourgeois et des domestiques.

2. J. Agnet. *La question de la main-d'œuvre agricole*. Journal d'agriculture pratique, 1901, p. 610.

être retourné quelque temps dans son village, finit par l'abandonner.

« Mais, la faute n'en est-elle pas en partie aux propriétaires qui ne font souvent rien pour les retenir ? Le propriétaire a la déplorable tendance de tout faire faire à la ville. Madame veut avoir les salons de son château et même les simples chambres à coucher aussi bien meublées que son appartement de Paris ou de Rome, et le menuisier du village ne reçoit aucune commande. Il en est de même du charron, du cordonnier, etc. On fait tout venir de la ville, où l'on enverra même ressemeler les souliers des enfants. Et ce n'est pas seulement le châtelain qui agit ainsi ; tous les gens aisés de la campagne ont cette tendance, que les grands magasins et les colis postaux ont beaucoup développée. »

On voit que, dans certaines régions, le développement des moyens de transport — cause principale de la crise agricole et de la chute des industries rurales primitives — exerce également une influence défavorable sur la condition des artisans établis dans les campagnes. Mais, hâtons-nous de l'ajouter, il n'en est pas toujours ainsi, et nous allons voir, immédiatement, que, dans les pays où les chemins de fer sont nombreux et leur organisation satisfaisante, les facilités que l'on accorde pour le transport des hommes, tendent à corriger les inconvénients, tout en maintenant les avantages, des facilités qui existent pour le transport des marchandises.

§ 2. — L'Émigration quotidienne

Les ouvriers, occupés dans l'industrie, qui conservent leur domicile à la campagne, recourent aux moyens les plus divers pour se rendre au siège de leurs occupations.

Les uns font la route à pied. D'autres profitent des chemins de fer, des tramways de pénétration, des trams vicinaux, et, dans les régions à voie navigable, des bateaux à vapeur. Il en est, dans notre Tournaisis, par exemple, qui se font conduire au charbonnage où ils travaillent, par des charrettes à chiens. D'autres enfin, plus nombreux, recourent à la bicyclette.

C'est ainsi, pour ne citer qu'un fait entre mille, — et chacun de ceux qui nous lisent connaît, sans aucun doute, des faits analogues, — c'est ainsi, disons-nous, que dans les villages des bords de l'Ourthe (province de Liège), nombre d'ouvriers ruraux, qui travaillent en aval, dans les carrières de grès, possèdent une *bécane*, achetée d'occasion, ou payée par abonnement. Certains d'entre eux, paraît-il, ont des machines d'une valeur de 200 à 250 francs.

Mais la bicyclette est, naturellement, un moyen de transport exceptionnel, peu pratique dans les régions accidentées, à fortes rampes, ou à routes mal pavées et sans accôtements cyclables. Aussi, la grande masse des ouvriers qui demeurent trop loin pour aller à pied, recourent de préférence aux tramways et aux chemins de fer ; et, nécessairement, il en est surtout ainsi lorsque les trains sont nombreux et les tarifs de transport peu élevés.

Nulle part, peut-être, ces deux conditions ne sont aussi parfaitement remplies qu'en Belgique, où la plupart des chemins de fer sont exploités par l'État, et où, par conséquent, leur administration est obligée de tenir compte, dans une certaine mesure, de l'intérêt général, ou de ce que l'on considère comme l'intérêt général, au lieu de viser exclusivement, comme les Compagnies privées, au profit maximum. C'est pourquoi, depuis plus de trente ans, sous la pression des chefs d'industrie, en quête de main-d'œuvre à bas prix, le gouvernement belge a organisé, sur presque toutes les lignes, des *trains-ouvriers*, dont les tarifs sont excessivement réduits et dont les heures d'arrivée, ou de départ, coïncident avec les heures d'ouverture, ou de fermeture, des établissements industriels.

Un régime analogue existe en Allemagne, où, comme on sait, les chemins de fer sont également exploités par l'État.

On a créé, sur beaucoup de lignes, des trains spéciaux ou, tout au moins, des tarifs réduits, à l'usage des ouvriers. Ces tarifs ne sont pas uniformes, mais, en règle générale, le prix du ticket est de 1 *pfennig* (1 centime 25), au kilomètre (soit, à peu près, le même prix qu'en Belgique). Outre ces réductions pour le transport local, il y a, dans l'Allemagne du nord, des voitures de 4e classe, dans lesquelles le transport, à toutes distances, ne coûte que 2 *pf.* (2 centimes 50), par kilomètre, contre 4 *pf.* (5 centimes) en 3e classe.

D'après les renseignements que K. Kautsky a bien voulu nous fournir, les ouvriers usent en masse des tickets quotidiens, aussi bien que des tickets de 4e classe; ces derniers notamment, ont exercé une influence considérable sur le développement des migrations saisonnières (*Wanderarbeit*). Aussi, les voit-on de fort mauvais œil dans les milieux agrariens.

Il n'existe pas, du moins à notre connaissance, de statistiques officielles sur le nombre des coupons ouvriers et des transports par 4e classe, mais d'une manière générale, on peut affirmer qu'en Allemagne et en Autriche, ou plutôt, dans les parties de l'Allemagne et de l'Autriche qui se trouvent aux abords des centres industriels, les trains-ouvriers produisent des conséquences tout à fait analogues à celles que nous décrivons plus loin, pour ce qui concerne la Belgique[1].

1. Cf. Sombart. *Der moderne Kapitalismus*, p. 233. Leipzig, Duncker et Humblo, 1902. — On y trouvera notamment, d'après des monographies de

On trouve également des trains ouvriers en France et en Angleterre, mais, dans ces pays, où les chemins de fer sont exploités — totalement pour l'Angleterre, presque totalement pour la France — par des Compagnies particulières, constituées *ad lucrum faciendum*, les efforts du public et du gouvernement, pour imposer l'adoption de tarifs réduits, se heurtent, en général, à des résistances considérables.

En France, depuis une quinzaine d'années, les Compagnies, sous l'impulsion du gouvernement, et, en définitive, aux frais de l'État, qui intervient sous la forme de garanties d'intérêts, ont organisé des trains et établi des tarifs spéciaux pour les ouvriers, dans la banlieue de Paris — qui se transforme à vue d'œil — et dans les environs immédiats des principales agglomérations industrielles.

Ces tarifs varient d'une Compagnie à l'autre, et bien qu'ils nous aient été communiqués, grâce à l'obligeante intervention de l'Office du travail, nous ne croyons pas nécessaire et nous jugeons fastidieux de les reproduire intégralement. Bornons-nous à constater que le prix des coupons de semaine varie de 1 fr. à 1 fr. 50, pour un minimum de 5 à 6 kilomètres (0,95 à 1 fr. en Belgique), tandis qu'il est de 70 centimes seulement, pour les localités ouvrières situées sur le réseau de l'État français.

Voici, d'ailleurs, à titre d'exemple, un aperçu des prix d'abonnements ouvriers (coupons de semaine) sur les chemins de fer de l'État et sur ceux de la Compagnie du Nord, dont les tarifs comptent parmi les moins élevés :

Singer et Voigt, des éléments statistiques sur le transport des ouvriers dans la banlieue de Munich et de Berlin.

CHEMINS DE FER DE L'ÉTAT		CHEMINS DE FER DU NORD	
kilomètres.	francs.	kilomètres.	francs.
de 0 à 5	0,60	de 0 à 5	1,00
— 6	0,70	de 6 à 11	1,40
— 7	0,80	de 12 à 18	2,05
— 8	0,95	de 19 à 25	2,80
— 9	1,05	de 26 à 32	3,60
— 10	1,15	de 33 à 40	4,30
de 10 à 30	2,30		

Jusqu'à présent on n'a pas publié de statistique complète des coupons de semaine et autres *tickets* à prix réduits, délivrés aux ouvriers par les diverses administrations des chemins de fer français. Nous ne possédons, à cet égard, que des renseignements incomplets et fragmentaires. Sur le réseau d'Orléans, par exemple, le nombre d'abonnements hebdomadaires a passé de 96.644 en 1899, à 112.707 en 1900. Sur l'Est, le nombre des coupons de semaine, délivrés à Paris-Est et Paris-Bastille aux ouvriers et employés habitant la banlieue s'est élevé de 405.242 en 1899 à 468.119 en 1900. Enfin, nous publions en annexe (Annexe II) les chiffres relatifs à la Compagnie de l'Ouest depuis la création des trains ouvriers (1884). Il en résulte que, pour l'année 1900, on a délivré 499.069 coupons de semaine et 2.762.216 *tickets* d'aller et retour pour ouvriers, soit un total de plus de 12 millions de voyages (12.510.838).

On voit que, pour Paris et quelques autres grands centres, les trains-ouvriers, auxquels il faut ajouter les tramways de pénétration, commencent à constituer un facteur important de l'exode vers la banlieue, qui se manifeste depuis quelques années et dont nous parlerons ultérieurement.

Mais, dans l'ensemble de la France, la rareté des trains,

l'absence de tarifs réduits, la discordance entre les horaires et les heures de travail dans les établissements industriels, sont de puissants obstacles aux déplacements de la main d'œuvre et, par conséquent, les ouvriers qui veulent travailler en ville, n'ont d'autre ressource que d'abandonner complètement la campagne et de se concentrer dans les agglomérations urbaines.

Il en est de même en Angleterre, où, cependant, le *Cheap Trains Act* de 1883 donne au *Board of Trade* le droit d'obliger les Compagnies des chemins de fer à créer, dans les districts industriels, des *workmen s'trains*, dont les tarifs ne peuvent excéder un penny par mille [1].

En exécution de cette loi, toutes les Compagnies ont créé des trains-ouvriers aux environs des grandes villes et, surtout, de Londres, Manchester, Liverpool, Sheffield, Birmingham, Glasgow.

D'après le rapport sur les *Workmen s'trains*, présenté à la Chambre des communes le 25 mai 1900 [2], les diverses Compagnies de chemin de fer ont délivré à des ouvriers, pour l'année 1899, 700.637 coupons de semaines et plus de soixante-huit millions (68.427.968) de *tickets* d'aller et retour.

1. 46 et 47 Vict, *Cheap trains Act* (20th August 1883), art. 3 : « If at any time, the Board of Trade have reason to believe

a. that upon any railway or part of a railway, or upon any line or system of railways, wheter belonging to one company or to two or more companies, which forms a continuons means of communication, a due and sufficient proportion of the accommodation provided by such company or companies is not provided for passengers at fares not exceeding the rate of one penny a mile ; or

b. that upon any railway carrying passengers proper and sufficient workmen's trains are not provided for workmen going to and returning from their work at such fares and at such times between six o'clock in the evening and eight o'clock in morning as appear to the Board of Trade to be reasonable,

then and in either case the Board of Trade may make such enquiry as they think necessary, or may, if required by the company or any of the companies concerned, refer the matter for the decision of the Railway commissioners, who shall have the same power therein as if it had been referred to their decision in pursuance of the Regulation of Railways Act. 1873.

2. Return. *Workmen's Trains.* 25 may 1900, London, 1900.

Mais cette circulation, si considérable soit-elle, est bien loin de suffire à tous les besoins.

Tous ceux qui se préoccupent de la question des transports à bon marché, dans le but de remédier à la « congestion des grands centres » élèvent de très vives critiques au sujet de l'application du *Cheap Trains Act.*

C'est ainsi que, dans un Memorandum, publié en 1901 par « *The national association for the extension of workmen's trains*[1] on peut lire ce qui suit :

« Il est établi par ce rapport (*The Board of Trade Return to Parliament*, May 1900), qu'il existe une grande diversité dans les tarifs établis par les différentes Compagnies, que dans un grand nombre de cas, ces tarifs sont tout à fait excessifs, et au-dessus des moyens dont disposent les travailleurs. Le Great Eastern Railway, par exemple, transporte une foule d'ouvriers d'Enfield à Liverpool Street et retour, soit à une distance de 21 1/2 milles, pour deux pence par jour et le *chairman* de cette Compagnie déclarait à l'Assemblée semestrielle des actionnaires, en 1891, que ces trains-ouvriers étaient une source de profit pour la Société exploitante. (V. *Rapport* paru dans le *Times* du 28 janvier 1891). Le Caledonian et le North British Railway transportent les ouvriers à une distance plus grande encore pour un shilling par semaine, ou deux pence par trajet d'aller et retour, D'autre part, on peut constater, en examinant le rapport du *Board of Trade* que les tarifs par mille, établis par beaucoup d'autres Compagnies sont de *trois* à *six* fois plus élevés que les tarifs des lignes citées plus haut. Ce rapport montre clairement la nécessité d'une modification de la loi actuelle, de manière à établir une règle fixe en ce qui concerne les tarifs des trains-ouvriers,

1. *Cheap Trains.* A Bill to amend the Law relating to the provision of Cheap Trains for Working Classes. — Memorandum as to the provisions of the bill. London 1901.

ainsi que les distances et les heures auxquels ils devront circuler ».

En attendant la nationalisation des chemins de fer, ces modifications au régime légal s'imposent d'autant plus que des inégalités flagrantes existent entre les Compagnies, non seulement au point de vue des tarifs, mais aussi, du nombre des trains qu'elles organisent. Malgré les sacrifices faits par le Gouvernement, qui, depuis 1883, a fait remise aux Compagnies de plus de onze millions de livres de taxes, pour obtenir une bonne organisation de ces trains, il y a de nombreuses lignes sur lesquelles cette organisation reste dérisoirement insuffisante.

On en jugera par le tableau suivant, indiquant le nombre des trains ouvriers dans le district de Londres, et publiée dans le rapport, pour 1901, de la « *National Association for the Extension of the Workmens' Trains*[1] », établie en 1896 :

LISTE DES TRAINS OUVRIERS

London and South Western	134	Great Central	0
Great Eastern	106	South Eastern and Chatam	116
London and Brighton	66	Metropolitan	100
City and South London	54	Central London	60
Great Western	48	Metropolitan district	48
London and Tilbury	11	North London	37
London and North Western (Seulement)	11	Great Northern (Seulement)	11
		Midland (Seulement)	5

De ces chiffres il résulte que trois des plus grandes et des plus riches Compagnies, *the Midland, London and North Western, Great Northern,* n'ont pour ainsi dire pas de trains-ouvriers.

« Cette inégalité dans les moyens de transport à bas prix — conclut le rapport que nous venons de citer —

1. *National Association for the Extension of Workmen's Trains.* Fifth Annual Report and Balance Sheet. — Secretary : George Dew. Milkwood Road, Herne Hill. London S. E., May 1901.

produit un état de choses déplorable. Tout un côté de Londres, pourvu de communications à bon marché, se trouve encombré d'habitants et d'habitations, tandis que de l'autre côté, des terrains excellents restent inoccupés, faute d'un service de trains à tarifs réduits. »

Aussi n'est-il pas étonnant que les intéressés, collectivement ou individuellement, fassent les plus grands efforts pour remédier à cette situation. Mais, en dépit des améliorations de détail qui pourront être obtenues, grâce à une législation plus rigoureuse que celle de 1883, tout fait supposer que la question ne recevra de solution complète et définitive que par la centralisation de tout le réseau des chemins de fer entre les mains de l'État.

A partir de ce moment, en effet, les tarifs deviendraient uniformes et le public serait en mesure d'exercer une action directe, pour obtenir des transports à prix réduits.

Pour se rendre compte de la transformation qui pourrait en résulter, au point de vue du développement des localités suburbaines, il n'est pas d'exemple qui vaille l'expérience faite, depuis quelque vingt ans, par l'administration des chemins de fer en Belgique.

Rien de plus frappant, pour le voyageur qui passe de Londres à Bruxelles que le contraste entre les pâturages solitaires du Kent et les plaines si animées, qui avoisinent nos grandes villes.

De quelque côté que l'on aille, en Hesbaye ou en Flandre, la campagne est couverte d'innombrables maisons blanches, à toits rouges, dispersées ou agglomérées en villages populeux.

Cependant, si vous vous arrêtez, pendant le jour, dans l'un ou l'autre de ces villages — j'entends ceux où il n'y pas d'industrie locale — vous n'y trouverez guère d'ouvriers adultes, et vous serez portés à croire que la population se compose surtout de vieillards, de femmes et d'enfants.

Mais attendez le soir et le spectacle change.

Nous sommes, par exemple, à 20 kilomètres de Bruxelles, dans une petite gare du Brabant Wallon, Rixensart, Genval ou La Hulpe.

Arrive un train, de longueur anormale, composé presque entièrement de voitures de 3e classe : de toutes les portières, brusquement ouvertes, s'écoulent des flots d'ouvriers, aux vêtements poussiéreux ou tachés de boue, qui se précipitent vers la sortie, bousculant tout sur leur passage, dans la fièvre d'être plus tôt chez eux, où les attend le repas du soir.

Et, de quart en quart d'heure, depuis le crépuscule jusqu'à la nuit tombée, d'autres trains se succèdent, déchargeant une partie de leur cargaison humaine, débarquant des escouades de travailleurs — maçons, plafonneurs, paveurs, menuisiers portant au dos leur sac de tapisserie — dans tous les villages qui bordent la voie ferrée.

Ailleurs, ce sont des charbonniers, des métallurgistes, des ouvriers travaillant dans les laminoirs ou les glaceries, qui viennent des bassins de Mons, de Charleroi ou de Liége et qui rentrent chez eux, parfois à 50 ou 60 kilomètres de distance, dans quelque coin perdu de la Flandre ou du Limbourg.

Ailleurs encore, sur les voies ferrées de la Campine, de la Flandre ou de l'Ardenne, ce sont des dockers du port d'Anvers, des tisserands occupés dans les usines de Roubaix ou de Tourcoing, des ouvriers métallurgistes, qui vont tous les jours en France, dans le bassin de Longwy et qui regagnent, après leur journée faite, la commune rurale où ils conservé leur dortoir.

Bref, il n'existe plus beaucoup de villages en Belgique, qui ne contiennent un noyau de travailleurs industriels, occupés au dehors et souvent à de grandes distances de leur domicile.

Avant l'établissement des chemins de fer et, surtout, des tarifs de faveur pour les ouvriers, ces migrations existaient déjà dans quelques régions, et dans des proportions fort réduites, mais, au lieu d'être quotidiennes elles étaient hebdomadaires.

Dans le Brabant wallon, notamment, un certain nombre de maçons, de paveurs, de plafonneurs, ou bien de mineurs et de métallurgistes, s'en allaient le dimanche soir, quelquefois en patache, le plus souvent à pied, pour travailler, soit à Bruxelles, soit dans les environs de Charleroi. Ils ne rentraient au village que le samedi soir et, durant la semaine, prenaient leur gîte, moyennant quelques centimes par jour, dans une maison de logement.

Ce qu'étaient ces maisons, dont quelques-unes existent encore, un rapport du Comité de patronage des habitations ouvrières, pour Saint-Gilles-les-Bruxelles, va nous l'apprendre :

« Presque toutes les maisons de logement ont le même défaut : partout l'encombrement est épouvantable ; des chambres exigües et des mansardes très basses contiennent jusqu'à six lits, occupés chacun par deux hommes. L'air y fait absolument défaut. Lors des visites, les pensionnaires n'étaient couchés que depuis une couple d'heures et, déjà, il faisait absolument suffocant dans les chambres... Dans une maison d'aspect bourgeois, on a trouvé au deuxième étage six lits dans une chambre de 3 m. 50 sur 6 mètres ; quatre lits dans une chambre plus petite et, au troisième étage, dans le grenier, six lits. Or ce dernier n'a pour tout système d'aération qu'une fenêtre-tabatière qui doit nécessairement rester close la nuit, car elle se trouve à 50 centimètres au-dessus d'un des lits... On se rappelle encore que chacun des lits est occupé par deux individus. Dans de pareilles conditions, on conçoit facilement que l'odeur infecte du grenier ait empêché le visiteur de pénétrer jusqu'au fond. »

Ce déplorable état de choses n'existe plus qu'à titre d'exception dans l'agglomération bruxelloise et seuls, les ouvriers qui habitent trop loin d'une gare et qui, par conséquent, ne peuvent rentrer chez eux tous les soirs, se résignent à fréquenter ces maisons.

Mais, dans les parties du pays où les communications par chemin de fer restent moins faciles, les anciennes conditions de travail et de logement sont encore la règle.

C'est le cas, par exemple, pour les ouvriers du Bas-Luxembourg, qui travaillent de l'autre côté de la frontière française, au delà de Mont-Saint-Martin et de Rodange, et qui ne peuvent rentrer chez eux — faute de trains — dès l'instant où ils habitent au delà d'Arlon. Aussi restent-ils, quinze jours ou un mois, éloignés de leur domicile.

« Ils emportent un ou deux grands pains de seigle, de 10 à 12 livres — de véritables roues de charrette — qu'ils ont fait cuire chez eux; un ou deux « bichets » de pommes de terre (le bichet = 20 litres); de plus, ils tâchent de passer, en contrebande, un peu de café, de lard et de beurre. Ils ne mangent guère autre chose que ce qu'ils emportent, sauf, parfois, un peu de basse viande ou de charcuterie. Inutile d'insister sur les inconvénients de pareil régime alimentaire, dont les morceaux de résistance sont des pommes de terre moisies et du pain, effroyablement dur dès la fin de la première semaine. Les conditions de logement ne valent guère mieux : ils paient cinq francs par mois pour leur chambre, couchent à deux dans chaque lit et souvent six, huit, voire même dix dans la même salle. Néanmoins, par suite de la concurrence que se font les logeurs, il y a, de ce côté, une certaine amélioration »[1].

Il n'en reste pas moins vrai que ces conditions d'existence, qui condamnent l'ouvrier à ne revoir les siens qu'à de rares intervalles et qui substituant à l'intimité familiale, la promiscuité, souvent dégoûtante, des maisons de logement, sont désastreuses pour la santé morale, comme pour la santé physique ; et, l'on comprend de reste que les campagnards, obligés de chercher leur subsistance au dehors et décidés cependant à ne pas déserter leur village, considèrent comme un véritable bienfait les tarifs et les horaires spéciaux qui leur permettent de se rendre, tous les matins, à leur besogne et de rentrer, tous les soirs, au logis.

Or, ce que l'État bourgeois n'eût vraisemblablement pas fait dans un but philantropique, se trouve réalisé, plus complètement que partout ailleurs, dans le but de faciliter l'écoulement d'une main d'œuvre peu exigeante vers les centres industriels.

Quand on ouvre, au hasard, l'*Indicateur des chemins de fer*, que le gouvernement belge, nous ne savons pourquoi, décore du nom bizarre de *Guide des chemins de fer*, il est impossible de n'être point frappé de l'étonnante multiplicité des trains qui parcourent presque toutes les lignes, avant l'heure d'ouverture et après l'heure de fermeture des ateliers et des fabriques.

Mais, ce qui est plus frappant encore, c'est l'extrême modicité des tarifs spéciaux, pour les abonnements de semaine des ouvriers (Annexe III).

Ainsi, pour un coupon de semaine, leur donnant la faculté de faire six voyages, les ouvriers ne paient que 2,25 fr. pour 50 kilomètres, tandis que les voyageurs ordinaires paient 3,05 fr. pour le même trajet, aller et retour, en 3e classe.

1. Notes recueillies, en 1901, au cours d'une visite dans la région frontière du Luxembourg.

Ils paient donc plus pour un seul billet que les abonnés ouvriers pour toute une semaine!

Ce régime spécial date de 1870, au lendemain de la guerre franco-allemande ; le ministre qui l'établit semble bien n'avoir eu d'autre préoccupation que de suppléer à l'insuffisance temporaire des offres de travail et, cependant, cet arrêté ministériel, qui passa presque inaperçu et auquel son auteur même n'attachait que la valeur d'un expédient, a provoqué la révolution la plus profonde, peut être, qui se soit produite dans le régime du travail, en Belgique, depuis un quart de siècle.

Il suffit, pour s'en convaincre, de constater la progression formidable du nombre des coupons de semaine délivrés, depuis 1870, par l'administration des chemins de fer.

Relevé des billets d'abonnements ouvriers délivrés depuis la date de la création de ces billets, 10 février 1870, jusqu'au :

ANNÉES	NOMBRE DE BILLETS	ANNÉES	NOMBRE DE BILLETS
1870	14.223	1886	714.408
1871	32.972	1887	708.135
1872	71.245	1888	935.039
1873	97.789	1889	1.018.383
1874	133.442	1890	1.188.415
1875	193.675	1891	1.337.730
1876	212.759	1892	1.404.370
1877	216.712	1893	1.518.777
1878	241.552	1894	1.633.780
1879	249.752	1895	1.759.025
1880	355.556	1896	2.204.613
1881	440.465	1897	2.699.504
1882	523.832	1898	3.267.588
1883	585.283	1899	3.933.525
1884	616.866	1900	4.515.214
1885	667.522	1901	4.412.723

On voit que la progression est ininterrompue, pendant

trente ans ; qu'elle s'accentue considérablement, à partir de 1895, pendant la période d'expansion industrielle qui marque la fin du XIXe siècle; qu'un fléchissement, très faible d'ailleurs, se produit, pour la première fois, en 1901, au début de la crise qui ouvre le siècle nouveau.

La plupart des coupons (3.072.980 + 406.450 en 1901), se délivrent à des ouvriers, qui font six voyages par semaine et qui, par conséquent, rentrent tous les jours. Ceux qui ne font qu'un seul voyage, ne rentrant que le samedi, pour passer le dimanche en famille, sont relativement rares (659.707 coupons).

D'autre part, le relevé que l'Administration a bien voulu nous communiquer (Annexe IV) montre que le chiffre des coupons délivrés, pour l'exercice 1901, ne varie pas beaucoup de mois en mois. On peut faire la même constatation, en prenant les relevés de 1899 et 1900 : il n'y a guère de diminution, et encore cette diminution n'est pas très forte, que pendant les deux mois de janvier et de février, par suite du chômage habituel des industries saisonnières — chômage que compense partiellement d'ailleurs, l'activité des sucreries et l'accroissement de main d'œuvre dans les mines.

Bref, contrairement à ce que nous pensions, et à ce que nous avons écrit, avant de connaître ces relevés mensuels[1], il apparaît que la très grande majorité des ouvriers ruraux travaillant en ville, y sont occupés régulièrement et que l'on doit évaluer à 45 ou 50 le nombre des coupons de semaine qu'ils prennent chaque année.

A ce compte, il y aurait approximativement de 90.000

1. Dans notre étude sur *La propriété foncière en Belgique*, nous avons admis, sur la foi d'observations personnelles, faites dans une région où domine l'industrie du bâtiment, que les ouvriers occupés hors de chez eux, ne rendaient en ville que pendant les deux tiers de l'année et prenaient, par conséquent, de 30 à 35 coupons de semaine.

à 100.000 ouvriers, voyageant tous les jours sur les lignes de l'État. Ajoutez à ce chiffre, ceux qui sont abonnés aux tramways circulant *extra muros*, aux trams vicinaux, qui se multiplient d'année en année, aux quelques chemins de fer, tels que le Nord belge, exploités encore par des Compagnies et vous aurez plus de cent mille ouvriers industriels — sur environ neuf cent mille — qui, tout en travaillant dans les villes, continuent à habiter la campagne, y conservent un lopin de terre et, touchant de plus forts salaires que jadis, bénéficient des avantages économiques de la vie rurale.

Ces avantages — lorsque les distances à parcourir ne sont pas excessives — dépassent, en général, les inconvénients qui résultent du déplacement quotidien et, somme toute, l'ouvrier industriel qui habite la campagne, se trouve, au point de vue matériel, dans des conditions plus favorables que l'ouvrier agricole et, d'autre part, que l'ouvrier urbain.

Néanmoins, il va sans dire que, dans l'appréciation des avantages et des inconvénients du séjour en ville et du séjour dans les localités suburbaines, le facteur personnel joue un rôle trop considérable pour qu'il soit possible d'aboutir à des généralisations satisfaisantes.

Aussi préférons-nous choisir quelques exemples concrets, parmi les observations personnelles que nous avons faites, au cours de ces dernières années.

Voici, tout d'abord, un ouvrier menuisier, âgé de 18 ans, ayant son atelier à Bruxelles et habitant la commune de La Hulpe, à trois lieues de la capitale. Pour se rendre à son travail, il doit faire, tous les jours, deux kilomètres, aller et retour, jusqu'à la gare, deux demi-heures de chemin de fer, sans compter le trajet en ville. Son coupon de semaine lui coûte 1 fr. 35, soit un peu moins de 23 centimes par jour. Ce jeune homme, qui habite avec ses parents et ses deux sœurs cadettes, une ancienne métairie, dépendant du château de M. S.., et transformée actuellement en un petit cabaret, nous décrit en ces termes les conditions d'existence de sa famille :

« Mon père, qui a 46 ans, travaillait depuis vingt-trois ans chez le baron de R.., lorsque M. S. a acheté la propriété. Il est, maintenant, au service de ce dernier et gagne 2 fr. en hiver, 3 fr. en été. Quant à moi, comme menuisier, je gagne, dès à présent 3 fr. 50 à 4 fr. par jour, mais, en ce moment, je suis sans travail, comme il arrive fréquemment en cette saison (décembre). Je préfère, de beaucoup, mon métier à celui de mon père qui, à 46 ans, est tout rhumatisé : conséquence presque fatale du travail dans les bois, exposé à toutes les intempéries; moi, au contraire, pendant la mauvaise saison, je suis dans un atelier bien chauffé et bien clos. Seulement, je ne voudrais pas habiter en ville, malgré la fatigue des trajets en chemin de fer : nous avons bien meilleur air à la campagne ; nous sommes mieux logés pour moins d'argent ; nous pouvons nous amuser, encore, à travailler au jardin, le dimanche, dans la matinée, ou les jours de fête.

« Nous payons un loyer de 150 fr. par an pour notre maison : quatre places, une étable, une porcherie, deux caves, une grange et un jardin qui nous fournit des légumes pendant toute l'année. De plus, nous louons à M. S. des parcelles pour notre blé et nos pommes de terre. Nous avons des poules, un porc, une vache et une génisse, qui nous donnent environ trois livres de beurre par jour. En été, quand la vache a beaucoup de lait, nous vendons une partie du beurre ; en ce moment, nous en avons juste assez pour nous. Nous faisons nous-mêmes notre pain, qui est ainsi bien meilleur. Pour faire préparer nos terres, nous louons les chevaux d'un fermier ; cela nous coûte 14 fr., plus 1 fr. de pourboire au garçon de ferme, mais mieux vaut cette dépense que de faire comme au hameau de Gallemarde, où ce sont les femmes qui préparent la terre, à la bêche. Pour faucher, c'est moi qui opère, le dimanche. Ma mère et les deux sœurs s'occupent du jardin, des bêtes et du cabaret. »

La plupart des menuisiers, maçons, plafonneurs et autres ouvriers du bâtiment, occupés à Bruxelles et habitant La Hulpe, ou les hameaux des environs, mènent à peu près le même genre de vie[1]; et, pour des gens qui ne reculent pas devant la fatigue, qui ne sont pas difficiles, en fait de distractions et de jouissances intellectuelles, les bénéfices qu'ils tirent de la modicité des loyers et du travail agricole accessoire, sont des raisons puissantes pour les retenir à la campagne. Aussi, les ouvriers proprement dits, à de rares exceptions, n'émigrent pas et l'on ne voit guère se fixer à Bruxelles que des maîtres ouvriers, qui, devenant de petits entrepreneurs, veulent être plus à portée de leurs entreprises.

Si nous passons, maintenant, dans une autre partie de la banlieue bruxelloise, voici le témoignage d'un ouvrier métallurgiste, Van I..., âgé de 49 ans, occupé dans un des faubourgs de Bruxelles et habitant la campagne, près de la petite ville de Hal, à cinq cents mètres de la gare du chemin de fer :

« Au point de vue pécuniaire, je n'ai point d'intérêt à habiter Hal : le coût de la vie n'y est pas moins élevé qu'à Bruxelles ; le pain y coûte même plus cher. Mon loyer, il est vrai, n'est que de 12 fr.50 par mois (d'autres paient 14 fr. parce qu'avec l'accroissement de la population, les exigences des propriétaires augmentent), soit,

1. V. Emile Vandervelde. *La propriété foncière en Belgique*, Paris. Schleicher, 1900. 1re partie, Monographies de La Hulpe, Rixensart, Genval.

en ce qui me concerne, 150 fr. par an. A Bruxelles, je paierais, pour la location d'un *quartier*, 20 fr. par mois, soit 240 fr; mais je dépense pour mes coupons de semaine, 1 fr. 35 × 52 = 70 fr. 20. Il ne reste donc pas 20 fr. de différence et encore faut-il tenir compte de ce que, bon an mal an, je perds un certain nombre d'heures de travail, parce que mon train arrive en retard, ce qui est fréquent sur la ligne de Hal à Bruxelles.

« Ajoutez que je perds plus de deux heures par jour en déplacements; que, tout au moins en hiver, ces déplacements ne laissent pas d'être fatigants et pénibles; que, pour mes enfants en âge d'école, l'enseignement ne vaut pas, à beaucoup près, celui qu'ils recevraient à Bruxelles.

« Le seul et réel avantage de mon séjour à Hal, ce qui m'y fait rester, c'est que mon logement est beaucoup plus spacieux et plus commode pour ma femme : nous avons une maison entière, avec deux chambres au rez-de-chaussée et deux chambres à l'étage, un grenier. une cave, un jardin légumier, tandis qu'à Bruxelles nous n'aurions, pour nos vingt francs, qu'un *quartier*, au 3e ou au 4e étage : pas de cave, pour le charbon; des chambres étroites pour nous loger, avec les six enfants non mariés qui me restent et, pour ma femme, l'obligation de monter et de descendre constamment plusieurs étages, pour chercher des seaux d'eau ou vaquer aux autres soins du ménage. Ici, au contraire, elle a tout sous la main et c'est principalement à cause d'elle, qu'après avoir séjourné quelque temps à Bruxelles, nous sommes revenus nous établir à Hal, où j'habitais depuis l'âge de 7 ans ».

L'un des fils de Van I..., marié et père de famille, dont la maison se trouve deux cents mètres plus loin, travaille également à Bruxelles, mais il déclare préférer, de beaucoup, rentrer chaque soir à la campagne : « l'air y est meilleur; on y est plus tranquille et, comme il n'y a guère de circulation, les enfants en bas âge peuvent jouer dans la rue, sans avoir besoin d'être surveillés ».

Ce sont là des avantages qui, surtout pour un ouvrier jeune, compensent largement les fatigues d'un trajet de vingt minutes en chemin de fer, d'autant que les ouvriers métallurgistes, ayant une journée relativement courte, rentrent de bonne heure et ne doivent pas partir de très grand matin. Mais il en est autrement des ouvriers qui habitent des villages situés aux environs de Hal, comme Pepinghen, Bellinghen, Esschene. Comme leur journée de travail est, généralement, plus longue que celle des métallurgistes, ils doivent prendre le train à 5 heures 55 en hiver, à 4 heures 30 en été, et ne rentrent le soir, que par le train de 8 heures 6. Or, comme la plupart d'entre eux habitent à une demi-lieue, ou trois quarts de lieue de la gare, il leur reste 7 ou 8 heures sur 24, pour tout ce qui n'est pas leur travail, ou le temps nécessaire pour se rendre à leur travail.

Les ouvriers de cette catégorie sont, en général, des maçons, des manœuvres d'usine, des hommes de peine.

Il en est qui ne s'astreignent à pareilles fatigues que pour un temps et s'établissent, à demeure, dans l'agglomération bruxelloise, dès qu'ils parviennent à se procurer une occupation stable : receveurs de tramways ou garçons de magasin, par exemple.

Ceux, au contraire, qui appartiennent à l'industrie de bâtiment se résignent, d'ordinaire, à faire indéfiniment la navette entre Bruxelles et leur village, parce que, pendant la morte saison, ils peuvent trouver quelques ressources à la campagne : certains fermiers font encore battre au fléau; les deux sucreries de la région occupent un personnel assez considérable.

On ne doit pas croire, au surplus, que ces déplacements à des distances anormales soient tout à fait exceptionnels et localisés dans un petit nombre de villages.

D'après une statistique, qui nous a été communiquée par l'administration, (Annexe V), plus de cinq mille ouvriers, pendant l'année 1897 faisaient tous les jours au moins cinquante kilomètres de chemin de fer, en deux trajets, et, parmi eux, près de quatre cents faisaient plus de cent kilomètres!

La plupart de ces ouvriers, dont le nombre a considérablement augmenté depuis cette époque, sont des Flamands, qui vont travailler dans les charbonnages du Hainaut.

A l'heure de la sortie des fosses, les compartiments de 3e classe sont encombrés de ces malheureux, qui ne prennent pas le temps de se laver avant de partir et qui, noirs de poussière charbonneuse, entassés les uns sur les autres, s'efforcent de suppléer, en dormant dans le train, à l'insuffisance du repos de leur nuit. Heureux encore s'ils ne doivent pas, pour regagner leur logis, après quatre heures de chemin de fer et douze heures de travail, faire une longue marche de nuit, à travers les campagnes!

Pour mesurer l'excessive fatigue de certains ouvriers ruraux, qui habitent à plusieurs kilomètres de la voie ferrée, citons encore l'exemple suivant, relatif à un ouvrier luxembourgeois, travaillant aux hauts-fourneaux d'Athus.

« X... résidant à Habay-la-Neuve, doit faire 3 kilomètres pour prendre le train de 3 heures 33 du matin et doit, par conséquent, se lever avant trois heures. Arrivée à Athus (30 kilomètres) à 4h. 42. Puis douze heures de travail, de 6 heures du matin à 6 heures du soir. Obligation d'attendre en gare d'Athus, ou dans les *assom-*

moirs d'alentour, le train de 7 heures 34; arrivée à Habay, à 8 heures 30; retour à la maison à 9 heures. Soit 19 heures de travail ou de trajets pour se rendre au travail, et 5 heures pour le repos et la vie de famille! »

Certes, si la journée de travail était plus courte et les heures de train plus exactement en rapport avec les heures d'ouverture et de fermeture des usines, ce déplorable état de choses serait notablement amélioré: mais, dans les conditions actuelles, il n'est malheureusement pas douteux que la fatigue du trajet, venant s'ajouter à la fatigue du travail, doit fatalement aboutir au surmenage de l'individu et, en tout cas, opposer un obstacle insurmontable à son développement intellectuel.

Aussi faut-il admettre que, si les gens se résignent à gagner leur vie de la sorte, c'est qu'ils n'ont absolument pas, dans leur village même, le moyen de la gagner autrement.

Et, d'autre part, s'ils ne vont pas se fixer dans les centres industriels, à proximité de leur usine, c'est que, tout bien considéré, ils trouvent encore avantage à conserver une part de communal, un bout de champ, un jardin potager que la femme cultive et qui ajoute des suppléments en nature à leur salaire-argent.

§ 3. — L'émigration saisonnière

Au lieu d'émigrer définitivement, ou de travailler dans les agglomérations urbaines, en conservant leur domicile à la campagne, les ouvriers ruraux peuvent encore, afin de suppléer à l'insuffisance de leurs ressources, s'absenter périodiquement, pour chercher du travail dans d'autres régions, ou dans d'autres pays.

C'est ce que font — nous l'avons montré dans un précédent chapitre — les *harvest men* du Connaught et de l'Ulster, les *Sachsengänger* des provinces orientales de l'Allemagne, les *braccianti* des régions pauvres de l'Italie, les *moujiks* du centre de la Russie.

Il en est de même, en Belgique, d'un grand nombre d'ouvriers agricoles, ou d'ouvriers habitant les campagnes.

Nous ne possédons pas, comme en Italie ou en Irlande, de données officielles et précises sur l'importance numérique de ces migrations. Cependant, en 1897, lorsque le Parlement belge eut à se prononcer sur la date à laquelle les élections devraient avoir lieu, pour que le plus grand nombre de travailleurs pussent y participer[1], le ministre de l'Intérieur fit procéder, par les gouverneurs de province, à une enquête officieuse sur « le nombre approximatif d'ouvriers quittant la province pour travailler à l'étranger, pendant une période de l'année ».

Les résultats de cette enquête sont restés, jusqu'à présent, inédits; les relevés n'ont pas été faits d'une manière identique dans toutes les provinces; sauf pour la province d'Anvers, on n'a pas établi la distinction entre les ouvriers qui travaillent hors de la province et ceux ceux qui travaillent hors du pays. Dans ces conditions, l'on ne peut attribuer qu'une valeur toute relative aux chiffres que le ministre de l'Intérieur a bien voulu nous communiquer et que nous publions en annexe (Annexe VI).

Quoi qu'il en soit, étant donné que les migrations saisonnières ont encore pris de l'extension depuis 1897 et que, d'autre part, les évaluations recueillies par les gouverneurs des provinces paraissent être restées au-dessous

1. Dans le but évident de rendre inefficace le droit de vote d'un grand nombre d'ouvriers, que l'on suspecte de professer des opinions subversives, la majorité conservatrice a fixé les élections législatives au dernier dimanche de mai, c'est-à-dire à l'époque précisément, où la plupart des travailleurs participant aux migrations saisonnières, sont éloignés de leur domicile.

de la réalité, l'on peut admettre qu'actuellement plus de soixante mille ouvriers sortent, chaque année, de leur province pour travailler au dehors, soit à l'étranger, soit dans d'autres parties de la Belgique.

Parmi ces ouvriers, il en est un certain nombre qui appartiennent à des professions non agricoles et n'entrent pas, directement, dans le cadre de cette étude.

Tels sont les pêcheurs qui font la campagne d'Islande, les chapeliers en paille de la vallée du Geer, les terrassiers des bords de l'Escaut, les maçons, dont le principal foyer d'émigration se trouve dans l'arrondissement de Nivelles, les ouvriers d'usine du Luxembourg méridional, qui travaillent dans les minières du Grand Duché ou les hauts-fourneaux du bassin de Longwy, et, enfin, les briquetiers, particulièrement nombreux dans les cantons de Binche et de Gosselies, dans la vallée de la Meuse et dans une foule de localités du pays flamand.

Tous ces travailleurs habitent la campagne; la plupart d'entre eux cultivent, ou font cultiver par leur famille une parcelle de terre. Mais, au point de vue de l'exode rural, leurs migrations ont beaucoup moins d'importance que celle des travailleurs dont l'agriculture constitue la profession principale et qui s'en vont, chaque année, suppléer au déficit de la main d'œuvre agricole, dans les régions où l'industrie a fait le vide.

Nous nous occuperons donc, plus spécialement, d'ouvriers appartenant à cette dernière catégorie : les bûcherons du Luxembourg et de l'Entre-Sambre-et-Meuse; les moissonneurs et betteraviers des provinces flamandes.

1. — Les bucherons. — Dans la plupart des départements du nord de la France, et surtout dans les Ardennes, les marchands de bois et propriétaires de forêts ne parviennent pas à recruter, sur place, un

nombre suffisant de bûcherons, parce que les ouvriers préfèrent travailler dans les établissements industriels.

Par contre, dans beaucoup de communes, de l'autre côté de la frontière, l'exploitation des forêts — qui est, à peu près, la seule industrie locale — ne suffit pas à occuper tous les bras disponibles et, pendant une partie de l'année, de nombreux ouvriers sont contraints de chercher du travail dans les Ardennes françaises.

L'importance de ces migrations, que nous avons eu l'occasion d'étudier dans plusieurs villages de l'arrondissement de Neufchâteau, varie, naturellement, d'après les conditions locales.

A Hautfays, par exemple, où les *terres à champs* sont nombreuses et où les bois communaux, très étendus, donnent de l'ouvrage aux habitants pendant une grande partie de l'année, vingt à vingt-cinq ouvriers, seulement, vont travailler en France.

A Porcheresse, il n'y a pas non plus beaucoup d'émigration, parce que les ouvriers trouvent du travail sur place, en fabriquant des sabots.

A Daverdisse, l'exode est également peu considérable, la majeure partie de la population se composant de propriétaires, qui vivent des produits de leur culture.

Mais à Gembes, où les terres arables sont rares, les communaux réduits, les habitants sans autre industrie que le travail au bois, presque tous les ouvriers passent la plus grande partie de l'année hors de la commune. A la Fête-Dieu (1er juin), dans ce village où tout le monde pratique, il n'y a guère plus de quinze à vingt hommes, presque tous des vieux, pour suivre la procession. Les autres sont partis depuis le commencement de l'hiver, et, pendant plus de six mois, vivent en pleine forêt, sous une hutte de branchages et de mottes, dans la région qui s'étend de Fumay à Charleville. Ils ne rentrent chez eux, le plus souvent, qu'à la fin de juin ou au commencement de juillet, pour les travaux de la fenaison. Ils s'occupent ensuite de l'essartage, qui leur procure le seigle dont ils ont besoin pour leur pain, et, fréquemment, retournent en France, pour faire la moisson.

Durant toute leur campagne, ces rudes travailleurs ne reviennent que deux ou trois fois au village, soit à la Noël, soit aux Adorations — époque à laquelle ils se confessent — soit à la Saint-Jean, jour de la fête patronale.

Judis, ils emmenaient toute leur famille, sauf la mère, qui restait à la garde du foyer. Aujourd'hui, cette émigration familiale tend à se restreindre : l'aisance a augmenté. presque tous les ménages ont au moins une vache, et les soins à donner au bétail retiennent de plus en plus les filles à la maison.

L'exode de toute la famille ne se maintient, à l'état de règle, que dans le cas où les travailleurs vont s'établir, pour de longs mois, dans des régions plus éloignées.

A Corbion, par exemple, 60 à 70 bûcherons ont pris, depuis quelques années, l'habitude de travailler dans les forêts de Compiègne, de Saint-Germain, de Bondy et de Fontainebleau. Ils partent, dès la première quinzaine de novembre et ne rentrent qu'à la fin du mois d'août. Dans ces conditions, la hutte forestière devient leur véritable domicile et toute leur maisonnée s'y transporte, pour faire le ménage ou les aider dans leur besogne.

Quelles que soient, au surplus, l'importance et la durée de ces migrations, les motifs qui déterminent les bûcherons du Luxembourg belge à chercher du travail en France, sont, partout, à peu près identiques :

1° Impossibilité de trouver, dans leur commune ou dans les localités voisines, de l'ouvrage en quantité suffisante.

2° Durée plus longue des travaux de l'écorçage, qui sont particulièrement bien payés.

3° Conditions de travail plus avantageuses, parce que les chêneaux à écorcer sont plus beaux : la rotation étant de trente ans, au lieu de vingt et un.

Aussi, malgré la dépréciation des écorces, les bûcherons arrivent encore à se faire des journées de 4 francs en moyenne et rapportent chez eux un pécule assez considérable.

Lorsque l'endroit où ils travaillent n'est pas trop éloigné de leur village, il en est peu qui recourent au chemin de fer. Presque tous font le voyage à pied — c'est l'affaire d'une journée — et n'emportent avec eux que leurs outils, avec un quart de tabac et un quart de café : les douaniers, en général, se montrent assez faciles, à moins que, se trouvant à court d'argent et ayant eux-mêmes besoin de tabac ou de café, ils ne confisquent ces denrées à leur profit.

Depuis quelques années, pour entrer en France, les Belges doivent payer, à la mairie la plus proche du siège de leur travail, une taxe de 2 fr. 10 par tête. D'où leur surnom de « *Quarante deux sous* »[1]. Auparavant, on les appelait « *Boyaux rouges* », probablement parce que leur alimentation se compose surtout de pommes de terre et que, dit-on, les animaux, notamment les porcs, qui sont nourris de cette façon, ont les boyaux rouges.

De ces désignations, plutôt désobligeantes, il ne fau-

1. Aux termes de l'article 1er de la loi du 8 août 1893, tout étranger, non admis à domicile, arrivant dans une commune *pour y exercer une profession, un commerce ou une industrie*, doit faire à la mairie une déclaration de résidence, en justifiant de son identité, dans les huit jours de son arrivée. Cette déclaration est consignée sur un registre spécial, dit registre d'immatriculation des étrangers : un extrait est délivré au déclarant dans la forme des actes de l'état civil et moyennant l'acquittement des mêmes droits (fr. 2,10).

Pour plus de détails, voy. Pic: De la condition légale des étrangers en France, au point de vue de l'exercice des professions commerciales et industrielles. *evue d'économie politique*, juin 1902.

drait pas conclure, cependant, que les bûcherons luxembourgeois reçoivent un accueil hostile dans la partie française des Ardennes : les ouvriers de cette région, qui travaillent presque tous dans les usines, ne les considèrent pas comme des concurrents et, d'ailleurs, les bûcherons, absorbés par leur travail et farouchement cantonnés dans leur hutte n'ont, en général, que fort peu de rapports avec la population des villages environnants.

C'est un trait qu'ils ont de commun avec les ouvriers agricoles qui participent aux migrations saisonnières vers la France et la Wallonie.

2. — Les ouvriers flamands. — On peut affirmer que, sans le concours des ouvriers flamands — domestiques, aoûterons et betteraviers — la grande culture serait impossible faute de main-d'œuvre, non seulement dans les départements du nord de la France, mais dans la majeure partie des provinces wallonnes.

En effet, si les trains ouvriers ont, au point de vue général, l'incontestable avantage d'empêcher que les campagnes se dépeuplent, il suffit d'entendre les doléances des cultivateurs belges, pour se convaincre qu'au point de vue du recrutement des ouvriers agricoles, l'exode rural quotidien produit les mêmes conséquences que l'exode rural définitif.

C'est ce que constatent, notamment, les monographies agricoles publiées par les agronomes de l'État.

« L'ouvrier agricole — dit la monographie du Condroz[1] — a une tendance toujours plus prononcée à chercher du travail dans les villes et les centres industriels. Cette tendance s'accentue, principalement, parmi la jeunesse ouvrière et chez ceux qui ne possèdent ni maison, ni terre. Les uns, en petit nombre, il est vrai,

1. *Loc. cit.*, p. 38.

séduits par les récits de leurs camarades, cédant parfois à la passion des voyages et à l'attrait de l'inconnu, passent à l'étranger. D'autres, plus nombreux, se dirigent, sans esprit de retour, vers les villes et les usines. D'autres, enfin, c'est le plus grand nombre, vont s'enrôler dans les exploitations industrielles des environs. *La facilité des transports et les tarifs réduits des abonnements ouvriers leur permettent ces déplacements.* »

A plus forte raison en est-il ainsi, dans la région limoneuse et sablo-limoneuse, qui occupe toute la Belgique moyenne et qui constitue, par excellence, la zone d'agriculture capitaliste, directement influencée par les centres industriels :

« Dans toute la région limoneuse[1], à part une partie du Limbourg et du Brabant, la main-d'œuvre devient de plus en plus rare à la campagne par suite de l'exode journalier des ouvriers. La plupart de ces hommes vont travailler dans les charbonnages et les usines métallurgiques; d'autres s'engagent dans l'industrie du bâtiment ou vont travailler dans les grands travaux de terrassement, etc. Il y a même des ouvriers ruraux, spécialement dans les provinces de Liége, de Hainaut, de Namur et des Flandres, qui se rendent l'été à l'étranger, alors que le secours de leurs bras serait le plus nécessaire chez nous. C'est ainsi que l'on voit souvent des brigades entières de briquetiers partir pour l'Allemagne et même la Russie, particulièrement dans le Hainaut et dans les provinces de Liège et de Namur. »

Bref, dans presque toute la Wallonie, le travail de la terre est de plus en plus dédaigné et, malgré l'extension des pâtures permanentes, malgré les perfectionnements du machinisme, les fermiers se trouveraient fort dépourvus et ne sauraient comment se tirer d'affaire, s'ils n'avaient point à leur disposition les ouvriers

1. *Loc. cit.*, p. 89.

chassés par la misère des villages du pays flamand.

C'est de là que viennent, actuellement, la plupart des domestiques employés dans les fermes wallonnes.

« Les cultivateurs — dit la monographie de la région limoneuse[1] — se plaignent partout de la difficulté de trouver encore des domestiques à gages. *Par suite des facilités de déplacement et du bas prix des coupons de semaine, la main-d'œuvre est accaparée par les usines du pays et du nord de la France.* Même les domestiques, que les fermiers font venir d'autres régions, quittent souvent la ferme pour l'usine, en raison des salaires plus élevés qu'on y paie. Les gagistes et les servantes du nord du Hainaut et de Tournaisis viennent pour ainsi dire tous des Flandres.

Au sud de Mons et jusqu'à la Sambre, le pays même fournit encore des gagistes, mais on y emploie aussi des Flamands, et, parfois, des chemineaux. Dans le centre et le bassin de Charleroi, ils sont presque tous étrangers à la région : ce sont, d'ordinaire, des Flamands ou des Brabançons des environs de Jodoigne; ces derniers conduisent les chevaux, tandis que les vachers se recrutent parmi les premiers. Dans le pays de Soignies, ils viennent beaucoup du pays flamand et des régions essentiellement agricoles de la province, des environs d'Ath et d'Enghien.

« Les servantes de ferme sont généralement Wallonnes. »

Mais, de plus en plus, dans beaucoup de régions, les femmes, également, se refusent à servir comme domestiques à gages.

Récemment encore, un fermier hesbignon nous manifestait l'intention de ne plus tenir de vaches laitières, parce qu'il ne trouvait plus de servantes pour les traire. Aujourd'hui que les hommes travaillent au

1. *Loc. cit.*, p. 80.

dehors, et touchent des salaires relativement élevés, les femmes se consacrent en partie à leur ménage, en partie à la culture du lopin de terre familial et ne consentent plus à travailler pour compte des fermiers, si ce n'est comme journalières, à certaines époques de l'année.

Au surplus, malgré cet appoint de main-d'œuvre féminine, la plupart des fermiers wallons sont obligés, pour les travaux de la moisson, du sarclage et de l'arrachage des betteraves, de recourir à des tâcherons étrangers.

Ceux des provinces de Liège et de Namur recrutent les leurs en Campine et dans le nord du Brabant[1]; ceux du Hainaut les font venir, principalement, des deux Flandres, où, suivant l'aveu de la monographie officielle, « les gages sont généralement trop peu élevés pour retenir à la campagne les travailleurs les plus intelligents et les plus capables ».

En Wallonie, au contraire, les ouvriers gagnent de fortes journées et, en travaillant fiévreusement pendant quelques mois, ils parviennent à rapporter chez eux de quoi vivre en hiver.

Seulement, pour arriver à ce résultat, ils doivent s'imposer des privations dont le témoignage suivant, que nous avons recueilli de la bouche de M. C., fermier, à Modave (Condroz), permet de se faire une idée :

1. *Monographie de la Campine*, p. 42 : « Les ouvriers de certaines contrées de la Campine, notamment ceux des cantons d'Herenthals, de Westerloo, d'Heyst-op-den Berg, de Haecht, d'Aerschot et de Diest se rendent, tous les ans, en grand nombre, dans les provinces de Brabant, de Namur, de Hainaut et de Liège, pour y travailler à la moisson ou aux betteraves. Ordinairement, ils partent par équipes de cinq à dix personnes, et s'y rendent à trois reprises : une première fois en mai-juin, pour le binage des betteraves, une seconde fois en juillet pour faire la moisson, et une troisième fois en septembre pour la récolte des betteraves. Ils travaillent à la tâche, sous la surveillance et la direction d'un chef-ouvrier, qui traite seul avec l'agriculteur.

C'est le manque d'ouvrage et l'appât de salaires élevés qui poussent les jeunes gens et même les pères de famille à ces déplacements qui les éloignent de leur foyer durant plusieurs semaines. Ils travaillent durement de manière à économiser l'argent nécessaire au paiement du loyer de la maison qu'ils habitent ou des terres qu'ils cultivent ».

« Les ouvriers flamands, que je fais venir pour la moisson, se nourrissent comme des cochons; ils mangent à peu près autant de pommes de terre que ceux-ci; le principal de leurs repas se compose d'énormes platées de ces tubercules. Les six hommes que j'ai employés cette année, avec une femme pour leur ménage, et qui sont restés à Modave pendant six semaines, n'avaient, à la boutique où ils s'étaient alimentés, qu'un compte de 66 francs! Ces ouvriers — travailleurs énergiques — ont reçu, pour leurs six semaines de travail, la somme globale de 1050 francs, plus six tonnes de bière et les pommes de terre à volonté. Quant aux deux hommes, avec deux gamins pour les aider, qui ont consacré dix-huit jours à l'arrachage des betteraves fourragères, ils ont reçu une tonne de bière par homme et 255 francs pour l'équipe. »

Cet argent constitue, à peu près, un gain net, étant donné que les Flamands couchent sur la paille des granges, ne dépensent presque rien pour la nourriture et n'ont à payer que des frais de voyage peu considérables.

On peut admettre que, pendant la durée de leur campagne, les hommes adultes reçoivent, en moyenne, 4 à 5 francs par jour, c'est-à-dire plus de double de ce qu'ils pourraient gagner, pendant la bonne saison, s'ils restaient dans leur village.

Aussi ne faut-il point s'étonner qu'ils émigrent en masse, abandonnant à leur malheureux sort les fermiers du pays flamand, qui se plaignent, eux aussi, de ne plus trouver d'ouvriers[1]!

1. *Monographie de la région limoneuse* p. 87 : « Le recrutement de la main-d'œuvre commence à devenir difficile dans les Flandres. Les ouvriers ne trouvant pas à s'occuper d'une façon constante chez les cultivateurs s'empressent de porter le secours de leurs bras aux cultivateurs du Hainaut ou de la France ; ou bien ils se rendent dans les fabriques du sud de l'arrondissement de Courtrai ; ou bien encore, ils passent en France et trouvent de la besogne dans les grands centres industriels de Tourcoing,

Dès les premiers jours du printemps, toute une armée de tâcherons se met en marche.

Les uns se dirigent vers les provinces wallonnes; les autres — dont on évalue le nombre à 45,000, soit un chiffre notablement supérieur aux relevés de 1897 (Annexe VI) — se rendent dans les départements du nord et même dans les départements du centre de la France, tels que l'Yonne et la Nièvre.

Ce sont eux qu'on appelle les Français (*Fransmannen*) en Flandre, et, naturellement, les Flamands en France. Tous d'ailleurs ne sont pas des Flamands : il en est un assez grand nombre qui viennent de la partie nord du Hainaut, des arrondissements d'Ath et de Tournai. Avec une précision tout à fait remarquable, leur zone d'émigration coïncide avec la zone de dispersion de la ci-devant industrie linière à domicile.

Il est vrai que l'exode des ouvriers agricoles belges vers la France est antérieur à la chute de cette industrie, mais, pendant la première moitié du XIXe siècle, leurs migrations saisonnières furent bien loin d'avoir l'importance et la continuité qu'elles présentent aujourd'hui.

« Dès 1820 — dit le comte Ch. de Grünne[1] — commença, petit à petit, l'infiltration de ces populations, qui venaient faire concurrence à la main-d'œuvre nationale, mise en coupe réglée par Napoléon. Le développement énorme de la population indigène, sous la Restauration, arrêta d'abord le mouvement. Mais, sous le second

Roubaix et Armentières. Il s'ensuit que, bien souvent, dans la Flandre orientale, l'appoint des travailleurs supplémentaires est fourni par les petits cultivateurs de la localité. Ces derniers, pour se payer du coup de main qu'ils ont donné, disposent des attelages du fermier pour cultiver leurs terres. Ces travaux sont, comme ceux qu'ils ont fournis, tarifiés, et à la Noël ou à l'Epiphanie, la balance du compte est faite par le paiement de l'excédent des services rendus ».

1. Ch. de Grünne. *Les ouvriers agricoles belges en France*. Revue générale agronomique 1899, p. 127 et suiv.

Empire, l'extension de la culture de la betterave demanda des bras plus nombreux... Ce fut surtout après 1871, que ce mouvement prit de l'importance : il fallut remplir les vides causés par la guerre. La fabrication du sucre, d'abord localisée dans le Nord, y avait attiré les premiers Flamands; ils suivirent, pas à pas, son extension dans l'Aisne et la Somme, puis aux environs de Paris, et jusqu'en Beauce et en Brie. A mesure que le bon marché croissant du charbon permettait l'installation des sucreries dans ces régions, voyant le dégoût des habitants pour cette rude besogne et, surtout, leur petit nombre, les Belges l'entreprirent; ils se proposèrent aussi pour le sapage des grains. Ainsi, les premiers, descendus au hasard jusqu'aux environs de Paris, y trouvèrent un travail qui, littéralement les attendait. Une fois que les fermiers français eurent apprécié leurs services, ils n'en voulurent plus d'autres. ».

Ce bref aperçu historique nous explique fort bien par suite de quelles circonstances les ouvriers flamands, ne trouvant plus d'ouvrage dans leur pays, sont parvenus à en trouver de l'autre côté de la frontière, mais son auteur ne nous apprend rien sur les causes internes qui ont déterminé ces milliers d'hommes à quitter, annuellement, leurs villages, à rompre les liens qui les attachèrent si longtemps à la glèbe, pour s'astreindre au pénible labeur des ouvriers nomades.

Or, il n'est pas douteux que leur exode, qui avait pris fin après les guerres de l'Empire, n'a recommencé et n'a pris des proportions considérables qu'à partir du moment où l'industrie linière à domicile s'est effondrée sous la concurrence de l'industrie de fabrique.

Nous en trouvons, notamment, le témoignage, dans la minutieuse monographie que E. Degand Dopchie, secrétaire communal d'Ellezelles, a consacré à cette petite commune, située sur la frontière du Hainaut et de la Flandre orientale :

« Jadis, comme aujourd'hui, l'agriculture était la principale industrie de la commune d'Ellezelles... A côté de cette industrie — et notamment pendant les deux derniers siècles — florissait l'industrie linière, qui se mariait très bien à l'industrie agricole... Jusqu'en 1845, nos tisserands usaient des procédés anciens pour faire leurs toiles. Leur travail était relativement bien rémunéré. Mais, lorsque les découvertes de la mécanique furent appliquées au tissage, nos ouvriers furent, naturellement, impuissants à soutenir la concurrence qu'on leur fit... Ils auraient (cependant) peu souffert de la crise industrielle, si celle-ci ne se fût compliquée d'une crise agricole intense (maladie des pommes de terre, mauvaise récolte de céréales)... Ce fut la famine avec toutes ses horreurs. Le tiers de la population d'Ellezelles — 2.000 habitants sur 6.000 — tomba à charge de la bienfaisance publique... *C'est à partir de 1846 et 1847 que commença l'exode annuel de nos ouvriers vers la France, où beaucoup se sont fixés à cette époque*. La population d'Ellezelles, qui était, au 31 décembre 1843 de 6.377 habitants, était tombée à 5.618 en 1846[1]. *Chaque année, depuis lors, un millier d'ouvriers, hommes, femmes, enfants et adolescents, se rendent encore en France pour s'y livrer aux travaux agricoles et rapporter à leur famille de quoi vivre pendant l'hiver*[2]. »

C'est donc bien sous la pression de la nécessité, faute de trouver, chez eux, une occupation régulière durant la mauvaise saison et des salaires suffisamment rémunérateurs pendant la bonne, que les tâcherons du Hai-

1. Au 31 décembre 1900, la population d'Ellezelles ne s'élevait plus qu'à 5.412 habitants.

2. Degand Dopchie. *La commune d'Ellezelles pendant le XIXe siècle*. p. 56 et suiv. Renaix, impr. Courtin, 1898.

naut et des Flandres s'en vont, chaque année — et plus encore depuis la crise agricole — combler le déficit de la main-d'œuvre dans les départements français.

Ils partent en bandes, pendant la première quinzaine de mai, sous la conduite de leurs chefs, ou sous-chefs, qui seuls, généralement, comprennent le français, et, d'abord, s'engagent par sections de cinq, de dix, de cinquante, pour faire le binage des betteraves. Cette opération terminée, peu de jours s'écoulent avant que les récoltes soient mûres, dans les plaines fertiles du bassin de Paris : les équipes de bineurs, auxquels viennent se joindre des bandes de nouveaux arrivants, s'y rendent donc, pour faucher la moisson, et ont bientôt fait de coucher par terre d'immenses champs de blé; ils s'en vont ensuite dans la Beauce et dans la Brie, où les céréales mûrissent plus lentement; puis ils remontent vers la Picardie, la Somme, l'Aisne ou le Pas-de-Calais, pour y abattre les blés et les avoines tardives; enfin, après ces trois moissons successives, les uns rentrent en Belgique, sauf à repartir en octobre, pour travailler dans les fabriques de sucre; d'autres restent sur place pour travailler dans les fermes; d'autres encore redescendent vers le Centre, couvrir les meules, faire le battage et les travaux accessoires, en attendant l'arrachage des betteraves; c'est en novembre seulement que ces derniers (auxquels se joignent, à la fin de septembre, de nombreux betteraviers, venus, ou revenus du pays flamand), retournent dans leur village [1].

Pendant l'hiver, la plupart d'entre eux ont grand' peine à trouver de l'ouvrage. Il en est qui travaillent dans les séchoirs de chicorée, les fabriques de cigares ou d'allumettes; d'autres vont battre en grange, ou cherchent à gagner quelque argent, si peu que ce soit, en

1. Voyez pour plus de détails, la monographie, déjà citée, de Ch. de Grünne.

reprenant leur métier de tisserand; d'autres, plus nombreux, cherchent leurs moyens d'existence dans le teillage du lin, mais bien plus nombreux encore sont ceux qui restent inoccupés jusqu'au printemps.

« Ils passent alors leurs journées — dit la monographie des Flandres[1] — à recueillir du bois mort, à prêter la main aux soins du ménage, à faire l'élevage des lapins et s'occupent d'autres travaux, peu productifs, en attendant la bonne saison. Les économies réalisées en été sont ainsi mangées pendant la saison mauvaise. »

Bref, inactivité presque complète durant quatre ou cinq mois, surmenage le reste de l'année, telles sont les conditions de travail des ouvriers nomades de la Flandre.

C'est, en somme, une triste vie que celle de ces pauvres tâcherons éloignés, la plupart du temps, de leur foyer familial.

Certes, il en est qui trouvent, à la longue, des occupations régulières, qui retournent chaque année chez le même fermier, en France ou en Wallonie, qui reçoivent des salaires relativement élevés.

Mais, à côté de ces privilégiés, combien n'en est-il pas — Juifs errants du capitalisme — qui sont odieusement exploités par ceux qui les embauchent et les dirigent.

Tels, par exemple, ces ouvriers et ouvrières de la région sablonneuse des Flandres, qui font la moisson, l'arrachage des betteraves, la récolte du lin, dans les autres districts de la province et dont le gouverneur de la Flandre occidentale décrivait, en ces termes[2], la lamentable situation, lors de l'enquête agricole de 1886 :

« Il est reconnu que les chefs de *gangs* sont d'ordinaire tout ce qu'il y a de plus vil et de plus perverti

1. P. 41.
3. *Enquête agricole de 1886*. Bruxelles, Lesigne, 1890. Quest. 6. p., 12.

dans la basse classe ; afin de grossir leur gain personnel, ils exploitent les enfants, les jeunes femmes et tous les malheureux qui, n'ayant pas de travail, doivent chercher leur pain n'importe comment. Les gangs logent tous pêle-mêle sur place, là où ils trouvent gîte ; sinon, ils se répandent aux environs ; parfois, ils rentrent chez eux et, soir et matin, font plusieurs lieues avant ou après le travail ; ils sont ainsi dans un état d'exténuation presque permanent, sous la conduite d'une brute qui, très souvent, les maltraite pour augmenter la somme de travail à produire. »

En présence de pareils faits — et cet état de choses ne s'est guère modifié depuis quinze ans[1] — il faudrait l'optimisme de Pangloss ou de Frédéric Bastiat pour voir une Harmonie économique dans les migrations qui évacuent, périodiquement, la surpopulation relative de certaines régions, sur les districts où l'agriculture requiert une main-d'œuvre supplémentaire.

Tout ce que l'on peut dire, c'est que, malgré les multiples inconvénients de ces migrations saisonnières, mieux vaut encore vivre de la sorte que de souffrir la faim, en restant sur place.

Or, sans l'exode périodique, et, d'une manière générale, sans l'exode sous toutes ses formes, telle serait, littéralement, la situation, dans beaucoup de localités du pays flamand.

Que l'on visite, pour s'en convaincre, les parties pauvres de certaines communes, si riantes et prospères au premier abord.

1. Le gouverneur de la Flandre occidentale nous écrivait, le 10 août 1898 : « Beaucoup d'ouvriers de ma région émigrent en France. Dans un grand nombre de communes, on les voit partir par bandes, à la belle saison. Ces ouvriers sont raccolés par des chefs d'équipe (*ploegmeesters*) qui les conduisent jusque dans le Midi, pour faire la récolte, fabriquer des briques et arracher les betteraves.

Les inconvénients de ces émigrations ont été signalés, lors de l'enquête agricole de 1886, et subsistent toujours ».

A Zele [1], par exemple, grosse bourgade de 13.000 habitants, qu'enrichissait jadis la culture et l'industrie du lin, il y a, non loin de la gare du chemin de fer, tout un quartier — *'t endeke*, le bout du village — qui est certes un des plus abominables foyers de misère que nous ayions jamais rencontrés.

C'est là que vivent trois ou quatre cents familles, dont les hommes, tisserands à la main pour la plupart, gagnent à grand'peine 9 francs par semaine.

Toute cette population s'entasse dans de misérables cahutes, composées, le plus souvent, d'une seule chambre à tout faire, avec un réduit qui sert de débarras. Hommes, femmes et enfants, pieds nus dans leurs sabots, vêtus des mêmes haillons, été comme hiver, grouillent dans cette pièce unique, avec un poêle au milieu, une table grossière et un ou deux grabats, qui prennent à peu près toute la place !

Bien que l'on soit à la campagne, à quelques pas de moissons admirables, la plupart de ces bouges, loués 1 fr. 50 par semaine — ce qui doit donner du huit pour cent à leurs propriétaires — n'ont même pas un jardin potager. Cependant, nombre de ceux qui les habitent sont des *Fransmannen*, qui abandonnent leur métier de tisserands ou de teilleurs de lin, pendant plusieurs mois de l'année, pour aller faire la moisson de l'autre côté de la frontière.

Voilà donc des travailleurs agricoles qui ne parviennent pas à se procurer, même en location, un coin de terre pour planter des légumes, un bout de cour pour tenir des poules !

Il convient d'ajouter que pareilles conditions d'existence doivent être considérées comme exceptionnelles, même dans ce pays de salaires infimes qui est la Flandre orientale. Mais, ainsi que l'a montré notre ami A. De-

1. Arrondissement de Termonde (Flandre Orientale).

winne, ces exceptions ne sont que trop nombreuses. Il faut lire son *Enquête sur les Flandres*, publiée dans le *Peuple*, de Bruxelles, pour voir à quel degré de misère, à quel abaissement du *standard of life*, l'exploitation superposée des petits cultivateurs par les propriétaires fonciers, et des ouvriers ruraux par les petits cultivateurs, peuvent réduire les habitants pauvres de certaines régions.

Les tisserands de Zele ne sont pas encore dans le dernier des cercles d'enfer du prolétariat flamand.

Au-dessous d'eux, plus pitoyables encore, nous trouvons la population des terres sablonneuses, parsemées de sapinières, qui s'étendent au nord-ouest de Gand. C'est dans certains villages de cette région, que l'on trouve des gens qui, pour gagner des salaires de 1 franc par jour, se font, pendant une partie de l'année, ramasseurs d'œufs de fourmis!

Ils parcourent les bois de sapins, défoncent les fourmilières et, au prix d'innombrables et douloureuses piqûres, recueillent les œufs qui servent à nourrir les faisans, dans les propriétés seigneuriales.

Vivant symbole d'un état social où les animaux de luxe sont mieux traités que les hommes de labeur!

En résumé, l'exode rural apparaît, de plus en plus, comme le seul dérivatif, réellement efficace, aux souffrances du prolétariat des campagnes.

Ses formes sont essentiellement variables, mais, nécessairement, il existe entre elles des connexions étroites, qui déterminent, dans chaque région, leur importance respective.

Ainsi, par exemple, en réduisant le nombre des travailleurs agricoles, la poussée vers les villes nécessite et encourage les migrations saisonnières.

D'autre part, en favorisant les déplacements quotidiens, la facilité des communications par chemin de fer dispense un grand nombre d'individus de recourir à l'émigration définitive.

Mais, si la situation, les conjonctures économiques, le degré de perfectionnement des moyens de transport assurent, généralement, dans une région donnée, la prédominance de l'un ou l'autre des aspects de l'exode — migrations quotidiennes aux abords des centres industriels; migrations permanentes ou périodiques, dans les contrées purement agricoles — cette prédominance n'est pas exclusive : presque toujours, on voit coexister plusieurs formes d'émigration.

Pour montrer, par quelques faits précis, toute la diversité des modes de déplacement que l'on peut rencontrer dans le cercle étroit d'une circonscription administrative, prenons au hasard, parmi cent autres exemples, le canton de Péruwelz, célèbre, dans les fastes politiques de Tournaisis, par l'appoint formidable qu'il apportait jadis aux listes libérales.

Le chef-lieu de ce canton est une petite ville d'environ 9.000 habitants (8.860 au 31 décembre 1900), qui renferme un assez grand nombre d'établissements industriels : filatures, ateliers de bonneterie, tanneries, fabriques de chaussures. Par contre, dans les communes rurales d'alentour — Blaton seul excepté — il n'existe absolument aucune industrie.

Prise dans son ensemble, la population du canton de Péruwelz accuse une augmentation légère, ainsi qu'il résulte des chiffres suivants :

Communes	Au 31 décembre 1890.	Au 31 décembre 1900.	Augmentation ou diminution.
—	—	—	—
Péruwelz. . . .	8.272	8.860	+ 588
Baugnies. . . .	831	780	— 51
Blaton.	3.382	3.428	+ 46
Braffe	637	596	— 41

Brasmenil . . .	1.325	1.245	— 80
Bury.	922	895	— 27
Callenelle . . .	715	710	— 5
Roucourt. . . .	1.277	1.192	— 85
Vezon	1.579	1.515	— 64
Wasmes	896	732	— 164
Wiers	3.792	3.707	— 85
Total . . .	23.628	23.660	+ 32

Soit 32 habitants en plus, pour le canton.

Seulement on voit que cette augmentation provient exclusivement des deux communes industrielles. Dans tous les villages, au contraire, le nombre des habitants diminue, dans des proportions fort sensibles.

Les uns s'établissent à Péruwelz, ou dans d'autres localités du pays; d'autres passent la frontière et se fixent dans le nord de la France.

Mais, indépendamment de cette émigration permanente — qui constitue la caractéristique de la région, au point de vue de l'exode rural — nous trouvons également, dans les mêmes communes, les formes typiques de l'émigration temporaire.

Certains ouvriers, tout d'abord, vont, chaque année, faire la moisson en France, bien que leur nombre tende à diminuer, par suite de l'extension du machinisme.

Quant aux déplacements quotidiens, les fils et les « demoiselles » de beaucoup de fermiers des environs immédiats de Péruwelz, s'en vont à pied travailler dans les filatures et les bonneteries.

D'autres campagnards, ainsi que nombre d'habitants de Péruwelz même, sont occupés dans les ateliers de cordonnerie ou de métallurgie de Vieux-Condé (France), et, surtout, dans des charbonnages, dépendant de la Compagnie d'Anzin, qui se trouvent situés à cinq kilomètres de distance.

Il existe un chemin de fer, exploité par la même

Compagnie, reliant Péruwelz à ces charbonnages, mais il n'y a pas d'abonnements ouvriers, et les tarifs ordinaires sont trop élevés pour que les charbonniers venant de Belgique en fassent usage. Aussi, la plupart d'entre eux se rendent à la fosse, soit à pied, soit à bicyclette, soit encore dans de petites charrettes, traînées par un ou deux chiens.

Bref, la série est complète, depuis l'émigration journalière, et à courtes distances, jusqu'à l'émigration définitive dans une autre commune, une autre province ou un autre pays.

Rien ne serait plus facile que de trouver, presque partout, des séries analogues, et, naturellement, plus les communications sont aisées, plus nombreuses sont les variétés de l'exode, plus vaste est l'aire de dispersion des émigrants.

Néanmoins, en règle générale — si l'on fait abstraction des minorités que pousse leur esprit d'aventures — on peut observer que les gens se détachent et s'éloignent, le moins possible, de leur domicile primitif : ils se décident plus facilement à l'émigration saisonnière ou quotidienne qu'à l'émigration permanente et, dans la plupart des cas, ils préfèrent les déplacements à courtes distances aux déplacements vers des localités ou des pays lointains.

Ce serait une erreur de croire, par exemple, que la population des principales villes s'accroît, *directement*, par l'émigration d'un très grand nombre de campagnards, provenant des districts ruraux les plus pauvres et les plus éloignés.

Dans la consciencieuse monographie que le Dr Hans Allendorf consacre au mouvement de la population, à Halles a. S. [1], il établit, au contraire, que sur 23.114 per-

1. Allendorf. *Der Zuzug in die Städte*. ein Beitrag zûr Statistik der Binnenwanderungen, mit besonderer Berücksichtigûng der Zuzugsverhaltnisse der Stadt Halle a. S. im Jahre 1899, p. 25, Iena, 1901.

sonnes, venant de l'intérieur du pays et qui s'étaient fixées dans cette ville, en 1899, 15.922 (68,8 p. 100) avaient leur domicile antérieur dans des localités urbaines (+ 2.000 habitants) et le surplus seulement, dans des localités rurales (— 2.000 habitants).

De même, H. Llewellyn Smith a montré jadis, que l'émigration des provinciaux vers Londres est, en général, d'autant moins importante que leurs provinces sont plus éloignées de la capitale.

Voici les résultats qu'il obtient, en comparant le quantum de l'émigration, dans les six zones concentriques suivantes :

Zônes.	Distance moyenne de Londres, en milles	Proportion pour 1000 de la population de chaque zone vivant à Londres en 1881.	Densité de la population par 1000 acres.
—	—	—	—
1	23.8	106.0	800
2	52.5	121.4	488
3	90.9	61.2	540
4	126.0	32.0	516
5	175.7	16.2	800
6	236.9	24.9	406

A l'aide de ces chiffres, on peut se faire une idée assez nette de la marche suivie, dans la majorité des cas, par l'émigration vers les villes.

Ce sont, en majeure partie, des habitants de localités voisines qui vont s'y établir : mais d'autres émigrants viennent combler les vides causés par leur départ, et c'est ainsi que, de proche en proche, le mouvement finit par s'étendre à la population des campagnes les plus reculées.

Il va sans dire, naturellement, que beaucoup de travailleurs ruraux brûlent ces étapes et partent directement pour la ville, mais, si nombreuses que soient les exceptions, la règle n'en subsiste pas moins et, ce qui est vrai de l'émigration définitive, se vérifie bien plus encore pour les migrations quotidiennes, que la force des choses contient dans certaines limites.

A la Hulpe, par exemple — où nous habitons — la plus grande partie de la population mâle s'en va tous les jours à Bruxelles, dédaignant de travailler à la papeterie du village, ou dans les parcs et les fermes des châteaux. Mais, pour combler le déficit de la main-d'œuvre locale, on a les ouvriers flamands d'Overyssche et d'autres communes plus éloignées du chemin de fer, qui viennent effectuer les besognes et gagner les salaires dont leurs camarades wallons ne veulent pas.

Un autre exemple, plus frappant encore, de ces migrations successives, nous a été signalé dans le Condroz.

Une centaine d'ouvriers carriers de la vallée du Hoyoux, habitant les Avins, Modave, Vierset, Marchin, Vyle Tharoul et Sohier Tinlot, vont travailler, pendant toute la semaine, à 30 ou 40 kilomètres de leur domicile, dans les carrières de petit granit de Ouffet, Anthisnes, Comblain-au-Pont et même Sprimont, où ils font des travaux de sculpture et de moulure, plus difficiles et mieux rémunérés que ceux qui s'exécutent dans leur village.

Ces ouvriers sont remplacés, sur les chantiers de leurs communes, par des carriers de Hamois, Emptinne, Achet, Jeneffe, Miécret, Havelange, ou bien par des Hesbignons de Moha et d'autres villages de la Meuse, qui viennent chercher en Condroz de meilleurs salaires et des règlements moins draconiens que chez eux. On compte environ 200 ouvriers de cette catégorie, qui font des travaux plus simples que ceux de la catégorie précédente.

Enfin, ceux qui descendent ainsi du Haut-Condroz, sont remplacés à leur tour par des ouvriers de la région où l'on travaille le calcaire — Rochefort, Jemelle, Forrières — où les salaires sont au minimum.

Donc, depuis les plateaux de l'Ardenne jusqu'au bassin

de Liège, les éléments les plus énergiques et les plus habiles de l'armée ouvrière sont en marche, pour conquérir plus de bien-être, pour utiliser, plus fructueusement, leur capacité professionnelle; et, ces migrations locales, intéressant quelques centaines de travailleurs, sont l'image réduite mais fidèle de l'immense mouvement d'ascension qui, d'étape en étape, achemine le prolétariat rural vers les grands centres d'industrie et de population.

CHAPITRE IV

LES CONSÉQUENCES DE L'EXODE RURAL

> « Sans vous tous, les gens des villes, nos moissons fleuriraient, nos granges déborderaient de blés ! Sans vous, nous serions restés forts, sains et tranquilles ; sans vous, nos filles ne seraient point des prostituées, ni nos fils des soldats. Vous nous avez salis de vos idées et de vos vices et c'est vous encore qui déchaînez la guerre. »
>
> VERHAEREN (*Les Aubes*).

Pour apprécier, avec exactitude, les conséquences de l'exode rural, il importe de ne point confondre deux choses essentiellement différentes : la *population agricole* et la *population des campagnes*.

Dans la plupart des pays, en effet, — malgré l'énorme prélèvement opéré par les villes — la population des campagnes ne diminue pas, et même, dans beaucoup de régions, continue à s'accroître, soit parce que des industries s'y établissent, soit parce qu'une fraction, plus ou moins nombreuse, des habitants, recourt à l'émigration quotidienne ou saisonnière, pour se procurer des moyens d'existence.

Mais il en est tout autrement de la population agricole, c'est-à-dire de la population occupée habituellement aux travaux des champs.

Sous la triple influence des migrations quotidiennes, permanentes ou périodiques — dans la mesure où ces dernières ne sont pas des migrations internes d'ouvriers agricoles — on peut constater que, dans tous les pays industriels de l'Europe occidentale, la population agricole est en décroissance, non seulement relative, mais absolue.

D'après le *Report on agricultural labourer* (1891), la population agricole de l'Angleterre, qui était encore de 2.084.000 personnes, en 1851, tombait à 1.311.000 en 1891, soit une réduction de 37,2 0/0 dans l'espace de quarante ans.

En Allemagne, la comparaison des recensements de 1882 et de 1895, donne à ce point de vue les résultats suivants :

	1882	1895
	—	—
Cultivateurs.	8.597.799	9.119.128
Employés de ferme. . .	194.676	238.473
Ouvriers agricoles . . .	10.008.067	8.769.009
	18.800.542	18.126.610

Soit, pour l'ensemble de la population agricole (y compris, bien entendu, les membres de la famille des ouvriers et cultivateurs), une perte de 673.932 personnes, ou 3,6 p. 100.

En France, on constate également, avec une diminution de la superficie des terres labourables, une réduction sensible du nombre des agriculteurs.

C'est ce qui résulte du tableau suivant :

	Habitants agricoles.	Habitants non agricoles.	Pourcentage de la population totale.
	—	—	—
1876	18.968.605	17.937.183	51.4
1881	18.279.209	19.422.839	48.4
1886	17.698.432	20.520.471	46.6
1891	17.435.888	20.907.307	45.5

La même tendance se manifeste dans les pays voisins.

Seule, et contre toute attente, la Belgique ferait exception, s'il fallait en croire les statistiques publiées par le Département de l'agriculture.

En effet, à prendre les recensements, la population agricole (comprenant les membres de la famille occupés habituellement aux travaux agricoles, les domestiques à gages et ouvriers journaliers permanents, les employés de ferme), qui était de 1.083.601, à l'époque du recensement de 1846, se serait élevée à 1.199.319 en 1880, et, quinze ans après, en 1895, elle aurait atteint 1.204.810; soit, pour cette dernière période, une augmentation, très légère d'ailleurs, de cinq mille unités environ.

Mais, pour qui connaît la situation réelle de l'agriculture belge, il n'est point douteux que cette prétendue augmentation n'existe que sur le papier.

C'est, du reste, ce qui résulte des documents officiels eux-mêmes.

Tout d'abord, on peut lire, dans la partie analytique du recensement de 1895 « que l'accroissement constaté pour les provinces de Liège et de Namur (+ 17.263) est vraisemblablement dû à ce que la population ouvrière, qui cultive des lopins de terre pour son propre compte dans plusieurs parties de ces provinces, a été considérée comme population agricole[1].

D'autre part, le recensement ayant eu lieu le 31 décembre, c'est-à-dire à l'époque où les Flamands qui travaillent à l'étranger étaient chez eux, il faut défalquer du chiffre total de la population agricole le nombre, toujours croissant, des ouvriers nomades qui passent, chaque année, la frontière[2].

1. *Introduction au recensement général de 1895*, publié par le ministère de l'Agriculture et des Travaux publics, p. 438. Bruxelles, 1900.

2. *Ibid*, Note à la page 425 : « Les chiffres de ce tableau comprennent la partie de la population ouvrière rurale des Flandres, du Limbourg et du nord du Brabant qui, chaque année, soit dans le pays, soit à l'étranger va effectuer les travaux d'entretien des cultures industrielles et les travaux de la récolte. Le recensement ayant eu lieu au 31 décembre, ces ouvriers ont été recensés dans la commune de leur domicile. On ne peut donc pas mesurer exactement, d'après les chiffres de ce tableau, le travail manuel appliqué aux terres, dans une région donnée ».

En réalité donc, bien loin d'augmenter, la population agricole a sensiblement décru, de 1880 à 1895. D'après les chiffres du recensement, elle ne représentait plus à cette date que 19 p. 100 de la population totale ; remarquons cependant que cette proportion est inférieure à la proportion réelle, parce que la statistique agricole ne tient pas compte des enfants âgés de moins de douze ans [1].

Il n'en reste pas moins vrai que la Belgique, malgré le développement déjà énorme de son industrie, continue à s'industrialiser, aux dépens de l'agriculture, et, comme dans les autres pays, cette industrialisation enlève surtout au travail des champs « les personnes des deux sexes qui louent leur travail à autrui d'une manière permanente ».

Pour l'ensemble du royaume, dans l'intervalle des deux derniers recensements, les réductions de la main d'œuvre agricole ont atteint le taux de 8,2 p. 100 pour les hommes et de 22 p. 100 pour les femmes.

« Sauf dans le Luxembourg — dit l'introduction au recensement de 1895 — un grand nombre d'ouvriers des deux sexes ont abandonné les travaux agricoles salariés, ou ne s'y adonnent plus d'une façon permanente. Le développement des industries saisonnières et l'extension prise par toutes les industries extractives ont contribué, pour une large mesure, à amener cet état de choses. »

Les données qui précèdent concordent, d'ailleurs, avec les renseignements fournis par les statistiques de la population, qui démontrent que le nombre des Belges

1. Au 31 décembre 1890, le nombre des Belges âgés de 12 ans et plus était de 4.864.511.

En supposant que la population agricole eût été la même en 1890 qu'en 1895 — et les modifications qu'elle a subies pendant cette période quinquennale ne peuvent avoir été considérables — elle eût représenté, à cette époque, 24,7 p. 100 de la population totale âgée de 12 ans et plus.

On peut donc admettre, qu'actuellement, elle représente moins du quart de la population totale.

résidant dans leur commune de naissance va sans cesse en s'affaiblissant; *il y a une émigration constante des centres agricoles vers les centres industriels, et elle porte principalement, comme la statistique agricole le démontre, sur la population ouvrière.*

« Le personnel féminin s'est surtout réduit; l'emploi des machines dans les travaux d'intérieur de ferme et dans les travaux de la culture a eu pour résultat de restreindre le nombre de gagistes et de journalières, parce que le soin de diriger ces machines est souvent confié aux hommes; d'autre part, l'attraction des villes et des industries est surtout puissante vis-à-vis des femmes; enfin, les conditions modernes d'existence permettent, de plus en plus, à la femme de l'ouvrier, de se consacrer exclusivement aux soins du ménage [1]. »

Depuis le recensement de 1895, la décroissance de la population agricole, et, spécialement, de la population ouvrière agricole, s'est encore accentuée.

Les monographies régionales, publiées par les agronomes de l'État, et dont nous avons déjà cité de nombreux extraits, nous apportent, à cet égard, des témoignages concordants.

Seule, la Campine fait exception : « Le recrutement des domestiques n'offre guère de difficultés, sauf à proximité des localités industrielles » [2]. — En Ardenne, le nombre des domestiques ne varie guère, mais celui des ouvriers à la journée va toujours diminuant [3]. — Dans la région jurassique (Luxembourg méridional) « les journaliers deviennent de plus en plus rares; ils s'en vont vers les établissements industriels, qui, plus

1. *Recensement général de 1895*. Partie analytique, p. 439. Bruxelles, 1900.

2. Ministère de l'Agriculture. Service des agronomes de l'État. *Monographie agricole de la Campine*, p. 35. Bruxelles, 1900.

3. Monographie agricole de l'Ardenne, p. 37.

prospères que l'agriculture, peuvent mieux rémunérer les travailleurs[1] ». — Dans le Condroz « le recrutement des domestiques à gages devient de plus en plus difficile, particulièrement en ce qui concerne les servantes. Les filles de nos campagnes préfèrent prendre du service dans les nombreux châteaux de la région, ou bien dans les villes, non pas que les salaires y soient plus élevés, mais parce que la besogne est moins dure et plus agréable[2] ». — Quant à la région limoneuse « le recrutement du personnel se faisait, généralement, avec assez de facilité, surtout dans le Brabant et le Limbourg ; presque partout on trouvait dans la localité même, ou dans les localités voisines, un nombre suffisant de journaliers. Il n'en est malheureusement plus ainsi ; dans ces derniers temps un grand changement s'est produit. Les jeunes gens profitent des facilités de transport qui leur sont accordées, et délaissent les travaux des champs pour se rendre dans les centres industriels. Il s'ensuit que les cultivateurs commencent à rencontrer presque partout de grandes difficultés pour se faire servir[3] ». — Enfin, dans les Flandres, « le nombre des domestiques à gages tend à diminuer, parce que, d'une part, les cultivateurs cherchent à réduire le travail à la ferme, par la création de prairies, l'affiliation aux laiteries coopératives, ou le travail du lait à la ferme, par moteurs actionnés par des chiens, et, d'autre part, parce que l'ouvrier cherche, de plus en plus, à conserver sa liberté le dimanche et les jours fériés. Le nombre des salariés travaillant à la tâche, ou à la journée, ne s'accroît guère non plus, parce que les fabriques, les usines et les villes attirent une grande partie de l'élément

1. *Monographie agricole de la région jurasisque*, p. 27.

2. *Monographie agricole du Condroz*, p. 30.

3. *Monographie agricole de la region limoneuse et sablo-limoneuse*, p. 79. Voy. également p. 80, 84, 86 et 87.

ouvrier et que l'émigration vers la France, assez importante en été, ne cesse de s'accroître[1] ».

Bref, nous arrivons à cette conclusion que, sous l'influence des mêmes causes, la désertion de l'agriculture se produit dans les régions les plus dissemblables.

On se plaint du déficit de la main-d'œuvre aussi bien dans les grandes et moyennes fermes du Condroz ou de la Hesbaye que dans les métairies des provinces flamandes.

Quelle que soit la répartition de la propriété foncière, le mode de faire valoir, les dispositions du contrat de travail, l'organisation fiscale et politique, la densité de la population totale, le nombre des agriculteurs tend à décroître dans tous les pays où les agglomérations industrielles et urbaines dépassent un certain degré de développement.

Il est vrai que les progrès du machinisme, de la technique agricole, de la spécialisation des cultures, neutralisent, au moins en partie, les conséquences de cette diminution numérique.

Mais, ne fût-ce que par les déplacements de population qu'il entraîne, l'exode rural, sous ses formes diverses, doit nécessairement avoir une influence considérable sur la condition des travailleurs, le degré d'exploitation de leur force de travail, la division des propriétés ou des cultures et, d'une manière plus générale, sur le développement physique, moral et intellectuel des nations.

Les uns considèrent, somme toute, cette influence comme bienfaisante.

D'autres, au contraire, la tiennent pour absolument néfaste et préconisent les moyens les plus énergiques, afin d'enrayer l'émigration vers les villes.

Nous allons exposer le pour et le contre, en nous pla-

1. *Monographie de la région des Flandres*, p. 40.

çant successivement au point de vue des ouvriers, des fermiers, et de la collectivité, prise dans son ensemble.

§ 1. — Le point de vue des ouvriers

Lorsque les travailleurs désertent la campagne, ou tout au moins l'agriculture, pour s'embaucher dans les centres industriels ou urbains, ils le font, évidemment, avec l'espoir d'améliorer leur situation, et, spécialement, de gagner des salaires plus forts.

Seulement, cette espérance est-elle fondée? Est-il exact que les salaires, pour la même force de travail, soient plus élevés dans les villes que dans les campagnes? Ne s'agit-il point de différences purement nominales, compensées par de plus grandes fatigues et par le coût supérieur de l'existence dans les grandes agglomérations?

D'aucuns l'affirment et soutiennent que l'émigration vers les villes est le résultat d'un faux calcul, d'une ignorance complète des multiples inconvénients de la vie urbaine, d'une déplorable méconnaissance des avantages de la vie rurale et du travail agricole.

O fortunatos nimium, sua si bona norint,
Agricolas!...

Mais la généralité, la continuité, les progrès croissants de l'exode suffisent à réfuter pareilles affirmations.

Certes, parmi ceux qui émigrent définitivement, il en est qui se trompent, qui échouent dans leurs entreprises, qui ne parviennent pas à s'adapter à leur milieu nouveau et finissent par renforcer le *Lumpen proletariat* des capitales; mais, étant donné que des centaines de milliers d'hommes participent à l'exode rural, que cet exode grandit, d'année en année, qu'il se produit partout où le mode de production capitaliste s'empare de l'agriculture, il paraît évident que, somme toute, les avantages de l'émigration dépassent, dans l'appréciation des campagnards, les inconvénients qu'elle peut entraîner.

Et, à plus forte raison, la chose n'est pas douteuse, pour les migrations quotidiennes ou saisonnières, que les intéressés peuvent interrompre, du jour au lendemain, ou d'une année à l'autre, s'ils ne trouvent plus avantage à y participer.

On peut donc affirmer, *a priori*, que, — toutes autres conditions égales d'ailleurs — les salaires *réels* payés dans l'industrie sont plus élevés que les salaires *réels* payés en agriculture.

Seulement, pour se faire une idée exacte de la différence qui existe entre les salaires industriels et agricoles, il faut tenir compte, non pas des salaires quotidiens, mais des salaires annuels.

Il y a des périodes, certes — la moisson et la récolte des betteraves, par exemple — où les journaliers employés dans les fermes gagnent autant, parfois plus, que leurs camarades occupés dans les charbonnages ou dans les usines ; mais, la plaie de l'ouvrier agricole, et l'on peut dire la même chose des ouvriers de toutes les industries saisonnières, c'est bien moins la faiblesse des gages que l'irrégularité de l'emploi.

« Dans la culture — dit la monographie du Condroz[1] — il n'est pas possible d'occuper tous les ouvriers d'une façon permanente. L'ouvrier trouve bien encore, en hiver, un peu de besogne dans les forêts, mais, sur bien des points, le déboisement a été poussé trop loin et cette source de travail a beaucoup perdu de son importance. Si le salaire industriel est souvent supérieur, les déplacements présentent aussi des inconvénients : prix des voyages, occasions de dépenses, accidents plus fréquents, etc. De

1. P. 38.

plus, si l'on tient compte des nombreux appoints en nature accordés aux travailleurs agricoles, on peut dire que les salaires à la journée et les gages ne sont guère moins élevés en agriculture que dans l'industrie. *La raison dominante de l'exode réside donc dans l'intermittence des occupations agricoles, contre laquelle les hauts salaires eux-mêmes ne prévaudront pas facilement* ».

Quelle que soit, en effet, l'élévation des salaires payés pendant la bonne saison, ils ne suffisent pas — lorsque l'ouvrier agricole n'a pas d'autres moyens d'existence — à compenser l'insuffisance de ses ressources, pendant la mauvaise saison.

C'est ainsi que, dans les campagnes les moins peuplées, dans les régions où les fermiers se plaignent le plus, en été, de n'avoir pas de main-d'œuvre en quantité suffisante, il y a surabondance de bras, surpopulation relative, pendant les mois d'hiver et, nous l'avons vu, c'est principalement cette surpopulation relative, cette impossibilité dans laquelle se trouvent les ouvriers de se procurer sur place des moyens d'existence qui les obligent à émigrer, définitivement ou temporairement.

Ces migrations constituent donc, en général, pour ceux qui partent, une nécessité ou, tout au moins, un avantage, si durement payé qu'il puisse être par les conditions de leur nouvelle existence.

Mais, en outre, il est facile de vérifier qu'elles sont avantageuses, également, pour ceux qui restent.

Car, nécessairement, le drainage opéré par l'industrie, ou par la culture des pays voisins, diminue l'offre de travail dans les campagnes, et, pour obtenir la main-d'œuvre dont ils ont besoin, pour empêcher que l'exode, sous ses formes diverses, ne prenne des proportions plus considérables encore, les fermiers se trouvent, bon gré mal gré, dans l'obligation de relever les salaires, soit directement — si leur propre situation n'y oppose pas d'invincibles obstacles — soit indirectement, en accordant à leur personnel certains avantages : prestations en nature, labour gratuit de parcelles ouvrières, location à prix réduit de quelques verges de terre ou d'une maisonnette.

C'est par exemple, ce que constate, pour la région de Flandre, Em. Tibbaut, dans la *Revue générale agronomique*[1].

« L'agriculteur important aide les ouvriers et les voisins ; il leur prête tous ses outils, sa charrue, sa herse, sa brouette et sa charette ; il laboure lui-même la terre, il transporte le charbon, les pommes de terre, le bétail d'abattoir. Partout où il le peut, il oblige ses voisins dont il escompte l'aide... Ce que l'agriculteur a surtout en vue, en faisant les prestations ou en prêtant son matériel, c'est de s'attacher ses voisins et ouvriers pour les obliger à lui venir en aide dans les moments de presse.

« C'est pour les mêmes motifs qu'il tâche de prendre en location les maisonnettes du voisinage ; il trouve dans la sous-location un moyen de coaction encore plus efficace.

« Les propriétaires de manèges n'ont pas d'autres préoccupations lorsqu'ils battent le blé de leurs voisins ».

Il va sans dire que plusieurs de ces coutumes existaient antérieurement à la disette actuelle des forces de travail, mais, depuis que les fermiers sont obligés de prendre des mesures pour conserver leur personnel, nous les voyons se développer et se multiplier.

La même tendance, tenant à des causes générales, se retrouve dans les régions les plus diverses et les plus éloignées les unes des autres : les provinces orientales de la Prusse et les départements du Midi de la France, par exemple.

1. Tibbaut. *Le fisc et l'outillage agricole,* Revue générale agronomique, mai, 1901 p. 199, et 200.

Le *Journal de l'agriculture*, du 5 mai 1900, rapportait, dans cet ordre d'idées, les faits suivants :

« Dans le sud du département de l'Aude — région assez accidentée et médiocrement riche, — par suite de la difficulté de se procurer de la main d'œuvre, en présence de l'émigration vers les pays bas de l'Aude et de l'Hérault, où l'appellent les salaires élevés, distribués par la viticulture, on a été amené à adopter certains modes de règlement des travaux qui ont paru intéressants à relever. Dans le but de retenir le cultivateur du sol, on l'intéresse à l'exploitation par une sorte de participation. Dans la région de Belpech, en particulier, le personnel gagiste se compose de domestiques de ferme, improprement appelés *métayers*, qui ont beaucoup plus d'analogie avec l'institution des maîtres-valets, qu'avec le colonage partiaire... Dans le paiement des métayers, on trouve toujours des gages fixes, représentés par le blé, le maïs et la terre donnée au maître-valet et sur laquelle il cultive des haricots, des pommes de terre, etc., et, ensuite, les gages variables avec les bénéfices réalisés sur l'exploitation. Dans tous les cas, on remarque que les cultivateurs dans les environs de Belpech, ont une tendance à l'*urbomanie*, car plus une ferme est éloignée du village, plus on est obligé d'augmenter les gages des maîtres-valets. »

Ainsi, pour retenir les travailleurs dans leur exploitation, les fermiers de l'Aude ajoutent aux formes anciennes de la rémunération, des formes nouvelles, et plus perfectionnées, du salariat.

Ailleurs, au contraire, on s'efforce d'arriver au même résultat, en faisant revivre des usages qui avaient disparu ou qui n'existaient plus qu'exceptionnellement et à l'état de survivances.

C'est notamment ce que l'on constate dans les parties de l'Allemagne ou la *Sachsengängerei* correspond à l'exode des *Fransmannen* de nos Flandres.

Il y a quelques années déjà, Zakrzewski décrivait, comme suit, les conséquences indirectes de l'émigration dans les provinces situées à l'est de l'Elbe :

« Les salaires ont augmenté, en Prusse orientale, dans des proportions très considérables ; le respect dû au travailleur correspond aux idées de notre temps ; son entretien est devenu meilleur, par retour aux anciennes habitudes. Ces habitudes revivent également sur d'autres points et la classe des propriétaires essaie de retrouver la confiance de celle qui n'a rien. Non seulement le paysan-propriétaire, mais aussi le grand seigneur domanial admet de nouveau la vache de l'ouvrier ou du cultivateur parcellaire sur le pâturage seigneurial ; il fait cultiver les parcelles du petit propriétaire, de l'artisan et du cabaretier, au printemps et à l'automne, par son propre matériel d'exploitation ; en revanche, ces derniers s'obligent à travailler personnellement pour le seigneur, autant de jours pendant la moisson, ou à se faire remplacer par des mercenaires loués [1]. »

A peine est-il besoin d'ajouter que ces tentatives de retour au prétendu bon vieux temps, de reconstitution d'une sorte de féodalité libre, attachant les travailleurs à la glèbe par des bienfaits qui profitent surtout aux bienfaiteurs, ne sont que médiocrement efficaces et se heurtent, de plus en plus, à l'esprit d'indépendance qui pénètre dans les campagnes, grâce à la multiplication des contacts avec les villes. Malgré les avantages matériels que lui procurent les libéralités de son maître, l'ouvrier agricole — à qui ses camarades travaillant dans l'industrie, ou revenant de l'étranger, se chargent d'ailleurs d'ouvrir les yeux — comprend à merveille qu'il aliène, en échange, une notable partie de sa liberté. Aussi, profite-t-il surtout de la position favo-

1. Zakrzewsky. *Zur laendlichen Arbeiterfrage im Osten Deutschland's.* Schmoller's Jahrbuch, 1890, p. 891.

rable que lui donne la pénurie de main-d'œuvre, pour réclamer des augmentations en argent.

Mais, dans l'état actuel de l'agriculture, les augmentations de salaire sont fatalement contenues dans des limites fort étroites, par la faible marge des profits du fermier, pressuré lui-même par son propriétaire.

Par conséquent, la rémunération des travailleurs agricoles reste, généralement, inférieure à celle des travailleurs de l'industrie et, malgré tous les expédients mis en œuvre, la partie la plus énergique et la plus active de la population rurale continue à déserter les fermes pour les usines, les charbonnages, ou les chantiers de travaux publics.

§ 2. — Le point de vue des fermiers

Le problème de l'exode rural met en pleine lumière l'antagonisme d'intérêts qui existe dans les campagnes, plus confusément, mais aussi réellement qu'ailleurs, entre les ouvriers et les maîtres.

Il ne paraît pas douteux, en effet, — nous croyons l'avoir suffisamment établi — qu'en règle générale, et en nous plaçant, pour le moment, au seul point de vue du taux des salaires, les ouvriers agricoles ont avantage, soit à émigrer vers les villes, soit à chercher du travail dans l'industrie.

Mais, d'autre part, il est incontestable que les fermiers et les propriétaires, n'ayant plus à leur disposition les « bras » qui s'offraient jadis à si bon compte, en éprouvent un préjudice qui va toujours grandissant.

Malgré l'emploi des machines et le recours aux travailleurs nomades, la main-d'œuvre reste insuffisante, non seulement en quantité, mais encore, et surtout, en qualité.

Ce sont les meilleurs ouvriers qui partent, ou, suivant

une expression que nous avons recueillie dans l'Entre-Sambre-et-Meuse, qui *s'émancipent*, en allant travailler dans l'industrie.

Et, dans la plupart des cas, ceux qui restent manifestent une répugnance croissante pour le travail des champs.

Au Congrès agricole de Namur, en 1901, l'un des rapporteurs décrivait, en ces termes, la situation dans les Flandres.

« La main d'œuvre devient rare ; on peut estimer, en moyenne, le manque de bras à 25,40 p. 100 ; mais, ce qui est plus fatal encore, c'est que le personnel qui reste attaché dans nos champs, en dépit de la forte augmentation des salaires, ne travaille plus par plaisir, par dévouement ; il travaille pour gagner plus facilement sa journée[1]. »

Pour apprécier toute la saveur de ces doléances, il convient de se rappeler que, d'après le recensement de 1895, le salaire moyen des ouvriers agricoles, dans la Flandre Orientale était de 84 centimes par jour, avec nourriture, et de 1 fr. 63, sans nourriture ; dans la Flandre Occidentale, il s'élevait, respectivement, à 94 centimes et 1 fr. 68. Quant aux femmes, elles gagnaient 0,53 et 0,61, avec nourriture, 1,08 et 1,04, sans nourriture.

Comment qualifier la conduite de travailleurs qui, dans pareilles conditions, se refusent à travailler avec plaisir et avec dévouement !

Reconnaissons, au surplus, que s'ils étaient mieux payés, comme ils le sont dans les provinces où le faire-valoir direct diminue, leur enthousiasme pour l'agriculture n'en serait nullement accru.

1. Leclercq, *Moyens de maintenir l'ouvrier à la campagne*. Congrès agricole de Namur, 1901, 3e fascicule p. 682 et suiv. Cf. Monographie agricole de la région sablonneuse des Flandres, p. 37, Bruxelles, 1900.

Voici, par exemple, ce que nous disait, à cet égard, il y a quelque deux ans, l'un des gros fermiers du Condroz qui a la réputation de bien traiter son personnel :

« Mes domestiques ont 35 à 40 francs par mois, le logement et la nourriture, très supérieure à celle que l'on donne dans les fermes de la Hesbaye; de plus, ils ont l'avantage d'être employés d'une manière permanente, sans crainte de chômage, et, cependant, ils préfèrent leur liberté ; ils aiment mieux le travail plus dur, mais plus régulier des carrières, que les travaux de la ferme, constamment sous l'œil du maître. Aussi les valets de ferme ne se recrutent guère que parmi les ouvriers les moins intelligents ; ils n'aiment guère leur métier, ne font plus rien quand on a le dos tourné, brutalisent les chevaux.

Quand on bat à la machine, dès le coup de sifflet qui annonce la fin du travail, tout le monde s'arrête net. J'ai vu des gens, au château, lorsque sonnait la cloche, qui avaient déjà le trident levé, pour mettre du foin sur une charrette et qui déposaient tranquillement leur charge, jusqu'au lendemain, plutôt que d'achever le mouvement commencé !

— Nous n'avons pas envie de nous crever pour vous, répond-on invariablement, à toutes les observations ».

Naturellement, pour que les maîtres supportent pareilles attitudes, il faut que la disette de main-d'œuvre les mette absolument à la merci de leur personnel.

Aussi n'est-il pas étonnant que, pour avoir à leur disposition des forces de travail plus dociles, en même temps que pour suppléer à l'insuffisance quantitative des ouvriers, les fermiers se décident, de plus en plus, à recourir au machinisme.

S'il reste vrai qu'à l'origine, et tout au moins dans certaines régions, l'introduction des machines à battre a été l'une des causes de l'exode rural, il n'est point douteux qu'actuellement, les progrès du machinisme agricole en sont, presque toujours, l'une des plus apparentes conséquences.

« Les machines agricoles — dit la monographie du Condroz[1], — faucheuses, moissonneuses, moissonneuses-lieuses et batteuses mécaniques, se sont beaucoup répandues dans ces dernières années. On ne peut pas dire que les machines ont privé la classe ouvrière de son travail et de sa subsistance; c'est plutôt la rareté de la main-d'œuvre qui a obligé le cultivateur à recourir aux machines. L'utilisation des machines réduit, dans une forte mesure, le nombre des journées d'ouvriers. »

Mêmes constatations dans la monographie de la région limoneuse :

« Les perfectionnements apportés dans l'outillage agricole permettent de suppléer, au moins en partie, à l'insuffisance du travail de l'homme.

Les semoirs, les houes à cheval, les faucheuses, les moissonneuses, les moissonneuses-lieuses, les machines à arracher les pommes de terre et les betteraves, les batteuses mécaniques font les travaux qui, sans cela, ne pourraient être exécutés d'une façon convenable ou en temps voulu ».

Néanmoins, en dépit de ces multiples succédanés de la main-d'œuvre, le manque de bras, ce mal chronique de l'agriculture actuelle, continue à se faire sentir et contribue puissamment à modifier les conditions anciennes de l'économie rurale.

Dans certaines régions — sous la double influence de la crise agraire et de l'exode des travailleurs — la culture et la propriété se concentrent, parce que les reboisements et les pâturages remplacent beaucoup de petites exploitations.

C'est, notamment, ce qui paraît s'être produit en

1. P. 37.

Belgique, dans l'intervalle des recensements de 1880 et de 1895, dont l'Annuaire de statistique, publié par le Ministère de l'Intérieur, commente en ces termes les données comparatives :

« Le nombre des exploitations agricoles était, en 1866, de 744.007; il s'était élevé en 1880 à 910.396; il est retombé en 1895 à 829.625. Il y a donc une diminution, depuis 1880, de 80.771, soit 9 p. cent[1].

« Cette diminution est surtout considérable dans la Flandre orientale (25.647), le Brabant (24.442) et le Hainaut (18.269).

« Voici comment se répartit cette diminution entre les exploitations, d'après leur étendüe :

	1880	1895	En plus.	En moins.
De 50 ares et au dessous. .	472.471	458.120	—	14.351
51 — à 1 hectare. . .	121.905	85.921	—	35.984
1 hectare à 2 hectares.	116.187	90.312	—	25.875
2 — à 3 —	56.140	50.576	—	5.564
3 — à 4 —	32.323	30.723	—	1.600
4 — à 5 —	21.408	20.213	—	1.195
5 — à 10 —	48.390	49.065	675	—
10 — à 20 —	25.983	28.151	2.168	—
20 — à 30 —	7.749	8.163	414	—
30 — à 40 —	3.023	3.187	164	—
40 — à 50 —	1.414	1.601	187	—
50 — et au-dessus.	3.403	3.584	181	—

« Ce sont donc exclusivement, les exploitations de moins de 5 hectares, et notamment celles de moins de 2 hectares dont le nombre a diminué (84.569). Au contraire, les exploitations au delà de 10 hectares ont augmenté de 3.789. *La concentration de la propriété foncière*,

1. Il convient de noter que ces chiffres ne peuvent être acceptés que sous toutes réserves. Pour apprécier la diminution, depuis 1880, il y a lieu de tenir compte de ce que « le nombre des exploitations agricoles relevées en 1880 est notablement exagéré par le fait qu'on a considéré à cette époque, commme exploitations agricoles distinctes, les étendues consignées dans les bulletins supplémentaires ». Déclaration du ministre de l'Agriculture à la Chambre (séance du 25 mai 1899).

qui correspond au développement de la grande culture et de l'élevage, s'accuse ici d'une façon très nette. Il s'est produit, depuis 1880, un mouvement en sens inverse de celui qui avait été constaté de 1866 à 1880, où le nombre des petites exploitations s'était considérablement accru, tandis que celui des grandes exploitations avait beaucoup diminué. Actuellement, *c'est la petite propriété rurale qui s'efface devant la grande culture*[1] ».

Il y aurait bien des choses à reprendre dans ce commentaire officiel, qui, basé sur des chiffres suspects, confond, assez grossièrement, l'étendue des *exploitations* avec l'étendue des *propriétés*. Mais nous nous bornerons à faire observer que les exploitations au-dessus de 10 hectares ne représentent pas seulement la grande culture, mais encore, et surtout, la moyenne culture, dont les circonstances actuelles favorisent incontestablement l'extension.

Dans nombre de cas, en effet, l'exode des travailleurs agricoles rend très difficile l'exploitation des grandes fermes et donne un avantage considérable aux tenures qui peuvent se passer, ou à peu près, de main-d'œuvre salariée.

« Les exploitations ont une tendance à mesurer leur étendue sur la capacité de travail de la seule famille; elles se constituent, de plus en plus, de façon à pouvoir se passer des ouvriers, qui deviennent plus rares et plus difficiles[2]. »

1. *Annuaire statistique de la Belgique*; t. XXXI, p. XLI. Bruxelles, 1901. Sur l'interprétation des données fournies par les recensements de 1880 et 1895, voy. E. Vandervelde. *La propriété foncière en Belgique*, p. 272 et suiv.

2. Tibbaut. *Le fisc et l'outillage agricole.* Revue générale agronomique, mai 1901, p. 190. Cf. Kautsky, *Die Agrarfrage*, p. 229, « Parmi les exploitations qui servent à la production de marchandises et ne produisent pas exclusivement ou presque exclusivement pour le ménage, celles qui sont le moins atteintes par la désertion des campagnes sont celles qui occupent le moins de salariés et, au besoin, se contentent des bras que fournit la famille, mais qui cependant sont assez grandes pour retenir à la glèbe

Néanmoins, cette raréfaction et ce renchérissement de la main-d'œuvre rurale n'ont pas toujours pour conséquence le développement de ce que l'on considère, dans une région donnée, comme la moyenne culture. C'est même le résultat contraire qui peut se produire dans les districts où les exploitations moyennes sont assez étendues pour ne pas pouvoir se passer de travailleurs salariés.

Voici, par exemple, ce que disait, à cet égard, *l'Ingénieur agricole de Gembloux*, du 1er janvier 1899, relatant une excursion dans le Pas-de-Calais :

« Le prix de la main-d'œuvre augmente tellement les frais de culture que beaucoup de terres restent en friche et il en est qui, louées il y a peu d'années encore 40 francs, ne trouvent plus actuellement preneurs pour 25. Par suite de ces conditions, la moyenne culture disparaît. En effet, c'est surtout elle qui est sous la dépendance de la main-d'œuvre; ses capitaux et la faible étendue de ses opérations ne lui permettent pas l'achat de machines. Cependant, elle ne peut pas tout faire par elle-même[1]. »

On voit que, dans des milieux différents, la même cause peut produire les résultats les plus opposés.

Tantôt l'exode rural a pour effet de développer le machinisme, d'arracher les cultivateurs à la routine, de favoriser les progrès de l'agriculture rationnelle.

Tantôt, au contraire, les difficultés qui en résultent, au lieu d'être des stimulants, exercent une action dépri-

les propriétaires... Il n'est donc pas étonnant que ces exploitations soient les seules qui aient réellement gagné du terrain en Allemagne. La surface occupée par l'agriculture a augmenté, de 1882 à 1895, de 618.969 hectares. Les exploitations de 5 à 20 hectares à elle seules ont augmenté de 563.477 hectares; la surface des exploitations de 1 à 2 hectares a diminué de 50.177 hectares et celui des exploitations de 20 à 50 hectares de 62.898 hectares ».

1. *L'Ingénieur agricole de Gembloux*, journal de l'Association des anciens élèves de l'Institut agricole de l'État, janvier 1899, 9e année, p. 320.

mante, provoquent la régression de la culture, déterminent un retour, au moins apparent, aux formes anciennes de l'économie rurale : la surface cultivée diminue, les forêts et les terres en friche regagnent du terrain, les pâtures permanentes se substituent aux labours, les grandes exploitations périclitent, par suite de la désertion des forces ouvrières.

Aussi est-il tout naturel que, dans ces conditions, les propriétaires terriens, ou leurs fermiers, quand ils n'exploitent pas eux mêmes, maudissent les Villes tentaculaires, et que, dans les pays où l'influence politique de la propriété foncière reste prédominante, ils en arrivent à préconiser des mesures de coercition contre les manouvriers insolents, qui s'obstinent à méconnaître les douceurs de la vie rurale et les charmes du travail agricole.

Rien de plus instructif, à cet égard, que la discussion au Landtag prussien, en 1899, de l'interpellation Szmula, sur le manque de bras dans l'agriculture.

Tour à tour, les principaux chefs du parti agrarien, eurent l'occasion d'indiquer leurs remèdes contre l'exode rural.

Von Mendel Steinfels préconise la suppression des tarifs réduits et des trains supplémentaires, l'établissement d'un droit d'entrée dans les grandes villes, la subordination du droit de s'y établir, à la condition de fournir la preuve d'un logement et de travail.

Presque tous les orateurs de la droite réclament, en outre, des mesures *pénales* contre la rupture du contrat de travail, non seulement à l'égard de l'ouvrier, mais de l'industriel qui donne du travail à un ouvrier en rupture de contrat.

Sous prétexte de protéger la famille et les mœurs, ils veulent réduire la liberté du domicile (*Freizügigkeit*), pour les mineurs au-dessous de dix-huit ans.

Chaleureusement applaudi par la droite, le ministre de l'Agriculture von Hammerstein demande qu'on ne retienne plus les enfants si longtemps en classe, pour leur apprendre des balivernes, au lieu de leur vanter les charmes de la vie rurale et du travail agricole. Malheureusement, les instituteurs n'ont aucun souci des intérêts économiques et sociaux de l'agriculture ; ils laissent complètement ignorer à leurs élèves pourquoi le bon Dieu les a mis sur la terre, afin que, sur place, ils y trouvent leur subsistance.

Enfin, *last not least*, le député conservateur v. Korn-Rudelsdorf suggère d'employer la bastonnade contre les mineurs coupables de rupture de contrat ou d'autres manquements à la morale et déclare qu'il faut se débarrasser enfin des simagrées humanitaires.

Il est équitable d'ajouter, ponr l'honneur du gouvernement prussien, que le ministre de l'Instruction publique et des Cultes, Dr Krügler, se leva pour répondre à son collègue de l'Agriculture et à ses amis. Il défendit vigoureusement les autorités scolaires et se tournant vers les membres de la droite :

« Vous demandez que le maître d'école conseille aux enfants de ne pas émigrer vers les villes et leur dise que les salaires n'y sont pas plus élevés qu'à la campagne. Je regrette de ne pas pouvoir faire pareille recommandation à mes subordonnés, car le premier devoir de l'instituteur c'est d'être véridique et de ne pas prétendre des choses que les enfants eux-mêmes savent être contraires à la vérité[1]. »

Aussi longtemps, en effet, qu'il existe dans les campagnes un prolétariat, dépouillé des moyens d'existence

1. *Stenographische Berichte über die Verhandlungen der beiden Haüser des Landtages.* Haus der Abgeordneten, 1899. Erster Band. Voy. spécialement, p. 429 et suiv. ; 437 et suiv. ; 470 et suiv. ; 478 ; 503. Berlin, W. Mœser Hofbuchdruckerei, 1899.

que possédait jadis la population paysanne, asservi par des contrats de travail qui ne lui donnent pas de quoi vivre, d'une vie vraiment humaine, qui ne lui assurent même pas des occupations régulières, il est inévitable que l'exode rural se produise et ce serait un crime de lèse-humanité que d'interdire ou d'entraver, par des moyens directs ou indirects, l'émigration de ce prolétariat vers les villes et les régions industrielles.

Pareilles mesures, au surplus, seraient presque toujours inefficaces et iraient même à l'encontre de leur but.

Si l'on supprimait, par exemple, les trains ouvriers, ou si, par un moyen quelconque, on restreignait les migrations saisonnières, quantité de travailleurs ruraux, au lieu de conserver, tout au moins, leur domicile à la campagne, seraient contraints d'abandonner ce domicile, pour se fixer définitivement dans les agglomérations urbaines.

C'est, d'ailleurs, ce que l'on commence à comprendre, même dans les milieux où dominent les intérêts de la grande culture et de la propriété foncière.

Nous en trouvons la preuve dans un incident caractéristique qui se produisit, au Congrès national d'agriculture de Namur, en juillet 1901 [1].

En séance plénière, l'un des membres du Congrès, M. Henri Delvaux, député catholique de Bastogne, se mit à critiquer, en termes fort vifs, l'institution des trains-ouvriers.

« J'ai été stupéfait — s'écria-t-il — de voir que la première section avait adopté un vœu disant qu'il n'y avait pas lieu de modifier les conditions auxquelles on transporte les ouvriers de la campagne dans les centres industriels ou dans les grandes villes [2]. J'en ai été stu-

1. *Congrès national d'agriculture de Namur*, juillet 1901. Compte rendu des travaux du congrès, p. 161. Bruxelles, Vromant, 1901.

2. Ce vœu, présenté de commun accord, par M. Melot, actuellement

péfait, parce que l'une des causes qui a amené la crise agricole dont nous souffrons, c'est précisement ce fait que M. Van den Peereboom a créé des trains-ouvriers[1] transportant, à perte, les ouvriers des centres agricoles, dans les milieux industriels, bouleversant, au préjudice du Trésor, toutes les conditions économiques du marché. Il a rompu l'équilibre entre l'industrie agricole et les autres, au moyen de tarifs de faveur pour le transport des ouvriers. Je comprends que ceux qui représentent l'industrie, que ceux qui habitent les grandes villes, cherchent à avoir chez eux beaucoup d'ouvriers de la campagne, afin d'avoir une ample offre de bras, mais ce que je ne puis comprendre, c'est qu'un Congrès d'agriculture, qui place en tête de son ordre du jour, cette importante question de l'exode des ouvriers, qui doit savoir que cet exode est dû, en grande partie, aux faveurs injustifiées accordées pour transporter ces ouvriers, approuve ces mesures ! ».

M. Delvaux n'allait pas, du reste, jusqu'à réclamer la suppression des trains-ouvriers à prix réduits, ce qui eût été la conclusion logique de son discours : il proposait seulement au Congrès de s'abstenir, mais, en dépit de sa forme atténuée, cette proposition ne fut pas admise, et le vœu de la section fut adopté, avec un commentaire de M. Paul Jeanmaert :

« Elle (la section) a considéré que les coupons de semaine ne sont pas une des causes originaires de l'exode des ouvriers vers les villes; que les principales de ces

député catholique de Namur et par E. Vandervelde, était ainsi formulé « Il n'y a pas lieu de supprimer les trains ouvriers à prix réduits, ni d'augmenter le prix des coupons de semaine ».

1. Contrairement à l'affirmation de M. Delvaux, nous avons vu que les trains-ouvriers ont été créés en 1870, tandis que M. Van den Peereboom ne prit la Direction du département des chemins de fer qu'en 1884. Il est vrai que l'augmentation formidable du nombre des coupons de semaine eut lieu sous son ministère et fut, en partie, déterminé par les mesures qu'il prit pour faciliter le déplacement des ouvriers.

raisons ont été, et sont encore, le taux plus élevé des salaires, la différence des conditions du travail, l'attraction, vraie ou non, d'un bien-être supérieur; que ces coupons ont certainement aidé à l'expansion du mouvement; mais, d'autre part, qu'ils ont permis à une très grande partie des ouvriers, ainsi attirés dans les centres urbains, de rester quand même attachés à la campagne, et d'y habiter avec leur famille, au lieu de s'installer définitivement dans les villes[1]. »

Que résulterait-il, en effet, de la suppression, complète ou partielle, des coupons de semaine, sinon le retour aux conditions antérieures du travail agricole, sans les éléments qui les rendaient plus ou moins supportables : à l'époque des gros travaux, les fermiers disposeraient, dans les premiers temps, d'une main-d'œuvre plus abondante, mais, pendant le reste de l'année, ce serait la misère noire pour la grande masse des ouvriers ruraux.

Et, naturellement, sous la pression de cette misère, les autres formes de l'exode prendraient un plus grand développement : parmi les travailleurs, mis dans l'impossibilité de se rendre tous les jours en ville, les uns s'y fixeraient à demeure, les autres, reprenant les habitudes de jadis, y travailleraient toute la semaine, logeant dans d'affreux taudis, ne voyant plus leur femme et leurs enfants que le dimanche.

Peut-être resterait-il quelques faméliques de plus au village, pour le plus grand profit des exploitants, affamés de main-d'œuvre, mais à coup sûr, ce serait au préjudice de la généralité du prolétariat rural.

Certes, c'est une existence pitoyable que mènent les malheureux ouvriers qui ajoutent, quotidiennement, quatre heures de chemin de fer à douze heures de travail dans une fabrique ou un charbonnage; mais, pour

1. *Compte rendu des travaux du Congrès*, p. 168.

qu'ils se résignent à pareille condition, il faut se dire que leur condition serait bien plus déplorable encore, s'ils ne s'y résignaient pas.

Aussi n'est-il pas douteux que toute tentative de revenir sur ce qui a été fait, en matière d'abonnements ouvriers, se heurterait à d'invincibles résistances.

Quelques hobereaux et gros cultivateurs réclament leur suppression.

Beaucoup de politiciens conservateurs, épouvantés de voir les trains-ouvriers servir de véhicule au socialisme, ne demanderaient pas mieux, au fond, que d'accéder à ce désir. Seulement, ils n'ignorent pas que ce serait déchaîner contre eux, non seulement les travailleurs qui profitent directement des tarifs réduits, mais l'immense majorité de la population des campagnes.

D'abord, les ouvriers agricoles, dont la situation serait naturellement empirée, si les restrictions apportées à l'exode rural venaient accroître l'offre des bras.

Ensuite, la plupart des petits cultivateurs, car ce serait une erreur de croire que le prolétariat proprement dit ait seul intérêt au maintien des trains-ouvriers. Il est bien peu de familles à la campagne — dans un pays industriel comme la Belgique — dont les revenus soient exclusivement agricoles. Neuf fois sur dix, l'un ou l'autre des enfants s'en va tous les jours en ville, soit d'une manière permanente, soit en attendant qu'il entreprenne à son tour une petite exploitation.

Par conséquent, le Ministre qui, faisant machine en arrière, se déciderait à supprimer, ou limiter, les coupons de semaine, pour donner satisfaction aux *agrariens*, se verrait irrémédiablement condamné par les *agriculteurs*.

§ 3. — Le point de vue de la collectivité

Le nombre des agriculteurs décroît, absolument ou relativement. Dans tous les pays où l'industrie se développe, la population des localités urbaines est, ou tend à devenir, la majorité. Des milliers de travailleurs, domiciliés à la campagne, profitent de la facilité des communications pour se rendre journellement en ville. D'autres, habitant en général des régions plus éloignées des grands centres, émigrent pendant une partie de l'année, pour travailler dans les sucreries, les usines à gaz, les charbonnages, en hiver, les briqueteries, les exploitations agricoles, les entreprises de travaux publics, en été. Ceux qui restent à la campagne, sans contacts directs avec les villes, n'en subissent pas moins leur influence. On peut dire que le village isolé n'existe plus. L'économie naturelle a décidément fait place à l'économie d'échange. L'hégémonie des grandes agglomérations s'affirme de plus en plus.

Pour mesurer l'importance de ces transformations, au point de vue des institutions politiques, du développement intellectuel, de la condition physique et morale des populations, il suffit de comparer l'Europe d'il y a cent ans à l'Europe d'aujourd'hui, ou bien l'Angleterre, avec ses onze pour cent d'agriculteurs, à la Russie, dont la population industrielle représente deux millions à peine sur cent trente millions d'habitants[1] !

Mais ce sont là des généralités tellement évidentes, qu'il serait ridicule d'insister. Nous essaierons plutôt de caractériser les différences qui existent entre les diverses formes d'émigration, au point de vue de leur

1. Kovalevsky. *Le régime économique de la Russie*, p. 13, Paris, 1878.

influence sur l'état politique, intellectuel, physique et moral des travailleurs.

1. Les conséquences politiques et intellectuelles. — Si l'on nous demandait quelle est la mesure la plus grave, la plus inconsciemment révolutionnaire, qui ait été prise, depuis trente ans, par le gouvernement belge, nous ne dirions pas que ce sont les lois scolaires, ou la réforme électorale, mais bien la création des trains-ouvriers.

Certes, lorsqu'ils furent établis, nul ne se doutait, et leurs initiateurs moins que personne, de l'importance qu'ils étaient destinés à prendre dans la suite. On n'avait d'autre préoccupation que de mobiliser un certain nombre de campagnards, pour faire échec aux syndicats ouvriers des grands centres et fournir aux chefs d'industrie une main-d'œuvre docile et peu exigeante.

C'est, d'ailleurs, ce qui advint au début.

Il est inévitable, en effet, que l'afflux des campagnards sur les chantiers, les docks, ou dans les établissements industriels, exerce, tout d'abord, une influence déprimante sur le taux des salaires et la force des organisations. Fréquemment, des conflits se produisent; les nouveaux venus sont traités en *sarrasins*. Il faut du temps avant que la paix se fasse. Peu à peu, cependant, ouvriers ruraux et urbains apprennent à se connaître, commencent à se sentir les coudes, s'accordent pour formuler les mêmes exigences.

Et, d'autre part, formés au contact de leurs camarades, les ruraux ne tardent pas à devenir, dans leur village, les principaux agents de dispersion des idées qui ont cours dans les grandes agglomérations.

Ce sont eux qui, par leur rentrée quotidienne dans la plupart des communes du pays, y assurent l'omniprésence du socialisme.

Voici, par exemple, ce que nous écrivait, à cet égard,

un de nos amis de Braine l'Alleud, grosse commune du Brabant Wallon, qui envoie tous les jours à Bruxelles des centaines de maçons et de paveurs :

« Tel ouvrier, élevé dans l'horreur du socialisme, avait juré de ne jamais sacrifier à la nouvelle doctrine. Le hasard fit qu'il fut obligé d'exercer sa profession à Bruxelles. Dans quelque compartiment qu'il prît place, le matin et le soir, il était plongé dans un milieu socialiste. Même milieu sur le chantier. Même atmosphère aux heures de repas. Les camarades, sans cesse, faisaient retentir à ses oreilles, blessées d'abord, puis étonnées, attentives ensuite, puis complaisantes et sympathiques, leurs imprécations contre le régime capitaliste, leurs critiques acerbes contre l'exploitation des petits par les grands, leurs espérances dans l'avènement d'une société meilleure; et ces braves, poursuivant leur œuvre avec une foi robuste et une inlassable ténacité, eurent bientôt fait germer le bon grain dans le cœur de cet homme.

« Telle est l'histoire des conversions qui s'opèrent, chaque jour, au bénéfice du socialisme; les trains-ouvriers sont les grands propagateurs de l'idée socialiste et facilitent sa pénétration dans les villages les plus reculés ».

Mais peut-être dira-t-on que notre correspondant s'illusionne sur l'influence que les *meetings ambulants*, tenus deux fois par jour dans les trains-ouvriers, exercent sur les opinions politiques des campagnards.

Aussi ne sera-t-il pas inutile de corroborer son témoignage, par celui d'un abonné du *Patriote*, le plus répandu des journaux catholiques de Bruxelles.

Le 20 octobre 1898, ce journal publiait la lettre suivante :

« Dans votre numéro du 14 courant, résumant plusieurs plaintes d'ouvriers et ouvrières voyageant en 3e classe, vous rappelez que M. Vandervelde, le député rouge, avait appelé M. Van den Peereboom le meilleur propagandiste socialiste.

« Ce qualificatif n'est malheureusement que trop justifié ; l'ouvrier honnête, qui ne trouvant plus à s'occuper aux champs, s'en va à la ville ou dans les centres industriels, devient rapidement (sauf de rares exceptions) un fervent et souvent même un des plus violents partisans du drapeau rouge. Comment en serait-il autrement ?

« Dès les premiers trains du matin, il n'entend plus que propos malveillants sur les patrons et sur tous ceux qui détiennent une parcelle d'autorité dans l'organisation sociale. Même malgré lui, il n'entend plus que la lecture de feuilles socialistes et les commentaires les plus subversifs.

« Les délégués des coopératives ont toujours en poche un stock plus ou moins considérable de numéros de ces feuilles que leurs camarades viennent prendre à chaque station avant de monter en voiture.

« Ceux qui ne veulent pas lire les journaux des « meneurs » sont considérés comme traîtres au parti et ne peuvent, en cas de besoin, espérer aucun service de leurs compagnons de travail.

« Dans certaines usines du Centre, où les ouvriers font leur café en commun sur la fournaise, les « calottins » sont exclus de la brigade et doivent manger leur tartine sèche ou boire froid. »

Toutes réserves faites, quant aux affirmations de détail contenues dans cette lettre, on voit que partisans et adversaires du socialisme se trouvent d'accord pour affirmer que les migrations quotidiennes, facilitées par les trains-ouvriers, ont une action considérable sur la mentalité et sur les opinions politiques des travailleurs.

C'est, incontestablement, grâce à elles qu'il est bien peu de villages en Belgique où l'on ne trouve, tout au moins un noyau, et parfois une majorité de prolétaires industriels, convertis au socialisme par leurs compagnons des villes, et qui convertissent à leur tour, bon nombre de leurs tenants et aboutissants.

Seulement, il faut reconnaître que ce va-et-vient d'une notable partie de la population rurale, très favorable à la diffusion de quelques idées simples et facilement accessibles à tous, influe beaucoup moins, que l'établissent à demeure dans les localités urbaines, sur le développement intellectuel des travailleurs et de leur famille.

Lorsqu'un ouvrier se rend en ville tous les jours, au lieu de s'y fixer, sa femme reste entièrement soumise à l'action du milieu campagnard; ses enfants continuent à fréquenter l'école du village, où l'enseignement primaire, sauf d'heureuses exceptions, ne vaut pas celui qu'on donne dans les grands centres. Lui-même, enfin, ne connaît guère de la ville, que le chantier où il travaille, l'usine où il est occupé, les rues qu'il traverse pour y aller, l'assommoir qu'il fréquente, en attendant le départ de son train.

Toutes les œuvres de beauté, de science, de solidarité sociale, qui font la grandeur de la Cité moderne, lui sont généralement étrangères. En dehors des causeries avec ses camarades, il n'a guère d'autre aliment intellectuel qu'une conférence politique, de temps à autre, et — s'il ne préfère pas jouer aux cartes — le journal à deux centimes, qu'il achète le soir, avant de partir, ou qu'il lit pendant le repos du midi.

Inutile d'ajouter qu'au village même, où il rentre d'ailleurs, le plus souvent, trop fatigué pour faire quoi que ce soit, il lui serait impossible de trouver d'autres distractions qu'une séance au cabaret, la répétition d'une société de chœurs ou de fanfares, une fois la semaine, et, le dimanche, la rencontre à l'église, ou devant l'église, avec ses camarades, et d'interminables parties de quilles, de boules ou de palets, arrosées de bière ou de genièvre, pour finir la journée.

Bref, l'ouvrier qui travaille en ville, mais qui n'y habite pas, se trouve dépourvu des possibilités d'apprendre, dont les citadins ne profitent pas toujours, tant s'en faut, mais qui sont, du moins, à la disposition des hommes de bonne volonté. Aussi, n'est-il pas étonnant que, s'il dépasse, en général, ses camarades voués à l'agriculture, au point de vue des connaissances, et, surtout, de l'ouverture d'esprit, son niveau intellectuel reste sensiblement inférieur à celui des ouvriers urbains, lorsque ces derniers, bien entendu, ne sont pas abrutis par la misère, le surtravail et l'abus des boissons fortes.

Si nous passons maintenant à l'influence des migrations saisonnières, les mêmes observations s'appliquent, avec cette différence aggravante que la plupart des ouvriers nomades restent, à peu près, sans contacts avec la population des pays qu'ils fréquentent.

C'est le cas, par exemple, pour les Flamands, qui travaillent en France ou en Wallonie : le plus souvent, ils ne savent pas le français et ne communiquent avec le dehors que par l'intermédiaire de leurs *plœgmeesters*.

Pour d'autres motifs, mais avec le même résultat, les bûcherons du Luxembourg, passant des semaines, et des mois, sous la hutte, au cœur de la forêt, ne parlent pour ainsi dire jamais aux travailleurs industriels de la région d'alentour.

Dans ces conditions, l'exode périodique, au lieu de favoriser l'expansion des idées nouvelles, peut avoir quelquefois — assez rarement au surplus — des conséquences diamétralement opposées.

Lors de notre passage à Gembes, la petite commune luxembourgeoise dont nous avons déjà parlé, on nous racontait, notamment, que durant l'absence des ouvriers qui travaillent au delà de la frontière, les femmes restent entièrement et sans contre-poids sous l'influence du curé; et, quand les hommes reviennent, ils subissent cette influence par contre-coup, d'autant plus que les femmes, ayant la direction exclusive de la maisonnée, pendant l'exode, exercent une autorité plus grande qu'ailleurs sur la vie de famille, et, spécialement, sur l'éducation des enfants.

Aussi les habitants de Gembes ont-ils la réputation d'être beaucoup plus croyants, d'autres disent plus fanatiques, que ceux des communes voisines.

En règle générale, cependant, les migrations saisonnières agissent dans le même sens que les migrations quotidiennes.

Ainsi, les *Fránsmannen* sont, incontestablement, de tous les prolétaires agricoles du pays flamand, les plus accessibles à la propagante socialiste ou démocrate-chrétienne : d'abord parce qu'ils échappent, pendant un temps plus ou moins long, à la domination et à la surveillance immédiate des prêtres et des propriétaires fonciers; ensuite, parce que leur intelligence s'élargit, sinon par le contact avec d'autres travailleurs, du moins par le seul fait de leurs déplacements.

C'est chose bien connue, en effet, que dès l'instant où des hommes sont transplantés dans d'autres régions, ils manifestent une activité physique et intellectuelle plus grande que dans leurs villages d'origine.

Les paysans russes, notamment, qui sont extrêmement conservateurs et misonéïstes, aussi longtemps qu'ils restent chez eux, se transforment, du tout au tout, lorsqu'ils abandonnent la culture des champs, pour se rendre dans les villes, ou qu'ils s'en vont dans d'autres provinces pour les travaux de la moisson [1].

Kaerger fait les mêmes observations, en ce qui con-

1. Brentano. *Le rapport entre le salaire, la durée du travail et sa productivité.* Rev. d'Econ. pol., 1893, p. 301.

cerne les *Sachsengänger*, et, après avoir constaté qu'ils deviennent beaucoup plus actifs et plus entreprenants, une fois déracinés de leur terre natale, il ajoute mélancoliquement :

« L'élargissement de l'horizon intellectuel, la plus grande mobilité et agilité d'esprit qu'acquièrent les *Sachsengänger* pendant leur séjour au loin, a souvent pour conséquence une diminution sensible du respect des autorités établies. Les gens deviennent effrontés, insolents, orgueilleux ; ils contribuent, par leur exemple, au relâchement des rapports patriarcaux, qui, dans le plus grand nombre des propriétés de l'Est existent encore entre maîtres et serviteurs et sont en parfaite harmonie avec l'état économique et social[1]. »

Le pasteur C. Wagner et Aug. Bebel nous ont appris naguère en quoi consistent ces « rapports patriarcaux », qui, trop souvent, évoquent, en effet, le souvenir des passages les plus scabreux de la Bible[2]. Mais, quoi qu'il en soit, et en admettant que les patriarches prussiens aient toutes les vertus que Kaerger leur prête, il n'en reste pas moins certain que, si les voyages des Sachsengänger leur font perdre « le respect des autorités établies », c'est au plus grand profit de leur affranchissement intellectuel.

Et, pour choisir un dernier exemple, dans des pays totalement dissemblables, on doit attribuer une influence identique aux pérégrinations des *shearers*, des tondeurs de moutons, qui forment la majeure partie du prolétariat agricole des colonies australiennes.

Les *shearers* sont, comme les *Sachsengänger*, des ouvriers nomades. Pendant la saison, ils partent, par

1. Kaerger. *Die Sachsengängerei*, p. 180.

2. Blondel. *Études sur les populations rurales de l'Allemagne*. Note sur la moralité des populations rurales de l'Est, p. 420, Paris, Larose, 1897. Bebel *die Neue Zeit.*, t. XIII, p. 594.

bandes de dix à vingt, avec leurs ciseaux, et, sur le dos, un léger bagage. Le soir, ils couchent à la belle étoile, ou dans le creux d'un arbre. Quand un propriétaire de moutons les embauche, ils sont nourris et logés à la « station ». La tonte finie, ils cherchent une autre « station », avant que la saison se termine. Certaines équipes commencent leur travail au Queensland, où la température est plus chaude, puis, à mesure que l'été s'avance, descendent vers le Sud, jusque dans la colonie tempérée de Victoria ; plusieurs trouvent encore moyen de passer dans la froide île sud de Nouvelle Zélande, à temps pour y être employés à la tonte. Pendant la morte saison, beaucoup se font chercheurs d'or.

« Cette vie — dit Albert Métin — fait du tondeur un être extrêmement indépendant, qui ne tient à rien : les relations constantes avec des pays différents, les voyages, la traversée des grandes villes lui donnent un soupçon des idées d'émancipation sociale. Le spectacle continuel des immenses richesses des propriétaires de moutons lui inspire le sentiment d'une injustice commise à son égard. Aussi, le *shearer*, bien différent de l'ouvrier agricole d'Europe, est-il toujours disposé à suivre les agitateurs et à se faire inscrire dans un syndicat[1]. »

En somme donc, les migrations périodiques favorisent le développement des tendances radicales, démocratiques, socialistes, mais à un moindre degré que les migrations quotidiennes, à un moindre degré surtout que les migrations définitives dans les centres industriels et urbains.

Tout le monde sait, en effet, que ce sont les grandes villes et les ruches ouvrières des districts charbonniers qui constituent les foyers principaux de toutes les agitations politiques et sociales.

« Le campagnard, dit Schmoller, est conservateur....

1. Métin. *Législation ouvrière et sociale en Australie et Nouvelle Zélande*, p. 41 et 42, Paris, Imprimerie nationale, 1901.

Le citadin est libéral, progressiste, social-démocrate. »

D'une manière générale on peut dire que le développement du socialisme, en Europe, est en raison directe de l'importance des agglomérations urbaines.

L'Angleterre n'est, à cet égard, qu'une exception apparente, car, si le socialisme n'y existe guère comme parti, les applications de l'idée socialiste, dans la législation et dans l'exploitation des services municipaux, y sont plus nombreuses que sur le continent.

Il en est de même pour les colonies anglaises de l'Australie, dont A. Métin attribue justement le caractère ultra-démocratique à la prépondérance des villes.

« La population de l'Australasie est très peu dense. Victoria, la colonie la plus peuplée, relativement à sa superficie, n'a que 5 habitants au kilomètre carré, moins que le Haut-Gévaudan. Les campagnes, surtout, sont peu peuplées, car la plus grande partie des habitants sont concentrés dans les villes. C'est le cas des trois cinquièmes de la population de Victoria. Melbourne, la plus grande cité d'Australie, renferme presque les deux cinquièmes de la population de la colonie. La moitié, au moins, des habitants de la Nouvelle Galles et ceux de Sud-Australie, colonie pourtant agricole, vivent en agglomération de plus de 5.000 habitants. *Cette prépondérance de l'élément urbain a beaucoup contribué à rendre l'Australie de plus en plus démocratique, à mesure que le nombre de ses habitants augmentait*[1]. »

Bref, l'exemple de tous les pays montre à l'évidence que l'accroissement du nombre et de la population des villes — aussi longtemps qu'elles restent les principaux sièges de l'activité productrice — constitue l'un des plus puissants, sinon le plus puissant facteur du développement de la démocratie.

1. Métin. *Législation ouvrière et sociale en Australie et Nouvelle Zélande*, p. 12, Paris, 1901.

Mais cette prépondérance de l'élément urbain, qui accroît les forces démocratiques, par la concentration des travailleurs, engendre également des forces de résistance, par l'agglomération des classes parasitaires ou privilégiées.

Si les faubourgs des capitales et des grandes villes sont, avec les bassins houillers, les places fortes des partis populaires, leurs centres deviennent, de plus en plus — par suite de l'émigration des ouvriers vers la périphérie — les camps retranchés de toutes espèces des conservateurs, depuis les petits commerçants, nationalistes, antisémites, anticoopérateurs, jusqu'aux magnats de la haute banque, de la grande industrie, de la propriété latifundiaire, qui s'y établissent pour extraire, ou pour consumer la plus-value produite par le travail social.

Et, nécessairement, à mesure que ces contacts se développent, que l'antithèse de l'extrême richesse et de l'extrême misère accentue l'âpreté des antagonismes de classe, la démocratie des villes devient plus révolutionnaire, et son accroissement numérique, — par le fait de l'exode rural — apparaît comme une menace grandissante pour la stabilité du régime capitaliste.

D'autant que les progrès de l'instruction primaire, le relâchement des tutelles religieuses, la multiplicité des moyens d'information, la fréquence des contacts avec des hommes d'une culture supérieure, ont pour conséquence inévitable, suivant le mot de Colins, *l'incompressibilité de l'examen* et le renforcement de l'esprit de révolte du prolétariat.

Nous savons bien que les dernières couches de la population urbaine échappent, trop souvent, à ces influences libératrices ; que, dans certains quartiers, les écoles sont moins suivies et le nombre des illettrés plus considérable que dans beaucoup de communes rurales ; nous ne songeons nullement à contester les effets désastreux qui résultent de l'intoxication des intelligences pour la basse presse, la littérature pornographique et autres sous-produits de la civilisation.

Néanmoins, si l'on prend, dans leur ensemble, les populations urbaines et les populations rurales, il n'est point douteux que la décroissance des unes et la concentration des autres aient eu, jusqu'à présent, une influence favorable sur le développement de la conscience publique et de l'activité intellectuelle des travailleurs.

2. — Les conséquences physiques et morales. — Des trois formes de l'exode rural, c'est, également, l'émigration permanente qui entraîne les modifications les plus profondes dans la constitution physique et morale des travailleurs.

L'ouvrier qui participe aux migrations saisonnières conserve ses occupations anciennes et, pendant une partie de l'année, son domicile rural.

Celui qui va tous les jours en ville garde, au moins en partie, ses habitudes de campagnard, et, si les distances à parcourir ne sont pas anormales, continue à bénéficier des avantages hygiéniques du séjour aux champs.

Par contre, la fixation définitive dans une localité industrielle ou urbaine détermine à la fois un changement dans les relations, les occupations et la résidence, non plus seulement de l'ouvrier, mais de toute la famille ouvrière; et c'est, surtout, le radicalisme de ce changement, de ce passage brusque d'un état social à un autre, qui provoque de vives inquiétudes chez ceux qui attribuent une influence néfaste au rapide accroissement des agglomérations urbaines.

Pour les conservateurs, en effet, les villes sont le réceptacle de tous les vices, les campagnes, le dernier asile de toutes les vertus.

D'autre part, on se trouve plus généralement d'accord

pour admettre que les migrations vers les grands centres exercent une action défavorable sur le développement physique de la race, et entravent même le mouvement ascensionnel de la population, par l'excès relatif de la mortalité urbaine sur la mortalité générale.

« Les causes principales de cet excès de mortalité — disait Cheysson, à la Société nationale d'agriculture de France (le 3 juillet 1901) — sont la fièvre des besoins, les difficultés de la vie, l'alcoolisme, l'insalubrité du logement, la tuberculose. On sait quels ravages fait, sur la santé publique, la consommation de l'alcool « aussi meurtrière pour nos populations que le furent, pour nos pères, les épidémies de peste ou de choléra » (Dr Legrain). Dans les taudis, les pauvres gens contractent le germe de maladies, qui abâtardissent et déciment la race ; la tuberculose y sévit et s'y développe, comme sur son terrain d'élection.

« En somme, les villes sont des *mangeuses d'hommes* ; elles les aspirent sur tout le territoire, les projettent dans la fournaise et les y consument ».

Rien de plus plausible que cette opinion, conforme d'ailleurs à l'opinion reçue. Et cependant, au premier abord, les statistiques de la population paraissent lui infliger un démenti péremptoire.

En France, par exemple, on constate bien que la mortalité par 1.000 habitants est un peu plus forte dans les villes que dans les campagnes ; mais à Paris, — où l'agglomération atteint son maximum — le nombre proportionnel des décès est inférieur à celui de l'ensemble du territoire[1].

1. Voy. *Annuaire de statistique*. Vingtième volume, 1900. Paris, 1901 : *Tableau III. Mouvement de la population. Année* 1898.

PROPORTION POUR 1.000 HABITANTS.

			Naissances.	Décès.
I.	1	Paris.	22.18	19.37
II.	12	Villes de 101 à 167.000 habitants	23.57	22.72

Il en est de même pour Londres, la plus grande ville du globe, qui devrait être la « mangeuse d'hommes » par excellence et qui possède, au contraire, un des indices de mortalité les plus faibles qui soient au monde.

En Prusse, également, la mortalité de Berlin est inférieure à celle de toutes les provinces du royaume, sauf celles du Hanovre et du Schleswig-Holstein.

A prendre donc les chiffres bruts, on devrait conclure que le séjour dans les grandes villes est — en dépit de l'unanimité d'opinion contraire — plus salubre que le séjour à la campagne!

Mais, lorsqu'on se livre à une analyse plus approfondie des données de la statistique — ainsi que l'a fait notamment Rumelin, dans son attachante étude : *Ville et Campagne* — on aboutit à des résultats bien différents.

Il ne faut point oublier, en effet, qu'outre leur population fixe, les grandes villes comptent toujours une population flottante, variable quant aux individus sinon quant aux chiffres, que leur prête la campagne, et qui peut monter au quart, parfois même au tiers de leurs habitants.

Ce sont, notamment, les soldats en garnison, les domestiques, les servantes, parfois aussi, des filles de fabrique, qui séjournent pendant un certain temps à la ville, sauf à retourner ensuite dans leur village. Ils forment, avec d'autres catégories accessoires, un personnel nombreux, mobile, généralement âgé de quinze à

III. 47 — de 30.001 à 100.000	—	22.78	22.99
IV. 56 — de 20.001 à 30.000.	--	21.73	22.39
V. 132 — de 10.001 à 20.000.	—	22.82	23.34
Total 250 villes de + 10.000	—	22.69	22.14
VI. 354 villes de 5.001 à 10.000 . .	—	23.70	22.01
Total 584 villes de + 5.000	—	22.87	22.11
VII. 98 chefs-lieux d'arr. de — 5.000	—	19.39	23.55
Ensemble 682 villes.		22.78	22.15
La France.		22.1	21.2

quarante ans, non marié, et se répartissant à peu près également entre les deux sexes.

De plus, les campagnards qui viennent s'établir définitivement dans les agglomérations urbaines appartiennent, en général, aux éléments les plus jeunes et les plus, énergiques de la population rurale.

Par conséquent, la proportion des adultes, dans toute la force de l'âge, est toujours sensiblement plus forte dans les villes que dans les campagnes, où l'enfance et la vieillesse sont, au contraire, plus largement représentés, et, comme la mortalité infantile ou sénile l'emporte — toutes autres conditions étant égales — sur la mortalité des adultes, il n'est pas étonnant que la proportion des décès soit fréquemment aussi forte, ou même plus forte, dans les localités rurales que dans les grandes villes.

Mais il en est tout autrement, si l'on compare les résultats, pour les mêmes classes d'âge, si l'on recherche, par exemple, les coefficients de la mortalité urbaine et rurale pour un nombre donné d'enfants, d'adultes ou de vieillards[1].

Alors la supériorité des campagnes réapparaît, d'une manière éclatante et les chiffres de la statistique se retrouvent d'accord avec l'opinion commune.

Les mêmes causes, qui expliquent la mortalité relativement faible des villes, comparée à celle des campagnes, expliquent également, dans une large mesure, leur criminalité relativement forte, que l'on invoque, ordinairement, pour établir la supériorité morale des campagnards sur les citadins.

Ainsi, par exemple, la statistique judiciaire de la Belgique établit, par les chiffres suivants, que le nombre proportionnel des infractions commises est

1. Voy. sur la littérature de cette question, Allendorf. *Der Zuzüg in die Städte*. Jena, 1901.

plus considérable dans les villes que dans les campagnes[1] :

En 1899.	Par 1.000 habitants.
Communes et agglomérations urbaines de 100.000 habitants au moins.	147 infractions.
Communes de 25.000 à moins de 100 000 habitants	122 —
Communes de 10.000 à moins de 25.000 habitants	130 —
Communes de moins de 10.000 habitants.	85 —

Ces chiffres, il est vrai, perdent beaucoup de leur signification apparente, lorsqu'on classe les délinquants d'après leur lieu de naissance : on arrive, en effet, à cette constatation que des arrondissements, qui ont pour centre une grande ville, comme Anvers, Bruxelles ou Liège, ont une productivité criminelle beaucoup moindre que des arrondissements plutôt agricoles comme Nivelles, Turnhout ou Hasselt.

La statistique judiciaire ne prouve donc pas — bien au contraire — que les populations urbaines produisent plus de criminels que les populations rurales. Elle signifie, tout simplement, que les criminels, les récidivistes, les *outlaws*, *quelle que soit leur origine*, se rendent de préférence dans les villes, pour commettre leurs infractions.

D'autre part — et c'est ici que les considérations que nous avons fait valoir à propos de la mortalité urbaine rentrent en ligne de compte — la statistique criminelle montre que la proportion des délinquants est la plus forte, de dix-huit à quarante-cinq ans; c'est, évidemment, une raison de plus pour qu'il y ait un plus grand nombre d'infractions dans les principaux centres, où ces classes d'âge sont plus fortement représentées,

1. Voy. également pour l'Angleterre et la France, Weber. *The growth of cities*, p. 401 et suiv.

que dans les campagnes, qui perdent, au profit de la population urbaine, une bonne partie de leurs jeunes gens.

Le même argument s'applique à cet autre fait, que les apologistes de la vie rurale ne manquent pas de citer, dans leurs réquisitoires contre l'immoralité des grandes villes : la proportion plus considérable de naissances illégitimes.

Encore une fois, il est inévitable qu'une population comprenant un pourcentage anormal de célibataires, et de célibataires jeunes, donne — toutes autres conditions étant égales — plus d'enfants naturels qu'une population qui comprend, au contraire, un pourcentage anormal d'impubères, de vieillards et de gens mariés.

« C'est ainsi — dit Rumelin — qu'à Munich et à Stüttgart, les filles de dix-huit à trente-cinq ans représentent les 14,15 p. 100 de la population, dont elles ne sont plus que les 8,9 p. 100 à la campagne. On ne saurait donc porter un jugement défavorable sur la moralité de la ville, qu'autant que le nombre de naissances naturelles y serait supérieur à celui de la campagne, dans une proportion plus forte que 14 : 8. C'est, en effet, un procédé tout à fait illusoire de la statistique traditionnelle, que de nous présenter le chiffre des naissances naturelles au regard simplement de celui des légitimes, ou de la totalité des naissances, au lieu de le mettre en regard du nombre des femmes célibataires, qui seul peut donner une proportion raisonnée[1] ».

Ajoutez à cela qu'un grand nombre de filles, séduites à la campagne, viennent accoucher à la ville ; que beaucoup de naissances naturelles sont le fait de domestiques, dont la plupart sont d'origine rurale ; songez à l'état moral d'un grand nombre de villages, par exemple de

1. Rumelin. *Problèmes d'économie politique et de statistique*. Trad. Riedmatten, p. 206, Paris, Guillaumin, 1896.

ces *villages à nourrices*, où l'engrossement des filles-mères est la condition préalable de l'exercice de leur industrie et force vous sera de reconnaître qu'il est difficile, pour ne pas dire impossible, de savoir si la *population fixe* des campagnes présente — au point de vue de la régularité des relations sexuelles — une supériorité quelconque sur la *population fixe* des villes.

D'autant que la proportion des naissances naturelles est le plus insuffisant et le plus trompeur des critères de moralité : la statistique officielle confond, en effet, sous la même rubrique, les unions libres, auxquelles les conjoints ne jugent pas nécessaire de donner la consécration légale, ou ne la donnent qu'après la naissance des enfants, et les unions temporaires, les relations instables, qui aboutissent à l'abandon de la mère et de l'enfant naturel.

Quoi qu'il en soit, au surplus, nous ne songeons nullement à méconnaître que les conditions déplorables de logement des classes ouvrières, dans les grandes villes, — jointes à d'autres influences qui s'y exercent plus énergiquement que partout ailleurs — créent, dans nombre de cas, une promiscuité désastreuse au point de vue, non seulement de l'hygiène, mais de la moralité sexuelle.

C'est ce que montrent, par exemple, les navrantes enquêtes publiées en Belgique par les Comités de patronage des habitations ouvrières.

A Bruxelles, en 1890, De Quéker et Lagasse constataient que sur 19.284 ménages ouvriers, répartis dans 4.601 maisons, il y avait 1.511 familles, de plus de 5 personnes, n'ayant à leur disposition qu'une seule chambre !

« Certaines familles ouvrières, n'habitant qu'une chambre unique — disent les rapporteurs — sont obligées fort souvent d'y coucher dans le même lit garçons et filles, adolescents et adultes. Pas n'est besoin d'être moralistes sévères pour comprendre toute l'étendue des suites de cette promiscuité. On nous permettra bien d'en citer un exemple, en nous pardonnant des détails quelque peu naturalistes. Une famille ouvrière, habitant une seule pièce, assez spacieuse d'ailleurs, est composée comme suit :

Le père, un vieillard de 70 ans et la mère . .	2 personnes.
3 jeunes gens du premier mariage du père. .	3 —
2 filles et 1 garçon du 2e mariage.	3 —
2 filles naturelles de la 3e femme, la mère actuelle.	2 —
Total.	10 personnes.

Nous sommes allés voir cette famille.

Il n'y avait dans la chambre qu'un seul lit, à l'usage des parents. Les huit autres personnes, dont la plus jeune a dix-sept ans et le plus âgé vingt-neuf, couchaient sur un immense sac à paille, qu'on remisait, le jour, dans quelque coin de la chambre. Le résultat était le suivant : trois des quatre jeunes filles se trouvent en état de grossesse. Les deux plus jeunes (enfants naturels de la 3e femme) interpellées, désignent sans le moindre scrupule, ni la moindre honte, leur second frère par alliance, un nommé Jef, comme l'auteur d'une situation qu'il ne leur était plus possible de cacher. Jef, interpellé à son tour, s'en défendit tout d'abord, mais il finit par avouer, comme on se reconnaît coupable de quelque plaisanterie. Il essaya cependant de dégager sa responsabilité en invoquant la grossesse de la 3e demi sœur, contractée aussi — il le jurait — *binne d'huis*, sous le toit paternel; il en voulait charger un autre de ses frères... »

« Nous ignorons — ajoutent les enquêteurs — si les quartiers ouvriers de la capitale présentent beaucoup de ces exemples. Pour l'honneur de nos ouvriers, nous aimons à croire que non ; cependant nos collègues pourraient bien concevoir quelques doutes à cet égard, en examinant les chiffres que nous publions, sous cette rubrique, pour chaque division de police. Dans la première division (par exemple), on a constaté que chez 578 familles ouvrières n'habitant qu'une seule chambre, garçons et filles, adolescents et adultes, sont obligés de coucher sous le même plafond, et que, chez 17 familles, ils couchent dans le même lit, si un tel nom peut être donné à la paillasse, infectée souvent de vermine, et jetée la nuit au milieu de la chambre.[1] »

Que cette lamentable situation ne se soit guère modifiée depuis lors, c'est ce que l'on constate, trop facilement hélas ! en visitant les quartiers pauvres de Bruxelles[2] et, ce que nous disons de Bruxelles, s'applique, à peu près également, à toutes les grandes villes.

Partout, en effet, malgré l'insuffisante intervention des particuliers, plus ou moins philantropes, ou des municipalités, plus ou moins socialistes, l'offre des logements ouvriers reste manifestement inférieure à la demande.

Lorsqu'ils veulent trouver, à des prix qui ne soient pas exorbitants, des habitations ou des chambres convenables, les travailleurs doivent abandonner les quar-

1. Ville de Bruxelles. *Enquête sur les habitations ouvrières en* 1890. Rapport présenté au comité de patronage de la ville de Bruxelles, par Lagasse et De Quéker, p. 8 et 9. Bruxelles, 1890.

2. Voy. d'ailleurs, le rapport du Comité de patronage des habitations ouvrières, de la ville de Bruxelles, sur l'exercice 1901 : « Pour le territoire de la ville de Bruxelles. la situation générale des logements ouvriers s'est un peu amélioré depuis notre enquête de 1890. Beaucoup de vieilles maisons ont été démolies et les constructions qui s'élèvent sur leur emplacement valent certainement mieux à tous les points de vue que celles qui ont disparu. Malheureusement pour les anciens habitants, les constructions nouvelles sont souvent hors de leur portée, les loyers étant trop élevés. Ceci a pour résultat d'amener l'entassement des ouvriers pauvres dans les impasses et ruelles encore existants ; *il est donc à craindre qu'aucune amélioration durable ne puisse être atteinte aussi longtemps que la Ville ne pourra mettre la pioche à la dernière des impasses.* Cela nous a été démontré récemment par la nouvelle enquête absolument détaillée que nous avons faite dans les quartiers de la rue Haute et de la rue de Schaerbeek ».

tiers du centre, se transporter dans les faubourgs, émigrer vers la banlieue.

Mais, pour que ces transplantations soient possibles, pour que cet *exode urbain* puisse s'étendre à la grande masse des ouvriers, il faut, ou bien que les industries se déplacent avec eux, ou bien qu'ils puissent, sans inconvénients graves, s'éloigner de leurs fabriques ou de leurs ateliers; or, cela n'est possible que si les journées de travail ne sont pas trop longues et les moyens de transport trop onéreux.

C'est pourquoi, la réglementation des heures de travail et l'abaissement systématique des tarifs, rendu possible par la socialisation des chemins de fer et des tramways, constituent les adjuvants indispensables d'une solution vraiment efficace, en matière de logements ouvriers.

Supposons, par exemple, que la journée de huit heures soit conquise, que l'organisation des trains-ouvriers soit complétée et perfectionnée, que les pouvoirs publics prennent l'initiative de créer, dans la banlieue, des habitations louées au prix de revient, et, par le « libre jeu de l'offre et de la demande », sans devoir recourir à des expropriations onéreuses, on fera disparaître le monopole de fait des exploiteurs de logements ouvriers et l'*unearned increment* qu'ils tirent de l'encombrement des quartiers centraux.

Contre la rente foncière, pour l'hygiène et la morale publique, telle doit être la devise des administrations urbaines, réellement soucieuses des intérêts du prolétariat.

§ 4. — Résumé et conclusions

Au commencement du XIXe siècle, l'immense majorité des habitants de l'Europe se composait encore d'agriculteurs. « Les villes n'étaient guère que des centres d'approvisionnement et d'administration, pour les paysans et les propriétaires de la région; la plupart se réduisaient à de petits groupes de fonctionnaires, d'artisans et de commerçants, établis de loin en loin au milieu d'une population rurale (très peu dépassaient cinquante mille âmes)[1] ». Aujourd'hui, les agglomérations urbaines absorbent, ou tendent à absorber, dans tous les pays industriels, la majorité de la population totale et le nombre des agriculteurs se réduit dans de telles proportions qu'en Belgique, en Saxe, en Angleterre, ils ne représentent plus même le tiers de l'ensemble des travailleurs.

Il y a lieu de remarquer, cependant, que la décroissance de la population agricole est plus considérable en apparence qu'en réalité.

Ainsi que le fait observer Marshall, dans l'Angleterre du moyen âge, les deux tiers des habitants étaient qualifiés d'agriculteurs; d'après le recensement de 1891, au contraire, il n'y a qu'une personne sur neuf qui soit recensée comme se livrant à des travaux agricoles, et, sans doute, le prochain recensement réduira cette proportion à une sur douze. Seulement, on ne doit pas oublier qu'au moyen âge, la soi-disant population agricole n'était pas exclusivement occupée par l'agriculture; que c'était elle qui faisait, en grande partie, le travail qu'effectuent actuellement les brasseurs et les boulangers, les fileurs et les tisserands, les briquetiers et les charpentiers, les couturières et les tailleurs, ainsi que beaucoup d'autres métiers.

D'autre part, on ne compte pas dans la population occupée par l'agriculture les ouvriers qui concourent, directement ou indirectement, à la fabrication des machines agricoles, dont le nombre s'est considérablement accru, dans ces dernières années.

1. Seignobos. *Histoire politique de l'Europe contemporaine*, p. 640, Paris, Colin, 1897.

Mais, quoi qu'il en soit, la diminution du nombre des agriculteurs est incontestable, et nous avons vu que cette diminution porte principalement sur la classe ouvrière, et, dans la classe ouvrière, sur la catégorie des valets et des servantes de ferme.

Alors même que les prolétaires de la campagne ne désertent pas le travail des champs pour le travail industriel, ils manifestent une répugnance grandissante pour la condition de serviteurs à gages.

Ce n'est là, d'ailleurs, qu'un des aspects de la « question des domestiques ». Le même problème se pose, à la campagne et à la ville : les gens se refusent à *servir;* ils acceptent encore un *patron*, mais non plus un *maître;* ils consentent à se laisser exploiter par autrui, mais, tout au moins, prétendent-ils conserver, en dehors de leurs heures de travail, une liberté personnelle incompatible avec la domesticité, cette forme dernière du servage.

Que la généralisation de cet état d'esprit crée de sérieux embarras aux maîtresses de maison et aux tenanciers d'exploitations agricoles, nul ne songe à y contredire, mais, d'autre part, qui oserait méconnaître que ces résistances croissantes du travail servile ne soient l'indice d'un progrès moral immense, dont les conséquences heureuses se font sentir dès à présent !

Nous n'en voulons pour preuve que les constatations suivantes, faites récemment par un médecin de Bruxelles, le Dr Bayet :

« Depuis quelques années, les vénériennes libres, qui sont presque toutes des servantes, diminuent à l'Hôpital Saint-Pierre, dans des proportions considérables. J'ai pu suivre, étape par étape, cette diminution. Elle est en rapport avec ce fait constaté dans les villes, depuis quelques années : la pénurie des servantes. Dès qu'une servante quitte une maison, elle est placée tout de suite et échappe au garni borgne, à l'oisiveté, à la misère avec ses tentations; elle échappe au racoleur, au proxénète et, du coup à la syphilis; et la pénurie des servantes elles-mêmes tient en grande partie à la prospérité industrielle, la femme préférant rester au pays, travailler à l'usine que d'aller servir[1]. »

Cette pénurie serait bien plus grande encore, si les campagnes ne continuaient pas à fournir aux villes la plupart des hommes et des femmes qui, par nécessité ou par préférence, se décident à « entrer en condition », tout au moins pendant une partie de leur existence.

Mais tout fait prévoir que, dans un prochain avenir, la crise des domestiques provoquera des modifications considérables dans l'organisation des travaux ménagers.

On sait, par exemple, qu'aux États-Unis, quantité de besognes — telle le cirage des bottes ou le nettoyage des appartements — s'effectuent, pour toute une rue ou tout un quartier, par des travailleurs libres, au lieu d'être exécutées, dans une seule maison, par une servante à tout faire.

Dès à présent, en tous cas, ce sont des difficultés analogues qui obligent les fermiers à transformer complètement les conditions du travail agricole.

Pour suppléer à l'insuffisance de leur personnel permanent, ils recourent, de plus en plus, soit à l'aide temporaire de journaliers, travaillant à la tâche, soit au remplacement des bras par la machine, soit à l'extension des cultures qui n'exigent qu'une main-d'œuvre restreinte.

Il va sans dire que cette évolution ne se fait pas sans difficultés, sacrifices d'argent, embarras de toute nature, d'autant plus désagréables, pour les cultivateurs, qu'ils coïncident avec la crise générale de l'agriculture.

1. Bayet. *A propos des « Avariés »*. Revue de l'Université libre de Bruxelles, 1902 p. 316.

Néanmoins, pour la grande masse des travailleurs ruraux, la raréfaction de la main-d'œuvre, en relevant les salaires, constitue un avantage indéniable et, au point de vue du développement intellectuel et du progrès des institutions démocratiques, il suffit de penser à ce que serait l'Europe, à ce que seraient les États-Unis, sans leurs populations urbaines, pour se convaincre que l'exode rural — quand il ne dépasse pas certaines limites — n'est pas seulement une nécessité économique pour les campagnards, mais un bienfait pour la civilisation.

On insiste, il est vrai, sur les côtés sombres de la vie urbaine, sur les abîmes de misère qui déshonorent les grandes agglomérations, sur l'excessive et précoce mortalité qui résulte d'une existence fiévreuse, dans l'atmosphère viciée d'ateliers insalubres et de logements encombrés.

Tout cela n'est pas contestable et, certes, nous serions les derniers à considérer comme un état normal, comme un état définitif, les conditions de vie de la plupart des citadins. Mais, si grands que soient, et que puissent être, les maux engendrés par la concentration urbaine, elle a tout au moins, à nos yeux, cet inappréciable avantage d'arracher des milliers d'individus à l'inertie mentale, à l'individualisme étroit et borné, qui sont le triste apanage de la majeure partie des populations agricoles.

Si large que soit la part faite aux exceptions, il est bien difficile, en effet, de taxer d'inexactitude, ou même d'exagération, ce portrait que François Vidal, en 1848, faisait des paysans, lorsqu'ils restent isolés de tout contact avec les villes, enfermés dans l'isolement farouche de la vie des campagnes :

« Race ignorante, égoïste, âpre au gain et impitoyable au malheur, obstinée dans ses préjugés, rebelle à toutes les innovations, même à celles qui ont pour objet l'amélioration de son sort, elle n'a d'affection que pour son champ et pour ses écus, elle tient à son bétail plus qu'à sa famille; elle porte plus sincèrement et plus longtemps, au fond de son cœur, le deuil d'un bœuf mort, que le deuil de son vieux père, et elle trouve que le bonheur de l'humanité serait payé trop cher, s'il devait lui coûter momentanément quelques centimes additionnels... »

Nous savons bien que ces infériorités morales trouvent leur explication, et, par conséquent, leur excuse, dans les conditions mêmes de l'existence rurale ; mais, c'est précisément pour ce motif que nous attribuons une influence salutaire à l'émigration des campagnards vers les villes.

C'est en se mêlant aux foules ouvrières, en participant au perpétuel coude-à-coude des travaux en commun, en éprouvant les mêmes souffrances et en soutenant les mêmes luttes, que, peu à peu, se développe en leur âme, cet esprit de solidarité, de fraternelle assistance, qui suffit, à lui seul, pour compenser, et pour racheter tous les défauts et tous les vices que peuvent avoir les travailleurs des villes.

« Je n'ai trouvé chez nos ouvriers — écrivait jadis Villermé — qu'une seule vertu qu'ils possédassent à un plus haut degré que les classes sociales plus heureuses ; c'est une disposition naturelle à aider, à secourir les autres, dans toutes espèces de besoins. »

Il n'en faut pas plus pour consacrer la supériorité morale du prolétariat urbain et assurer son triomphe dans les combats pour l'avenir !

DEUXIÈME PARTIE

LE RETOUR AUX CHAMPS

Et qu'importent les maux et les heures démentes
Et les cuves de vice où la cité fermente,
Si quelque jour, du fond des brouillards et des voiles,
Surgit un nouveau Christ, en lumière sculpté,
Qui soulève vers lui l'humanité
Et la baptise au feu de nouvelles étoiles.

VERHAEREN (*Les Villes tentaculaires*).

L'une des caractéristiques essentielles de l'époque moderne, et, particulièrement, du XIXe siècle, c'est la centralisation : *centralisation politique*, par la formation de l'état bourgeois et la constitution des nationalités ; *centralisation économique*, par la concentration des capitaux et des forces de travail ; enfin, par voie de conséquence nécessaire, *centralisation urbaine*, par la multiplication des grandes villes, sièges des industries et des gouvernements.

Ainsi que l'écrivaient les frères de Goncourt, dans *Charles Demailly* « tout se précipite à la centralisation, à la formation de grandes et de petites capitales. La vie moderne va du plein air de la vie agricole, à la vie concentrée, à la vie assise, à la vie au gaz du charbon de terre, à la vie au gaz des lampes, à la vie nourrie par une alimentation falsifiée, sophistiquée, trompeuse, à tous les renversements des conditions normales de l'être physique... »

Et, en même temps que ces inconvénients de l'hypertrophie des villes, se développent les nuisances, non moins irrécusables, de la centralisation capitaliste, faisant le vide dans les campagnes, et de la centralisation gouvernementale, enlevant toute initiative aux groupes locaux.

Aussi voit-on, dans tous les pays, des contre-courants se manifester, dans l'opinion des penseurs, comme dans la pratique des hommes d'action.

Tout en conservant les avantages de la centralisation politique, on préconise et on développe l'autonomie des centres secondaires.

Tout en reconnaissant les nécessités de la centralisation pour certaines industries, de nombreux sociologues, et, par exemple, Kropotkine, dans *Fields, Factories and Workshops*, citent quantité de faits à l'appui de cette opinion que d'autres branches pourraient être décentralisées et associées, ou réassociées, au travail agricole.

Enfin, tout en ayant la conviction que l'exode rural, l'émigration des campagnes vers les villes répondent, actuellement, à des nécessités inéluctables, et que leur créer artificiellement des entraves, serait condamner des populations entières à la plus misérable des existences, il est permis de se demander si ce mouvement de centralisation n'approche pas de son terme et si l'accroissement des populations urbaines, dans les pays les plus avancés, n'arrivera pas bientôt au point de saturation.

Certes, il est toujours dangereux de faire des prédictions en cette matière.

Au commencement du XIXe siècle, Hume, dans son essai *On the Populousness of Ancient Nations* évaluait la population maximum de Carthage, Pékin, Constantinople, Londres, à environ 700.000 habitants et conjecturait « de l'expérience du passé et du présent, qu'il y a une sorte d'impossibilité à ce qu'aucune cité s'élève beaucoup au-dessus de cette proportion[1] ».

Environ cent ans auparavant, sir William Petty arrivait, au contraire, à cette conclusion, que la population de Londres pourrait s'élever, au maximum d'ailleurs, à cinq millions, mais, il estimait en même que l'Angleterre en 1842 n'aurait que dix à onze millions d'habitants, dont environ la moitié devrait se consacrer aux travaux agricoles nécessaires pour entretenir la capitale[2] !

De tels exemples ne sont pas faits pour encourager des prophéties nouvelles.

Mais, d'autre part, il est impossible de se désintéresser du problème et de ne pas envisager les conséquences qui résulteraient, pour les nations du xxe siècle, d'un accroissement des populations urbaines égal à celui qui a marqué le xixe.

« Si toute la surface du royaume — disait M. Balfour à la Chambre des communes, le 8 février 1895 — était transformée en un désert inculte, de telle sorte que notre territoire ne pût servir que de terrain de chasse, — et cette hypothère s'est réalisée dans certains comtés; j'espère que les autres parties du royaume ne suivront pas cet exemple — si la révolution industrielle et agricole devait faire disparaître les districts ruraux, je me demande s'il serait possible de regarder comme saine et prospère, une collectivité qui serait enfermée dans les murs d'immenses cités et qui ne serait occupée qu'à des travaux industriels. Quant à moi je ne puis envisager cette situation qu'avec inquiétude et avec effroi. »

Pareille perspective, en effet — et l'on comprend qu'elle vienne à l'esprit, dans une contrée comme l'Angleterre, où les villes de dix mille habitants et plus

1. *Essays*. (Edinburgh, 1817) p. 430, cit. par Weber. *The growth of cities*, p. 452.

2. Weber, *loc. cit.*, p. 452.

renferment les deux tiers de la population totale — n'a évidemment rien d'attrayant. Mais, ainsi que nous allons voir, s'il est vrai que dans tous les pays, même dans ceux où la population n'augmente guère, comme la France, ou diminue, comme l'Irlande, les villes continuent à s'accroître aux dépens des campagnes, une étude attentive des migrations internes permet d'entrevoir des symptômes de ralentissement dans la croissance des agglomérations urbaines et même, dans certaines régions, des mouvements de reflux vers les communes rurales.

Tout d'abord, c'est un fait bien connu que, depuis longtemps déjà, la population est en décroissance dans les quartiers centraux de la plupart des grandes villes.

C'est le cas, notamment, pour l'*Innerestadt* de Vienne, pour les 1e, 2e, 3e et 4e arrondissements de Paris, (Louvre, Bourse, Temple, Hôtel-de-ville), pour les quartiers 1 à 6, 8 et 14 de New-York, qui sont le centre commercial et financier de la Cité, pour les deux *Bezirke* qui formaient le cœur du vieux Berlin, Köln et Friedrichstadt, et, enfin, exemple classique, pour les onze districts qui constituent la partie la plus ancienne et la plus centrale de Londres[1].

On en jugera par le tableau suivant, qui indique le mouvement de la population dans ces onze districts, pendant le cours du XIXe siècle.

	Chiffres absolus	Pourcentage de la population totale de Londres.
1801, ...	588.204	61.3
1851.	1.120.590	48.0
1861.	1.187.087	42.3
1871.	1.155.462	35.5
1881.	1.101.094	28.8
1891.	1.022.951	24.3

1. Meuriot. *La population de Berlin et de Vienne*, d'après les dénombrements récents. Journal de la Société de statistique de Paris 1901, p. 347 et suiv. — Weber. *The growth of cities*, p. 461, 463 et suiv. — Levasseur. *La population française*, liv. II, p. 364, Paris, Rousseau, 1891.

Il y a donc eu décroissance relative depuis 1801, décroissance absolue depuis 1861, et, antérieurement déjà, cette décroissance absolue avait commencé dans quatre ou cinq districts, et, particulièrement, dans le Strand et dans la Cité.

	Cité de Londres.	Strand.
	—	—
1841.	124.717	52.209
1851.	129.128	51.765
1861.	113.387	48.242
1871.	75.983	41.339
1881.	51.439	33.582
1891.	38.320	27.516
1901.	26.908	21.669

Bref, on peut entrevoir le temps où, dans Londres, et dans les autres capitales, les quartiers du centre seront à tel point envahis par les bureaux, les grands magasins, les théâtres, les musées, les monuments de toute nature, qu'ils ne seront plus guère habités que par les portiers, les concierges, les gardiens des édifices publics ou privés.

Au surplus, malgré ce mouvement centrifuge, l'ensemble de la population des principales villes continue à s'accroître.

Seulement — et c'est le second point sur lequel il importe d'attirer l'attention — le taux de cet accroissement tend à se réduire de plus en plus.

A Londres et à Berlin, par exemple, les résultats des derniers dénombrements quinquennaux sont, à cet égard, tout à faits concluants.

Pour Berlin, de 1872 à 1880, l'augmentation globale est de 293.000 habitants (moyenne annuelle 32.556), de 1881 à 1890, cette augmentation est de 457 000 (moyenne annuelle 45.700); de 1891 à 1900, elle s'abaisse à 309.000 (moyenne annuelle 30.900). C'est donc pendant cette dernière décade que l'accroissement est le moins considérable et les dénombrements relatifs aux deux cercles voisins de Teltow et de Nieder Barnim montrent que ce fléchissement tient au développement énorme pris par la banlieue.

Pour Londres, voici les renseignements que nous empruntons au *Daily News* (4 mai 1901) commentant les données du dernier *Census* :

« D'après le recensement de 1896, le territoire appelé Londres, à cette époque, et qui était le même qu'en 1891, avait une population de 4.411.710. En 1881, il en comptait 3.815.544. Cette année, le même territoire, faiblement augmenté par le *Boroughs Act* est habité par 4.536.034 personnes. En négligeant la minime différence d'étendue de territoire, nous obtenons le tableau suivant :

1881	3.815.544
1891	4.211.743
1896	4.411.710
1901	4.536.034

Ce tableau révèle une diminution progressive du taux d'accroissement de la population, dans les limites de Londres intérieur. Pour préciser, le taux d'accroissement, entre 1881 et 1891 était de 10,4 p. cent. Il n'est plus pour la période décennale suivante que de 5,8 p. 100. Encore faut-il noter que le taux d'accroissement a été moindre de 1896 à 1901, que de 1891 à 1896 : pendant la première de ces périodes quinquennales, l'accroissement a été de 200.000 ; pendant la seconde, de 124.000 seulement ».

Mais, pour apprécier la signification réelle de ces chiffres, il faut les mettre en rapport avec le développement, considérable, des localités suburbaines.

Si la courbe d'accroissement des grandes villes fléchit, si dans plusieurs d'entre elles — Cannan, par exemple, en a fait la démonstration pour Manchester et Liverpool[1]

1. Cannan. *Growth of Manchester and Liverpool*. Economic Journal, IV, p. 111 à 114.

— l'augmentation du nombre des habitants, telle qu'elle résulte des statistiques, reste en dessous du croît naturel, de l'excédent des naissances sur les décès, c'est, en grande partie, parce que beaucoup de citadins, franchissant les limites administratives de l'agglomération, s'en vont chercher dans la banlieue un logement plus salubre ou des loyers moins élevés. Et, naturellement, ce mouvement des sorties est d'autant plus accentué que les moyens de transport sont plus commodes et plus à la portée de toutes les bourses.

Dans les pays où les voies de communication rapide sont encore peu développées, où l'exploitation capitaliste des chemins de fer et des tramways de pénétration fait obstacle à l'abaissement des tarifs, où les travailleurs ne peuvent habiter à distance du siège de leur travail que moyennant des dépenses relativement considérables, et des fatigues d'autant plus grandes que leur journée de travail est plus longue, l'émigration ne dépasse guère les faubourgs, où l'encombrement tend à augmenter.

Dans ceux, au contraire, où l'exploitation des chemins de fer et des tramways par les pouvoirs publics, ou, tout au moins, l'obligation imposée aux Compagnies concessionnaires d'établir des tarifs réduits, favorise la décentralisation urbaine, l'exode vers les banlieues prend, d'année en année, plus d'extension.

Tandis que beaucoup de ruraux, qui viennent travailler en ville, conservent — grâce aux *trains-ouvriers* — leur domicile dans les campagnes d'alentour[1], quantité de fonctionnaires, d'employés, de commerçants ou d'industriels, y transportent leur résidence, tout en conservant leurs occupations dans la Cité.

1. En Belgique, où, grâce à l'exploitation des chemins de fer par l'Etat, les tarifs de transport pour les ouvriers sont extrêmement réduits, le nombre des *coupons de semaine* délivrés en 1901, s'est élevé à 4.412.723, ce qui représente plus de cent mille travailleurs habitant la campagne et prenant le chemin de fer, tous les matins, pour se rendre en ville.

D'autre part, à la faveur également de la facilité croissante des transports, beaucoup d'industries, qui s'étaient concentrées dans les villes, retournent maintenant à la campagne et y retiennent, ou y appellent, un personnel nombreux.

Enfin, sous les mêmes influences, certaines cultures, qui occupent un grand nombre de bras et qui se trouvaient jadis limitées par l'étroitesse du marché et l'insuffisance des voies de communication, prennent une extension de plus en plus considérable.

Bref, après avoir été l'une des principales, sinon la principale cause de la désertion des campagnes, en dissociant l'industrie de l'agriculture, en déchaînant la crise agricole et en rendant l'exode rural plus facile, le développement des moyens de communication et de transport — ainsi que l'annonçaient Pecqueur et Proudhon — commence à produire des effets contraires, en favorisant l'industrialisation de l'agriculture, la création d'établissements industriels à la campagne, et l'exode, temporaire ou définitif, des citadins vers le plat pays.

§ 1. — L'industrialisation de l'agriculture

La crise agricole n'a pas eu pour seuls effets de diminuer l'étendue du domaine cultivé, de remplacer fréquemment les terres de labour par des reboisements ou des pâtures permanentes, de provoquer l'introduction du machinisme dans les exploitations rurales et, par conséquent, de réduire la main-d'œuvre nécessaire pour le travail des champs.

Il est certaines régions, au contraire, où, depuis les maladies de la vigne, dans le Midi, et l'avilissement des prix du blé, dans toute l'Europe occidentale, se développent des cultures qui exigent une main-d'œuvre aussi considérable, voire plus considérable et retiennent, par conséquent, une population nombreuse dans les campagnes.

C'est ainsi, par exemple, que, dans son livre sur l'*Exode rural en Angleterre*, Graham constate que cet exode ne se produit pas, ou ne se produit guère, dans les districts où domine la production intensive des légumes, des fruits ou du lait pour le marché des villes[1].

Or, le développement de la population et de la capacité d'achat des grandes agglomérations, principales consommatrices de ces produits, nécessitent l'extension des industries laitière, maraîchère ou fruitière, et, surtout dans les pays où les chemins de fer sont exploités par l'État, et où l'on accorde à l'agriculture des tarifs de faveur, la facilité croissante des transports permet de pratiquer ces industries à des distances beaucoup plus considérables que jadis des centres de consommation.

Jusqu'en ces dernières années, par exemple, les paysannes des environs immédiats de Bruxelles étaient seules à y apporter du lait, dans leurs petites charrettes vertes, traînées par un chien : la consommation quotidienne ne dépassait pas cent mille litres[2]. Aujourd'hui, les chemins de fer et les tramways vicinaux en amènent autant, à eux seuls, des régions plus éloignées, où l'on a établi des laiteries centrifuges, qui vendent du lait écremé. Des laitières, en petit nombre, continuent à venir en ville, avec leurs cruches de cuivre, mais les carricles des grands laitiers leur font une rude concurrence et l'on voit se développer, de plus en plus, les procédés de transport et de vente qui sont, depuis longtemps, en usage, à Paris ou dans d'autres capitales. Chacun sait, en effet, que la majeure partie du lait consommé à Paris — plus de trois millions d'hectolitres

1. Graham. *The rural exodus*, p. 159. Londres, Methuen, 1892.

2. Rolin. *La vente des produits laitiers à l'intérieur et à l'extérieur*. Congrès national d'agriculture 1er fascicule, p. 121 et suiv. Namur, 1901.

par an — provient, par l'intermédiaire de marchands laitiers, des trois départements limitrophes de l'Oise, de Seine-et-Marne et de Seine-et-Oise.

« Dans certaines localités à proximité des gares — dit Vimeux — des industriels ont établi des dépôts où, deux fois par jour, en été, une fois seulement, en hiver, des garçons laitiers partent, avec de lourdes voitures, ramasser dans un rayon de 15 à 20 kilomètres, le lait des exploitations agricoles. Ce lait, renfermé dans des bidons de vingt litres, bouilli, est expédié le soir à Paris, où il arrive dans la nuit, pour être débité, le lendemain matin, par les épiciers et les crémiers[1]. »

Certes, la situation des campagnards adonnés à la production du lait est bien loin d'être satisfaisante. L'auteur de la monographie que nous venons de citer constate que le cultivateur doit se contenter d'une rémunération dérisoire : 10 à 12 centimes le litre, alors que le prix de vente au détail est de 60 à 75 centimes. De plus, il doit se plier à toutes les exigences des marchands laitiers, car la concurrence n'existe guère : si, par hasard, deux marchands viennent dans le même village, ils s'entendent très bien ensemble et l'un refuse les clients dédaignés par l'autre. Enfin, on impose fréquemment au producteur la race dont il doit garnir ses étables : il doit posséder avant tout des vaches normandes, dont le lait est riche en beurre, et non pas exclusivement des flamandes ou des hollandaises, qui pourraient lui permettre de se rattrapper un peu sur la quantité.

Mais, en dépit de ces inconvénients, il n'en reste pas moins vrai que, grâce à cette organisation, si défectueuse soit-elle, de la vente des produits laitiers, quantité de petits cultivateurs trouvent, dans l'élevage des vaches laitières des moyens d'existence qui leur feraient

1. Vimeux. *La vente du lait dans le département de l'Oise*. Journal d'agriculture pratique, 10 mai 1900.

défaut, s'ils n'avaient d'autres débouchés que le marché local et si les « trains du lait » ne mettaient à leur portée des consommateurs fort éloignés du siège de leur exploitation.

En pareil cas, évidemment, le progrès des transports entrave, dans une mesure plus ou moins large, l'exode rural.

Les mêmes observations s'appliquent aux cultures maraîchères qui, pour de faibles espaces, réclament une main-d'œuvre très abondante : aux environs de Paris, par exemple, cinq mille maraîchers travaillent sur neuf cents hectares seulement; c'est, du moins, le chiffre que donne Kropotkine, dans les intéressants chapitres sur l'agriculture, qui terminent la *Conquête du pain*.

Par conséquent, toute extension de ces cultures a nécessairement pour conséquence d'accroître la densité de la population des campagnes.

Mais, jusqu'en ces dernières années, la zone de production des légumes était, par suite de la défectuosité des transports, limitée strictement à la banlieue des villes.

On citait, comme une exception extraordinaire, les maraîchers de Roscoff, en Bretagne, qui cultivaient des primeurs pour le marché de Paris. Baudrillart, dans son ouvrage sur les *Populations agricoles de la France*, fournit de curieux détails sur ces petits propriétaires cultivateurs qui furent, longtemps, les seuls paysans bretons connaissant la grande ville. Les plus entreprenants poussaient jusqu'à la capitale, avec leur charrette et faisaient, dans cet équipage, à petites journées, les cent cinquante lieues qui séparent Roscoff de Paris. C'est, dit-on, vers 1830, qu'un paysan, pour la première fois, accomplit ce tour de force. Le Roscovite revenait de la même façon, non sans un séjour prolongé à Paris. La petite colonie s'installait près des halles, où elle était connue presque autant que ses primeurs. Ses stations dans la capitale étaient fécondes : elles ont développé chez cette population l'initiative et les aptitudes commerciales par le mouvement que donnent les villes, même à des intelligences peu cultivées.

L'influence, paraît-il, n'était pas toujours aussi bonne sur les mœurs et les habitudes. Aussi, les ménagères de Roscoff se sont-elles volontiers accommodées des changements survenus dans le mode de commerce, qui permettent, grâce au chemin de fer, de remettre la vente des produits aux mains d'intermédiaires. Le pays continue à se ressentir, d'une manière favorable, de ce courant, si régulier, de bénéfices : les légumes de toutes sortes abondent dans toute cette région côtière — la « ceinture dorée » de la Bretagne — et, grâce à la moiteur du climat, influencé par le *Gulf-stream*, les maraîchers du Léonnais, devançant de plus d'un mois ceux du nord et du centre de la France approvisionnent de primeurs les marchés de Paris, de Londres, et de Rotterdam[1].

Seulement, ce qui était jadis l'exception, est devenu la règle, depuis la généralisation des transports rapides et à bas prix.

Dans toutes les parties de la France, et, d'une manière générale, dans tous les pays d'agriculture intensive, on trouve des cultures maraîchères dont les produits s'écoulent à des distances de plus en plus considérables de leurs centres de production.

« Si l'habitant des villes — lisons-nous dans le *Journal d'Agriculture pratique* — mange moins de pain que celui des campagnes, il consomme plus de viande, et aussi plus de légumes frais et fins. Tout naturellement, pour

1. Baudrillart. *Les populations agricoles de la France*, 1re partie. *Normandie et Bretagne*, p. 508. — Lenthéric. *Côtes et ports français de la Manche*. Revue des deux Mondes. 15 juillet 1901, p. 412.

répondre à ce débouché sans cesse croissant, il s'est créé, soit près des villes elles-mêmes, soit maintenant, grâce à la facilité et à la rapidité des transports, partout où les conditions de sol et de climat étaient particulièrement favorables, des centres de culture en grand des légumes, en vue de l'exportation vers les principaux marchés. Dans le Midi, un climat tempéré pendant la saison d'hiver, assurant la production des légumes à une époque de l'année où, plus au nord, ils ne peuvent encore être portés sur les marchés voisins, a permis d'entreprendre la culture dite des *primeurs*. Le prix de vente élevé de ces primeurs compense alors les frais élevés de transport qu'ils peuvent avoir à subir... Mais, à leur tour, les primeurs du midi de la France, se voient concurrencées par celles que l'Algérie, grâce à son climat encore plus chaud, peut envoyer quelques semaines plus tôt sur les marchés de Paris, de Lyon ou de Marseille[1]. »

On voit que l'influence des agglomérations urbaines sur la densité des populations rurales se traduit, selon les régions, par des résultats différents, et même contradictoires.

Tantôt, et c'est encore aujourd'hui l'hypothèse la plus fréquente, les villes, par l'attraction qu'elles exercent, par les crises qu'elles provoquent, tendent à réduire le nombre des travailleurs agricoles; tantôt, au contraire, elles favorisent la création ou l'extension de cultures qui requièrent un plus grand nombre de bras; c'est le cas, non seulement pour les cultures potagères, mais pour la productiou de certains fruits, soit en pleine terre, soit en couches, soit en serres chaudes.

Et, ici encore, le développement des lignes de chemin de fer et de navigation permet aux cultivateurs

1. Hitier. *La culture et l'exportation des primeurs en Algérie*. Journal d'agriculture pratique, 26 septembre 1[illegible]1, p. 394,

d'envoyer leurs produits sur des marchés de plus en plus lointains.

Les fraisiculteurs de Brest, par exemple, et ceux du Comtat, c'est à-dire de toute la région située autour de Carpentras, envoient, chaque année, plusieurs centaines de milliers de kilos de fraises en Angleterre.

Sur les bords du Rhône, aux environs de Vienne, toute la contrée, sur un parcours de 200 kilomètres, a été transformée, depuis la dévastation des vignobles par le phylloxera, en un véritable jardin produisant, à grand renfort de main-d'œuvre, des quantités énormes de fruits et de légumes : tous les chemins sont bordés d'abricotiers et de cerisiers, tandis que dans l'intervalle des arbres, on cultive des fèves, des petits pois, des fraises et autres primeurs, pour le marché des villes. Au printemps le délicat parfum des abricotiers se répand dans toute la vallée et, bientôt, les fraises, les cerises, les pêches, les raisins se succèdent rapidement, en même temps que des fèves, des salades, des choux, des poireaux, des pommes de terre sont envoyés, à pleines charrettes, vers les centres industriels de la région[1].

On retrouve, chacun le sait, cette même union des cultures fruitières et potagères dans les îles de la Manche, où une population extrêmement dense et qui ne songe nullement à émigrer dans les villes, produit des quantités énormes de primeurs pour les marchés de Londres, Southampton, Liverpool, Newcastle, ou Glasgow.

« La petite île de Jersey, longue de 8 milles et large de 6 seulement est encore un pays de culture en pleine terre, mais, bien que sa superficie ne dépasse pas 28.707 acres (l'acre = 40 ares), y compris les rochers, elle nourrit une population d'environ 2 habitants par acre, soit 1.300 habitants au mille carré et il n'est pas

1. Kropotkine. *Field, factories and workshops* p. 109 et 88. London Swan Sonnenschein, 1901.

un agronome qui, après avoir visité cette île, ne vante le bien-être des paysans de Jersey et les admirables résultats qu'ils obtiennent dans leurs petites fermes de 5 à 20 acres — souvent même moins de 5 acres — par le moyen d'une culture intensive et rationnelle.[1] »

Rappelons encore que, dans certaines localités de l'Angleterre, du nord de la France et, surtout, à Hoeylaert, aux environs de Bruxelles, les serres à tomates, à fraises et à raisins — les raisins, destinés aux tables de Bruxelles, de Londres, de Berlin ou de Pétersbourg étant la culture dominante — occupent une population ouvrière nombreuse et constituent, par conséquent, un puissant obstacle à la désertion des campagnes d'alentour.

A Hoeylaert, notamment, presque tous les ouvriers sont employés dans les serres et, tandis que les villages environnants, où la viticulture n'est que peu ou point développée, envoient tous les jours à Bruxelles un fort contingent d'ouvriers du bâtiment, ce ne sont guère que les femmes qui se rendent à la ville, pour vendre les œufs, le beurre ou occuper un étal de bouchère au marché Saint-Géry.

En résumé, le perfectionnement des moyens de transport permet d'étendre considérablement la zone des cultures intensives, des *fabriques* de légumes, de fruits, de produits laitiers, occupant, sur un étroit espace, un assez grand nombre de travailleurs.

Certes, jusqu'à présent, l'extension de ces cultures n'a pas eu pour effet — sauf dans certains cas exceptionnels, comme les colonies végétariennes en Angleterre — de déterminer un reflux des populations urbaines vers les campagnes. Elles n'occupent encore qu'une très minime partie du domaine cultivé. Leur

1. Kropotkine. *Fields, factories and workshops*, p. 109 et 88. London, Swan Sonnenschein, 1901.

influence est loin de compenser la diminution de main-d'œuvre résultant du machinisme et de la conversion des terres à blé en pâtures permanentes. D'ailleurs, la concurrence des produits d'outremer, grâce aux procédés de conservation récemment introduits, commence à se faire sentir dans ces branches spéciales de l'agriculture et ce serait folie d'espérer que les vastes étendues, occupées actuellement par les céréales, se transforment en jardins légumiers ou fruitiers.

Mais il n'en reste pas moins vrai que partout où des cultures de ce genre ont pris un grand développement, elles ont eu pour résultat d'enrayer l'émigration vers les villes; et ce, d'autant plus, que les progrès de la production des fruits, des légumes, ainsi que des plantes industrielles, et particulièrement de la betterave à sucre, entraînent nécessairement la création d'établissements industriels au cœur même des campagnes.

« Dans certaines régions — disait A. Melot, dans son rapport au Congrès national belge d'agriculture (1901) — les effets nuisibles de l'intermittence des occupations agricoles ont été combattus par l'établissement d'industries dépendant directement de l'agriculture, sucreries, distilleries agricoles, qui emploient, pendant l'hiver, une grande partie des ouvriers occupés, pendant l'été, aux travaux des champs. Près de Louvain, une usine fabrique des conserves alimentaires : elle achète des produits maraîchers à plus de deux lieues à la ronde; les ouvriers agricoles y trouvent, à la fois, un débouché pour les produits de leur coin de terre et un travail rémunérateur pour les journées d'hiver[1]. »

De ces industries hivernales, la plus importante, au point de vue qui nous occupe est, incontestablement, la fabrication du sucre de betteraves.

D'après le recensement des industries belges, du

1. *Congrès national belge agricole de Namur*, 3e fascicule, p. 773.

31 octobre 1896, environ 25.000 ouvriers, dont la plupart habitent la campagne, sont occupés, pendant plusieurs mois dans les sucreries et peuvent, par conséquent, attendre la reprise des travaux agricoles, sans être condamnés à un chômage presque complet.

Il n'est donc pas douteux que les conséquences de la crise agricole, quant à l'exode rural, aient été sensiblement atténuées, parfois même neutralisées par le développement de l'industrie sucrière et des autres industries qui se rattachent directement à l'agriculture.

Seulement, ces industries n'existent que dans certaines régions ; leur extension se trouve fréquemment entravée par un régime fiscal défectueux et, surtout, par l'insuffisance du pouvoir d'achat des classes ouvrières.

Pour que l'industrialisation de l'agriculture se développe, que la production intensive du sucre, du beurre, du lait, de la viande, des légumes, des fruits, retienne ou ramène dans les campagnes un plus grand nombre de bras, il faudrait que des transformations sociales profondes relèvent le *standard of life* des travailleurs et leur permette de consommer ces produits, non plus dans la mesure de leurs ressources, mais dans la mesure de leurs besoins.

§ 2. — Le déplacement des industries vers les campagnes

Le développement de la production capitaliste, en concentrant les principales industries dans les villes et les bassins houillers, a fait disparaître quantité d'industries villageoises, qui fournissaient à des légions d'artisans ou de petits cultivateurs un revenu principal ou accessoire.

Partout où ces industries n'ont pas été remplacées, ou transformées en industries capitalistes et, notamment, dans les régions où dominait jadis la filature et le tissage à la main, la population rurale s'est trouvée dans l'obligation de chercher du travail au dehors, soit en émigrant, soit en s'absentant une partie de l'année, soit en allant travailler quotidiennement, dans les centres industriels. Mais, dans d'autres régions, des industries nouvelles se sont établies et, depuis quelques années, les chefs d'entreprise ont une indéniable tendance à transférer, chaque fois qu'ils le peuvent, leurs établissements à la campagne.

Le but poursuivi, c'est l'abaissement du coût de production, par la réduction des salaires et du prix d'achat ou de location des immeubles, ou bien, dans les pays de montagne, par l'utilisation de la force motrice des hautes chutes, la substitution de la houille blanche à la houille noire.

Affamée de charbon, la machine à vapeur avait écarté les fabriques des cours d'eau ; l'électricité les y ramène.

Cette révolution technique commence à se dessiner, notamment, en Allemagne, en Autriche, dans le nord de l'Italie, dans les hautes vallées des Pyrénées et de l'est de la France, où G. Hanotaux en décrit les effets dans les termes suivants :

« Sur tout le massif du Dauphiné et par tout le massif alpestre, on trouve des usines considérables, installées dans tous les coins et recoins d'un pays qui, il y a quelques années, vivait misérablement. Maintenant il se transforme à vue d'œil. Les villages s'enrichissent ; les cabanes deviennent maisons ; les moindres villages sont éclairés à la lumière électrique ; partout les poteaux qui supportent les fils transporteurs de la force sont plantés ; les tramways électriques courent le long des vallées et abordent maintenant les montagnes. »

D'après une statistique officieuse, qui remonte au 1er janvier 1899, il s'est ajouté depuis 1890, aux

8.961 moulins et petits établissements, employant en moyenne 12 chevaux et demi de force, 58 usines nouvelles, disposant d'une force totale de 250.000 chevaux, soit plus de 4.000 chevaux par usine.

Durant ces trois dernières années, le nombre de ces usines a dû considérablement augmenter.

Aussi n'est-il pas étonnant que l'on se préoccupe des conditions auxquelles, dans l'avenir, des établissements de ce genre pourront être établis.

La question est actuellement à l'étude, au ministère du commerce. Le 6 juillet 1900, MM. Loubet, Baudin et Dupuy ont déjà déposé une proposition de loi qui attribue à l'État le droit exclusif de concéder les forces hydrauliques, pour toutes les usines employant plus de 100 chevaux de force.

Cette proposition si rationnelle soulève cependant, dans certains milieux, les plus vives critiques. Certains jurisconsultes lui reprochent de constituer, pour les riverains, une véritable expropriation sans indemnité[1].

Mais, quoi qu'il en soit, et partout où le régime des eaux s'y prête, nous assistons à une délocalisation industrielle, que la transmission de l'énergie à de grandes distances généralisera, peut-être, un jour et dont on ne peut qu'entrevoir les multiples et profondes conséquences économiques et sociales.

En tout cas, ce qui est dès à présent certain, c'est que le transfert ou la création de vastes entreprises industrielles dans les régions alpestres, qui constituent, à raison de leur pauvreté, des foyers d'émigration, dispense une partie de leurs habitants de chercher du travail hors de chez eux et y attire, en outre, des ouvriers qualifiés, dont le recrutement sur place ne serait pas possible.

1. Brun. *Projet de main-mise de l'État sur les chutes d'eau.* Revue catholique des institutions et du droit, février 1902.

Néanmoins, si importante que soit, et, surtout, que puisse être dans l'avenir, l'action décentralisatrice exercée par l'emploi des forces motrices naturelles, elle n'a pas, pour le moment, le caractère de généralité que présente cet autre phénomène de croissance du capitalisme : le déplacement des établissements industriels vers les campagnes, en vue de payer des loyers, et, surtout, des salaires moins élevés.

Aux États-Unis comme en Europe, on constate, en effet, que l'industrie de fabrique émigre de plus en plus vers le plat pays et, d'autre part, malgré la décadence générale des industries rurales à domicile, il en est un certain nombre qui conservent leurs positions, ou même en conquièrent de nouvelles.

C'est le cas, par exemple, en Allemagne, où le nombre total des ouvriers à domicile est tombé de 476.075 en 1882, à 457.748, en 1895; mais cette diminution est exclusivement due à la décadence du travail manuel dans l'industrie textile; les autres branches, au contraire, accusent une augmentation, dans les grandes villes, d'une part, mais d'autre part, aussi, dans les régions montagneuses [1].

De même, en Belgique, où, de 1846 à 1896, le nombre des ouvriers, hommes et femmes, travaillant à domicile, a décru de 200.000 à 120.000, moins à cause d'une diminution générale, que par suite de la disparition presque complète de plus de 100 000 fileurs et fileuses des Flandres; mais, tandis que les industries anciennes, comme l'industrie linière, la clouterie, la coutellerie, le tressage de la paille, voyaient décroître leurs effectifs, ou se transformaient en industries urbaines, d'autres, au contraire, comme la manufacture des dentelles, le

1. Harris. *Present condition of the hand-working and domestic industries of Germany*, Bulletin of the Department of labor. Washington, may 1902.

cousage des gants, la fabrication des cigares, se déplaçaient vers la campagne, à la recherche de main-d'œuvre à bon marché [1].

Il est vrai que ces industries, misérablement payées, n'emploient guère que des femmes et des enfants, mais il en est, ailleurs, qui occupent de nombreux ouvriers mâles et adultes, et contribuent sérieusement à enrayer l'émigration dans les villes.

Telles sont, en France et en Suisse, les industries rurales de la région lyonnaise et de la région jurassienne[2].

Aux environs de Saint-Étienne, la fabrique de ruban de soie et de velours s'étend sur dix-sept communes du département de la Loire et sur dix communes de la Haute-Loire. Tandis que le nombre des métiers diminue, à Saint-Étienne même, il augmente dans les campagnes d'alentour[3].

Le même phénomène se produit, avec une intensité beaucoup plus grande, pour le tissage de la soie, qui était, au commencement du XIXe siècle, une industrie purement urbaine dont le principal centre était Lyon; mais, dès la fin de l'Empire, ou le début de la Restauration, nous la voyons se disloquer, dépasser les faubourgs, s'établir dans les communes rurales environnantes, puis, successivement, dans tous les départements voisins de celui du Rhône. D'après le recensement fait par les maires, en 1900, à la demande de la Chambre de commerce de Lyon, il y avait, à cette époque, 47.406 métiers ruraux à bras, disséminés dans les départements de l'Ain, du Rhône, de la Loire, de l'Isère, de Saône-et-Loire, de Vaucluse[4]. Ces métiers sont action-

1. Voy. Ministère de l'industrie et du travail. *Recensement général des industries et des métiers* (31 octobre 1896). Analyse des vol. I et II p. 42. Bruxelles, Hayez, 1900.

2. Dubois et Julin. *Les moteurs électriques dans les industries à domicile*, p. 235, Bruxelles, 1902.

3. Julin et Dubois. *Loc. cit.*, p. 121 et suiv.

4. *Ibid.*, p. 41 et suiv.

nés par des ouvriers à la fois agriculteurs et industriels, qui acceptent des façons dont ne pourraient se contenter les tisseurs de la ville. Aussi, le nombre de ces derniers — les *canuts* de l'ancienne industrie lyonnaise — se réduit-il d'année en année.

Dans les montagnes du Jura, les industries, jadis urbaines, ont pris, depuis la chute du régime corporatif, qui entravait leur établissement à la campagne, une extension considérable.

De Genève, l'industrie horlogère s'est répandue dans toute la partie rurale des cantons de Berne et de Neufchâteau; mais elle tend à se transformer, rapidement, en industrie de fabrique.

Par contre, l'ancienneté de l'industrie et de l'agriculture continue à produire — d'après Kropotkine — des résultats excellents, aux environs de Saint-Claude, dans le Jura français.

« A Saint-Claude, qui est un grand centre pour la fabrication de pipes de bruyère (vendues en quantités considérables à Londres, sous des marques anglaises, et, à cause de cela, très recherchées par les Français qui veulent rapporter un souvenir de l'autre côté du canal), de grands et petits ateliers, actionnés par la force motrice du Tacon, prospèrent les uns à côté des autres. Plus de 4.000 hommes et femmes sont employés dans ce métier, tandis que toutes sortes de petits métiers accessoires ont grandi à ses côtés (fabrication d'étuis, de bouts d'ambre, ou de corne, etc.). D'innombrables petits ateliers sont occupés, sur les deux rives, à la fabrication de toutes espèces d'objets en bois, porte-allumettes, lorgnettes de théâtre, chapelets, ou bien d'objets en corne, pour ne rien dire de la grande usine (200 ouvriers) de mesures métriques, fabriquées pour le monde entier. En même temps, des milliers de personnes, à Saint-Claude, dans les villages voisins et dans les hameaux de la montagne, sont occupées à la taille des diamants (une industrie qui date seulement de quinze ans dans cette région[1]), et d'autres milliers sont employées à la taille de pierres moins précieuses. Tout cela est fait dans de petits ateliers, actionnés par des moteurs hydrauliques. L'extraction de la glace de certains lacs, et l'écorçage des chênes pour les tanneries, complètent la description de ces villages d'affaires, où l'industrie s'associe à l'agriculture et où les machines et les procédés modernes sont si bien mis au service des petits ateliers[2]. »

Il convient de remarquer, au surplus, que le développement considérable des industries rurales dans cette région, et, d'une manière générale, dans la plupart des régions montagneuses[3], s'explique, en grande partie, par la longueur de la saison d'hiver, qui oblige les habitants — de même que les paysans russes — à combiner leur travail agricole avec une autre occupation.

D'autre part, ce qui rend ces industries prospères, c'est la possibilité, pour les plus petites entreprises, de

1. Auparavant, elle était localisée dans les deux villes d'Anvers et d'Amsterdam.

2. Kropotkine. *Fields, factories and workshops*, p. 153 et suiv. Londres, Swan Sonnenschein, 1901.

3. Harris, *Loc. cit.*, p. 544 : « La distribution géographique des industries à domicile présente un intérêt particulier. D'après Weber, une chaîne d'industries de ce genre suit de si près les montagnes que, dans toute l'Allemagne centrale, il n'existe pas une seule région montagneuse qui en soit dépourvue. En commençant par l'est, nous trouvons d'abord, les *Eulengebirge* et les *Riesengebirge* avec le tissage ; dans la région adjacente, les collines de la Lusace, on fait le verre, le tissage et la fabrication des pendules ; puis viennent les *Erzgebirge*, avec la fabrication des jouets, des dentelles, des passementeries, des montres et la manufacture des instruments de musique ; ensuite, dans les hautes terres de la Thuringe, la quincaillerie et la fabrication d'autres objets en métal, les jouets et la vannerie. A l'extrémité occidentale de la chaîne, la bonneterie, et dans l'Eichsfeld, jusqu'à la région du Harz, le tissage à domicile. De même, dans les autres districts montagneux, on trouve la sculpture sur bois, la vannerie, la fabrication des jouets, des objets en cuir, des boites de montre, le tissage du coton et de la soie, la fabrication des cigares et des souliers ».

bénéficier de tous les avantages du machinisme, grâce à la force motrice fournie par les torrents.

Partout où des conditions analogues font défaut, où il n'existe pas un motif spécial qui s'oppose à l'introduction du machinisme, les industries rurales à domicile n'existent pas, ou bien sont en décadence, ou bien encore ne parviennent à s'implanter et à se maintenir que par l'exploitation éhontée de travailleurs que leur sexe, leur dispersion, leur ignorance de l'état du marché, livrent, sans défense, à toutes les volontés patronales.

Mais, à côté de ces industries qui cherchent des compensations à leur infériorité technique, en recrutant, dans les campagnes, de la main-d'œuvre à bas prix, il en est d'autres qui s'efforcent de joindre aux avantages du machinisme et de la concentration des capitaux, ceux que les chefs d'entreprise espèrent tirer de la faiblesse des salaires ruraux et de la modicité des loyers.

C'est principalement pour ces motifs, par exemple, que la grande industrie textile, après avoir émigré des campagnes vers les villes, retourne maintenant des villes vers les campagnes.

A partir du moment où le coût de la main-d'œuvre devient un facteur plus important que le coût des transports, cet exode industriel commence.

Il y a de longues années déjà, à la Commission des fils de coton, qui se réunit à Bruxelles, en 1885, un des principaux industriels gantois, M. de Hemptinne, expliquait, en ces termes, les motifs du transfert des tissages dans les communes rurales :

« La situation est telle, à Gand, que nous ne sommes plus maîtres de nos ouvriers ; nous avons, en présence de nous, une organisation formidable et très bien entendue, aux mains des socialistes...

» Nous nous sommes demandé : est-il possible, est-il raisonnable, à moins de mettre la ville à feu et à sang, de réduire tous les salaires de 40 à 50 p. 100? Nous avons dit : non, cela n'est pas possible. Je défie n'importe qui, ici présent, d'oser tenter une aventure pareille.

» M. Verbecke. — Seul, cela n'est pas possible, évidemment.

» M. de Hemptinne. — Ce sera avec votre concours?

» M. Verbecke. — Avec le concours de tous. La libre entrée des fils vous l'assurera.

» M. de Hemptinne. — Quoi qu'il en soit, notre Conseil d'administration a reculé devant cette éventualité. Savez-vous ce qu'il a fait? Il a suivi l'exemple que l'on nous a donné à Manchester, où l'on se trouvait dans une situation absolument semblable à la nôtre. Les salaires avaient haussé, je ne dirai pas d'une façon ridicule, mais excessive. Chez nous, ils ont plus que doublé depuis 1853. Manchester ne compte plus guère aujourd'hui de tissages et de filatures. Les tissages ont émigré à la campagne. On les a d'abord transférés à Stockport, près de Manchester, où l'on a opéré des réductions considérables sur les salaires. Stockport étant devenu un grand centre, on a transporté les tissages plus loin, et les salaires ont encore été diminués...

» Le plus simple étant de suivre cet exemple... je transporte mon tissage à Waerschoot. J'y ai, en ce moment 400 métiers et j'y monte une machine de 400 chevaux. Cela veut dire que, d'ici à un temps plus ou moins long, le tout y passera... »

Depuis 1885, ce mouvement de décentralisation n'a fait que s'accentuer. Dans la seule commune de Waerschoot, il y avait, à la date du dernier recensement (31 octobre 1896), cinq tissages mécaniques, occupant 624 ouvriers. D'autres ont été établis à Gentbrugge, Sleydinge, Somerghem, Zele, Wetteren, Calcken. Il suffit, du reste, de parcourir les campagnes du Brabant, de la

Campine Anversoise, et, d'une manière générale, les environs de toutes les principales villes, pour se convaincre que l'habitude de transférer, ou d'établir les établissements industriels dans les localités rurales, se répand de plus en plus.

La même tendance, d'ailleurs, se manifeste dans tous les pays industriels.

Aux États-Unis, par exemple, quantité d'industries ont été déplacées dans ces derniers temps, pour échapper à la surélévation des impôts, des rentes et des salaires. Weber cite notamment ce fait que sur 65 fonderies de fer, qui étaient établies dans la Cité de New-York, quatorze ans auparavant, quinze seulement subsistaient encore, vers 1899. Quelques-unes avaient cessé d'exister, mais la plupart des autres avaient été réinstallées à Brooklyn, ou dans les localités suburbaines situées sur l'Hudson, ou dans le New-Jersey [1].

En Angleterre, Ebenezer Howard, dans une communication faite à la Conférence de la *Garden City Association* (Birmingham, 20 septembre 1901), énumérait une série de cas analogues, dont les plus connus sont le transfert de la grande fabrique de chocolat des frères Cadbury, de Birmingham à Bournville et de la fabrique de savons *Sunlight*, de Warrington, près de Liverpool, à Port Sunlight, fondé à cinq milles de distance, en pleine campagne, sur les bords de la Mersey. D'autre part, beaucoup d'entreprises nouvelles, les ateliers de la Compagnie Kodak, par exemple, pour les appareils de photographie, et de la Compagnie Westinghouse ont été établis directement dans des localités rurales [2].

Mais c'est surtout en Allemagne, que l'industrialisa-

1. Weber. *The growth of cities in the nineteenth Century*, p. 202. The Macmillan Company. New-York, 1899.

2. E. Howard. *Garden cities : Manufactures and labour*, dans The Garden City Conference at Bournville. Report of Proceedings, p. 50 et 51. London, 1902.

tion du plat pays a pris, depuis quelques années, une extension considérable.

Aussi en résulte-t-il que, dans beaucoup de localités, parmi lesquelles Cologne, Aix-la-Chapelle, Dusseldorf, la population augmente plus rapidement dans les banlieues, que dans l'agglomération même.

En Westphalie, cet accroissement de la population, dans les communes rurales, par suite des progrès de l'industrie a été si considérable, que le Bureau de statistique de Prusse, commente, en ces termes, les résultats du dernier recensement :

« Ces chiffres montrent qu'une population essentiellement industrielle habite de préférence la campagne, fait qui ne s'était jamais produit à ce point en Prusse. A côté de la population industrielle des villes se montre donc, comme nouvelle couche sociale, une *population industrielle des campagnes* ayant des conditions de vie et de travail toutes spéciales, et dont l'importance dans l'État s'accroît tous les jours...

Tout fait prévoir, en effet, que l'exode industriel, dont on signale actuellement les débuts, est destiné à prendre une amplitude qui égalera, peut-être, celle de l'exode rural au XIXe siècle.

C'est, avant tout, pour la plupart des industries, une question de transports.

Certes, parmi les entreprises qui se concentrent dans les villes, il y en a beaucoup dont la nature même empêche, ou rend très difficile, le transfert à la campagne : celles, par exemple, qui produisent, pour la consommation locale, les choses qui se transportent ou se conservent malaisément ; ou bien celles qui ont besoin d'une main-d'œuvre spéciale, dont la capacité professionnelle est le résultat des traditions acquises, et transmises, de génération en génération.

Mais, pour quantité d'autres, l'éloignement des

agglomérations urbaines ne présenterait que des avantages économiques, si les transports étaient gratuits, ou, pour nous placer dans une hypothèse plus immédiatement vraisemblable, si l'uniformité des tarifs existait, pour les chemins de fer, comme elle existe déjà pour les communications postales et télégraphiques.

Formulée en ces termes généraux, l'idée se heurte, naturellement, à des objections d'ordre pratique, tout à fait analogues d'ailleurs, à celles que l'on formula jadis contre la réforme postale.

Cependant, il existe de nombreux exemples de tarifs par zones, qui constituent un acheminement vers le système des tarifs uniformes.

Tout le monde connaît l'expérience faite en Hongrie.

En Angleterre, les Compagnies de chemin de fer trouvent intérêt à transporter le poisson, des ports d'Écosse à Londres, au même prix que des ports anglais, situés à moitié chemin.

A New-York, les tarifs de transport du lait sont identiques pour toutes les localités rurales, situées, à l'origine dans un rayon de 100 milles, aujourd'hui, dans un rayon de 400 milles, demain, peut-être — si l'on écoute les suggestions de beaucoup d'hommes compétents — dans un rayon de 1.000 milles.

Et, nécessairement, à mesure que les initiatives de ce genre se multiplieront et se généraliseront, les motifs qui retiennent les entreprises industrielles dans les grands centres, ou aux abords immédiats des grands centres, iront en s'affaiblissant.

« L'effet d'un tarif uniforme, pour les chemins de fer — dit Weber — s'il doit jamais être réalisé (et nous avons vu que c'est déjà, dans une certaine mesure, une réalité pour les industriels de la Nouvelle Angleterre) serait d'éliminer le facteur « facilité des transports », des avantages ou désavantages que présentent les diverses localités, au point de vue de la production. La grande ville ne distribuerait plus ses produits dans des conditions de meilleur marché que la petite localité. Quant aux autres facilités de production, il n'y a point de supériorité du côté des grands centres commerciaux. Les fonctions importantes de la vente et de l'achat, l'obtention du capital et du crédit, qui, jadis, déterminaient l'établissement de beaucoup d'entreprises dans les centres commerciaux, peut être accomplie, maintenant, par l'intermédiaire d'un simple bureau, situé dans la cité; il n'y a pas la moindre raison d'y établir également la fabrique. D'autre part, la petite localité a le grand avantage de loyers et d'impôts beaucoup moindres, surtout lorsqu'elle offre aux industriels, pour les attirer, l'exemption de tout impôt, et le terrain gratuit, comme ce fut le cas, pour nombre de petites villes du Michigan, du New-Jersey et d'autres États[1] ».

En somme donc, il existe de sérieux motifs pour penser que nous arrivons à un point tournant de l'évolution industrielle, au point de vue de la distribution géographique des entreprises.

Tandis que le développement des industries électriques rend possible la mise en valeur de régions qui semblaient devoir rester perpétuellement en friche, la surélévation de la rente dans les villes, le prix exorbitant des terrains, l'aggravation des charges fiscales, la concentration des forces ouvrières, dont les exigences croissent, nécessairement, avec le coût de la vie urbaine, déterminent un nombre grandissant d'industriels à se détourner des grands centres, à émigrer vers les banlieues ou le plat pays.

Et, surtout dans les pays où les moyens de transport appartiennent à l'État, cet exode leur est facilité, ou, du moins, pourrait l'être aisément, par une politique de

1. Weber. *The growth of cities*, p. 205.

chemins de fer qui favoriserait la décentralisation industrielle.

Que cette politique s'affirme, se poursuive, se développe dans toutes ses conséquences logiques : les populations rurales ne seront plus contraintes par des nécessités économiques d'affluer vers les agglomérations urbaines et les populations, entassées actuellement dans les villes, pourront conserver leurs occupations industrielles, tout en vivant dans un milieu plus salubre et en reprenant contact avec la vie des champs.

§ 3. — L'exode des citadins vers le plat pays

Les travailleurs qui remontent le grand courant d'émigration de la campagne vers les villes et qui, temporairement ou définitivement, vont, au contraire, des villes vers la campagne, forment deux catégories bien distinctes : les uns sont de véritables citadins qui, pour des motifs divers, se décident à transporter *extra muros* leur domicile, ou, tout au moins, le siège de leur travail ; les autres appartiennent à cette population flottante, mi-agricole et mi-industrielle, qui est attirée par les grands centres, pendant les périodes de prospérité et qui tend à refluer vers le plat pays, pendant les périodes de crise.

I. La crise industrielle. — En dehors des métiers qui exigent un apprentissage de quelque durée, il existe un assez grand nombre de travaux et d'industries, dont le personnel, numériquement variable, passe plus ou moins facilement d'une branche à l'autre, au hasard des conjonctures économiques.

Ainsi, pendant la période d'expansion industrielle qui a marqué la fin du XIXe siècle, des milliers de campagnards, amorcés par de hauts salaires, se sont engagés dans les travaux publics, les travaux de surface des charbonnages, les entreprises de déchargement des navires, les industries du bâtiment, la fabrication des briques et autres exploitations, qui requéraient des manœuvres en nombre exceptionnel.

Il en est résulté que, pour les travaux agricoles, les fermiers se sont trouvés dans un embarras extrême et, pour s'en tirer, ont dû modifier profondément leurs procédés de culture, créer des pâtures permanentes, développer leur outillage mécanique, recourir à des *gangs* d'ouvriers étrangers. Mais, aujourd'hui, la marée descend : les charbonnages congédient une partie de leur personnel ; l'industrie du bâtiment ralentit son activité ; les entreprises de transport et de travaux publics ne suffisent plus à absorber tous les travailleurs disponibles et, dans tous les pays, le nombre des chômeurs est considérable.

Quelles vont être, au point de vue de l'agriculture, les conséquences de cette dépression économique ? Le problème de la main-d'œuvre, dans les campagnes, va-t-il se trouver résolu, pour le profit commun des fermiers et des sans travail ?

Cela revient à se demander si les manouvriers, repoussés par l'industrie, retourneront aux champs ; si les cultivateurs seront en mesure de les reprendre ; si la crise industrielle ne réagira pas défavorablement sur le marché des produits agricoles.

Tout d'abord un fait certain c'est que beaucoup d'ouvriers ont définitivement abandonné le travail de la terre et se refusent à le reprendre, si défavorable que soit la situation de l'industrie.

« Il est à remarquer — disait le correspondant de la *Revue du travail*, en janvier 1901 — que les ouvriers de la campagne, dès qu'ils ont travaillé dans les établissements industriels, ne retournent pas chez les fermiers, même s'ils viennent à se trouver sans travail[1]. »

On aurait tort, cependant, d'attribuer à cette observation une portée générale, car d'autres témoignages, que nous avons relevés dans la même publication ou recueillis sur place, constatent que, depuis la crise, de nombreux manouvriers se présentent dans les fermes ou dans les sucreries, pour obtenir de l'occupation.

En Hesbaye ou en Condroz, par exemple, les fermiers qui, pendant les années grasses, ne parvenaient plus à trouver de domestiques pour 50 francs, en trouvent aujourd'hui, plus qu'ils n'en veulent, pour 30 francs par mois.

On observe la même chose en Allemagne, où la crise sévit avec plus de violence encore, mais, en Allemagne, comme en Belgique, le retour aux champs n'est possible que pour certaines catégories d'ouvriers.

Dans la *Frankfurter Zeitung* du 30 novembre 1901, citant l'*Arbeitsmarkt Correspondenz* du Dr Jastrow, on pouvait lire ce qui suit :

« La dépression de l'industrie commence à rendre des ouvriers urbains aux campagnes. De toute une série de constatations, empruntées à la statistique du travail dans les villes, aux associations agricoles, aux usines patronales et ouvrières, se dégage à peu près l'image suivante : un reflux général n'est pas désiré par les agriculteurs eux-mêmes, car ils ne peuvent utiliser que des ouvriers capables. D'après les témoignages qui ont été réunis par la Chambre d'agriculture (*Landwirthschaftskammer*) de Silésie, l'ouvrier agricole qui a vécu deux ans dans les villes, ou qui a épousé une citadine, n'est plus capable de se trouver dans les conditions de la vie agricole. C'est pourquoi le pénible retour aux champs

1. *Revue du travail*, publiée par l'Office du travail de Belgique, 6e année, I, p. 46.

s'est avant tout produit, là où les conditions ne sont pas encore trop différentes, dans les bourgades (*Landstädten*). Ainsi, par exemple, on a remarqué, au *Verein* d'Obornik (province de Posen), que, dans ces derniers temps, il y a eu un mouvement d'émigration des petites villes du cercle, vers le plat pays. On a constaté des faits analogues dans des villes moyennes, notamment à Memel, Lübeck, Flensburg, Göttingen. Uslar, Northkeim, Münster. Partout où le marché du travail était organisé, on était préparé à la crise et on a pu obtenir des résultats satisfaisants. La bourse du travail de Ludwigsburg a pu cette année (1901) procurer 50 ouvriers par mois, contre 11, l'année précédente, et celle de Constance, qui a un réseau de 24 filiales, dans la région badoise du lac, a pu couvrir le déficit de la main-d'œuvre dans les campagnes, avec l'excès de l'offre de travail des villes. Il est devenu également plus facile de se procurer des ouvriers nomades pour les travaux de la moisson. La bourse du travail de Straubing, par exemple, a pu employer de nombreux métallurgistes sans travail à la récolte du houblon et des betteraves... »

Bref, il semble que, dans certaines régions tout au moins, et aussi longtemps que durera la dépression économique, le problème de la main-d'œuvre agricole soit en passe d'être résolu, grâce au reflux des travailleurs ruraux qui, pendant les années grasses, ont abandonné la charrue, pour des occupations industrielles.

Néanmoins ce serait une erreur de croire que ces ouvriers, si leur nombre augmente, parviendront tous à retrouver, dans les campagnes, des acheteurs pour la force de travail qu'ils ne parviennent plus à vendre dans les villes.

Depuis quelques années, en effet, dans beaucoup d'exploitations agricoles, les conditions de la culture ont subi des modifications profondes : le fermier a diminué l'étendue de ses terres de labour, en créant des pâturages ou en faisant des reboisements ; il a réduit son personnel permanent et a pris l'habitude d'employer des ouvriers nomades ; enfin, pour combler les déficits croissants de la main-d'œuvre, il a développé son outillage mécanique. Aussi, pendant que les autres branches de l'industrie métallurgique étaient déjà en pleine crise, les ateliers de construction pour machines agricoles voyaient s'étendre constamment l'importance de leurs affaires.

En février 1901, par exemple, le correspondant Montois de la *Revue du travail*, décrivait en ces termes, la situation de cette branche d'industrie :

« Les commandes viennent très nombreuses. Presque tous les fermiers se proposent désormais d'exploiter à l'aide de machines. Le sacrifice une fois fait, ils estiment qu'ils n'auront plus rien à craindre pour l'avenir. Certains s'associent pour l'achat des machines les plus importantes. »

Le mois suivant, il écrivait encore et d'autres correspondants confirmaient ses appréciations :

« La situation reste relativement bonne. Les commandes deviennent, d'année en année, beaucoup plus importantes. Les difficultés que les fermiers ont rencontrées l'an dernier à se procurer le personnel nécessaire et les dures conditions qui leur ont été imposées, les ont décidés à avoir recours aux procédés mécaniques. »

Aussi n'est-il pas étonnant que, par suite de la réduction de la main-d'œuvre nécessaire, l'offre de travail, dans certains districts, ait, cette fois dépassé la demande.

« Bon nombre d'ouvriers, qui étaient allés travailler en France, à la moisson, sont rentrés en août, mais la plupart d'entre eux n'ont pas trouvé facilement du travail, à cause des nouvelles machines agricoles dont les cultivateurs de France ont fait l'acquisition ».

Pareils faits, encore isolés, donnent cependant à prévoir que, si la crise se prolonge et s'aggrave, ceux-là même, parmi les travailleurs mis en disponibilité par l'industrie, qui seraient capables de s'adapter, ou se réadapter au travail agricole, ne parviendraient pas à trouver des occupations à la campagne ; d'autant plus que, fatalement, la dépression industrielle ne tardera pas à réagir défavorablement sur le marché agricole. Le mauvais état général des affaires n'aura pas seulement pour conséquence d'augmenter l'offre de travail et, par suite, de réduire les salaires dans les régions agricoles : elle entraînera nécessairement la réduction du pouvoir d'achat de la population tout entière. Or, il n'est pas douteux que cette réduction, en ce qui concerne les produits alimentaires, portera surtout sur les substances les plus coûteuses, telles que la viande, le beurre, le lait, les œufs, certains fromages, le sucre, la bière et — à quelque chose malheur est bon — l'alcool. On peut donc s'attendre à une baisse prochaine, notamment dans le prix de la viande et du beurre, par suite de la moindre consommation de ces denrées. Or, comme un très grand nombre de cultivateurs ont augmenté leur cheptel vivant depuis plusieurs années, demandant au bétail et à ses produits des bénéfices que les céréales ne parvenaient plus à leur procurer, l'agriculture souffrira beaucoup de cette baisse des prix et finalement, si la crise persiste, les fermiers devront réduire encore une main-d'œuvre déjà très réduite par la transformation de leurs procédés.

Ce n'est donc pas des fluctuations temporaires de l'offre de travail dans les villes, du reflux des chômeurs dans les campagnes, de la contraction économique résultant d'une crise industrielle que l'on peut attendre la solution du problème de l'exode rural; d'autant que les chômeurs, refoulés aujourd'hui vers les villages par la stagnation des affaires, retourneraient travailler en ville, dès que l'industrie viendrait à reprendre.

Mais il en est autrement des diverses catégories de travailleurs, manuels ou intellectuels qui, pour des motifs indépendants de la dépression économique, transportent à la campagne leur domicile ou leur activité.

II. L'exode urbain. — De même que les campagnards qui vont chercher des moyens d'existence hors de leur village forment trois catégories principales — ceux qui se rendent quotidiennement, ou hebdomadairement à la ville; ceux qui s'y fixent définitivement, auprès du siège de leur travail; ceux enfin qui s'absentent pendant une partie de l'année, — les citadins qui retournent aux champs présentent également le triple phénomène des migrations saisonnières, permanentes ou quotidiennes : il en est qui conservent leur domicile principal dans les grands centres et ne mènent la vie rurale que pendant un court laps de temps; d'autres, pour des motifs d'hygiène ou d'économie, s'établissent à demeure dans le plat pays; d'autres, enfin, continuent à habiter en ville, mais se rendent quotidiennement à la campagne, pour y travailler.

Nous allons passer successivement en revue ces diverses formes de migration.

1° *Migrations quotidiennes.* — De toutes les combinaisons que peut engendrer la séparation du travail et du domicile, il n'en est pas de plus irrationnelle que l'habitation dans le mauvais air des villes, alors que les occupations du travailleur l'appellent, tous les jours, à la campagne.

Aussi, pareilles conditions d'existence ne se rencontrent-elles qu'exceptionnellement, et, presque toujours, comme survivances d'un régime social antérieur.

Dans la région méditerranéenne, par exemple, où la préférence pour la vie urbaine semble s'être transmise, de génération en génération, depuis la cité antique, il existe encore des populations nombreuses qui, tout en se livrant au travail agricole, n'habitent pas dans les campagnes.

A Montpellier, notamment, quantité d'ouvriers, habitant les quartiers pauvres de la ville, s'en vont quotidiennement travailler dans les vignobles des environs.

En Corse, les cultivateurs, pour se défendre, jadis contre les Sarrazins, maintenant contre la malaria, se concentrent généralement dans des bourgades, bâties sur des hauteurs escarpées, à de grandes distances de leurs champs, situés dans les régions basses.

En Sicile, où il y a peu d'industries, la proportion des citadins est plus forte que dans nos pays les plus industriellement développés : 68 p. 100, d'après Schmoller[1], tandis qu'en 1875, la proportion était de 67 p. 100 en Belgique, 62 en Saxe, 42 en France.

« Quand on parcourt les campagnes de Sicile — dit Reclus — on s'étonne du manque absolu de maisons. Il n'y a point de villages, mais seulement, à de grandes distances les unes des autres, des villes populeuses. Tous les agriculteurs sont des citadins qui rentrent, chaque soir, à la manière antique, dans l'enceinte de la ville; il en est qui sont obligés de faire chaque jour un double trajet de 10 kilomètres, ou davantage, pour aller visiter leur champ et revenir au gîte; seulement, il leur arrive parfois de s'épargner la course du retour en passant la nuit dans quelque caverne ou dans un fossé couvert de branches; pendant la moisson et les vendanges, des hangars élevés à la hâte abritent les travailleurs. Les vastes

1. Schmoller. *Grundriss der allgemeine Volkswirthschaftlehre*, p. 258. Leipzig.

champs de céréales qui remplissent les vallons et recouvrent les pentes doivent à cette absence d'habitations humaines un caractère tout spécial de tristesse et de solennité. On dirait une terre abandonnée et l'on se demande pour qui mûrissent ces épis[1]. »

Cette description suffit, à elle seule, pour montrer qu'un état de choses aussi évidemment anormal ne peut exister et se maintenir que dans des conditions essentiellement différentes de celles qui prévalent dans la plupart des pays.

Mais, toujours à titre exceptionnel, bien entendu, il arrive que, dans des milieux beaucoup plus modernes, le perfectionnement des moyens de transport et le déplacement des industries vers les campagnes aient des effets qui ne laissent pas de présenter quelque analogie avec les migrations quotidiennes des cultivateurs-citadins de la Sicile ou du midi de la France.

Depuis quelque temps, par exemple, certains industriels bruxellois, en quête de bas salaires, ont pris la décision d'établir ou de transférer leurs établissements dans la partie rurale de l'arrondissement de Bruxelles.

L'un d'eux, notamment, a transporté, en 1901, la grande fabrique de chapeaux qu'il exploitait au faubourg de Cureghem, dans la commune rurale de Ruysbroeck, sur la ligne de Bruxelles à Hal. Environ mille cinquante ouvriers, dont un grand nombre de femmes, sont occupés dans cette usine : la plupart d'entre eux continuent à habiter l'agglomération bruxelloise et prennent le chemin de fer, tous les matins, pour se rendre à leur travail. Si bien qu'à la gare de Bruxelles-Midi, on voit arriver, quotidiennement, des centaines d'ouvriers de la banlieue et, notamment, de Ruysbroeck, tandis qu'à la même heure, d'autres ouvriers — la seule fabrique de chapeaux paie pour son personnel six cent cinquante

1. Reclus. *Géographie universelle. Italie méridionale*, p. 518.

coupons de semaine — partent de Bruxelles pour se rendre à Ruysbroeck.

Il est assez probable, au surplus, que cet étrange chassé-croisé ne sera que temporaire. Déjà, la direction de l'usine de Ruysbroeck manifeste l'intention de ne plus payer à ses ouvriers leur coupon de semaine; elle s'efforce, d'autre part, d'embaucher des paysannes qui se contentent de 1 fr. 25 à 1 fr. 50 par jour, tandis que les chapelières de la ville sont payées 2 francs et même 2 fr. 50, pour dix heures de travail; enfin, certains ouvriers finiront par quitter Bruxelles et s'établir à proximité de la fabrique[1].

Jusqu'à présent, toutefois, ils se montrent presque unanimement réfractaires à ce changement de domicile, à cet exode vers la campagne : soit parce qu'ils désirent que leurs enfants continuent à fréquenter les écoles de la ville; soit parce que d'autres membres de leur famille, leur femme ou leur fille, et, lorsqu'il s'agit des ouvrières, leur père ou leur mari, travaillent dans l'agglomération bruxelloise, soit encore, et peut-être surtout, parce qu'ils considèrent comme impossible de s'adapter aux conditions de la vie rurale.

Au cours d'une tournée que nous faisions dans les quartiers pauvres de Bruxelles, nous eûmes l'occasion de rencontrer — dans une de ces tristes impasses du centre de la ville, qui dissimulent leurs escaliers tortueux et leurs galetas nauséabonds derrière la respectabilité des façades bourgeoises — la famille d'un ouvrier chapelier travaillant à Ruysbroeck. Nous demandâmes à la femme pour quelles raisons, elle et les siens ne s'établissaient pas à la campagne, où, pour la même somme d'argent, ils pourraient troquer leur chambre malpropre contre

[1] Depuis que ces lignes ont été écrites, la direction de la fabrique de Ruysbroeck a imposé à tout son personnel une réduction de salaires considérable : les ouvriers se sont mis en grève, mais, au bout de quelques jours, ils ont été forcés de reprendre le travail aux nouvelles conditions.

une habitation convenable? Et cette pauvresse, dont l'étroit logis suintait la misère, de répondre avec une fierté aristocratique : « Merci bien; je ne veux pas aller vivre avec les paysans! »

Il convient d'ajouter, au surplus, que d'après nos renseignements, il y a pénurie d'habitations ouvrières à Ruysbroeck, et que, dans ces conditions, le coût de la vie doit y être à peu près aussi élevé que dans l'agglomération bruxelloise.

Lorsque les industriels qui transportent leurs usines à la campagne obéissent à d'autres préoccupations que de remplacer tout ou partie de leur personnel par les ouvriers ruraux moins émigrants; lorsqu'ils s'efforcent, au contraire — comme l'ont fait les industriels anglais dont nous parlerons tout à l'heure[1] — de ramener aux champs, non seulement les fabriques, mais les travailleurs occupés dans ces fabriques, la résistance de ces derniers ne tient généralement pas, contre les avantages qu'on leur offre.

Mais des tentatives de ce genre sont restées, jusqu'ici, tout à fait exceptionnelles et, ordinairement, c'est dans d'autres classes : employés, rentiers, petits fonctionnaires, que se manifeste, avec une intensité croissante, la tendance à se fixer hors ville, tout en conservant avec la cité de multiples contacts.

2° *Migrations permanentes.* — Il y a quelque dix ans, le professeur Hassbach, dans son ouvrage *Die englischen Landarbeiter*, décrivait en ces termes la population, d'origine urbaine, que l'on rencontre, de plus en plus, dans un grand nombre de villages anglais :

« L'Allemand, qui se trouve à une distance de vingt cinq milles de Londres, et qui croit avoir rompu toutes relations avec la ville, ne sera pas peu étonné de la diver-

1. Voy. inf. p. 277.

sité des couches sociales que, petit à petit, il découvre. Il entre en relations avec le pasteur, qui porte le titre de Vicaire ou Recteur, et, peut-être, avec un auxiliaire du pasteur; il fait la connaissance d'officiers de terre et de mer en congé, d'officiers et de fonctionnaires des Indes, revenus depuis longtemps en Europe pour rétablir leur santé; il apprend à connaître également des commerçants et des industriels, qui se sont retirés des affaires, ou qui s'en vont tous les jours en ville, à leur bureau; il trouve un certain nombre de rentiers, etc.[1]. »

Bref, tandis que la population réellement agricole se fait rare, les campagnes urbanisées deviennent, grâce aux chemins de fer, la résidence de quantité de gens, appartenant surtout aux classes modestes, qui abandonnent le séjour des villes, parce que l'existence y est trop coûteuse.

Antérieurement à ces dernières années, pareilles conditions de vie semblaient une particularité de l'Angleterre. On les trouve, aujourd'hui, dans les environs de toutes les grandes villes.

Récemment encore, Leroy-Beaulieu, critiquant les impôts nouveaux sur la propriété immobilière dans l'agglomération parisienne, constatait que ces charges fiscales feront sentir, d'une manière plus complète, tous les avantages que l'on peut avoir à utiliser ces lignes de tramways ou de chemins de fer, dites de pénétration, qui se sont tant multipliées, à partir de 1899, et surtout à partir de l'été 1900.

« Jusqu'ici — dit-il — il y avait, depuis une trentaine d'années, un mouvement centrifuge qui portait les arrondissements du centre à aller habiter ceux de la périphérie, plus particulièrement ceux de l'Ouest; la population se déplaçait dans le sens général du cours

1. Hassbach. *Die englischen Landarbeiter in den letzten hundert Jahren und die Einhegungen*, p. 65. Leipzig. Duncker et Humblot, 1894.

de la Seine. Depuis une dizaine d'années, à la première onde de ce mouvement, si l'on peut dire, est venu s'en ajouter une seconde, qui s'étend de la banlieue à la ville[1]. »

Cet exode urbain, naturellement, se manifeste avec d'autant plus d'énergie que les communications, par tramways et chemins de fer, sont plus nombreuses et plus faciles.

Aux environs de Bruxelles, par exemple, — sur quelques lignes, où trams et trains circulent jusque minuit — on voit se multiplier à vue d'œil, dans un rayon de 20 kilomètres, les maisons d'employés, de petits rentiers et autres catégories analogues, qui s'éloignent du centre, pour échapper aux taux usuraires des loyers. Dans l'intervalle des recensements de 1890 à 1900, la population de Bruxelles-ville est restée à peu près stationnaire : 176.138; 183.686. Par contre, les faubourgs, qui forment des unités administratives distinctes, ont pris une extension énorme (de 295.651 habitants à 374.326) et les communes rurales ou semi-rurales, situées le long des voies ferrées, ont vu leur population s'accroître d'un grand nombre d'amateurs de logements à bas prix.

Les mêmes causes produisent les mêmes effets, dans la région industrielle qui a pour centre Verviers, avec les trois grosses communes adjacentes de Dison, Ensival et Hodimont. Jusqu'en 1890, la population de ces quatre localités, qui forment une seule agglomération, augmentait durant chaque période décennale et, comme les terrains à bâtir sont limités, sur leur territoire, par l'étroitesse de la vallée de la Vesdre, le taux des loyers s'élevait en proportion. Mais, depuis 1890, la situation s'est complètement modifiée et, pour l'ensemble de

1. L'Economiste français, 16 février 1901. Voy. également, Pierre Leroy-Beaulieu. *La propriété immobilière, les loyers et les impôts directs à Paris,* dans l'Economiste français du 8 février 1902.

l'agglomération verviétoise, le nombre des habitants a sensiblement décru, on en jugera par les chiffres suivants :

Communes.	Population au 31 décembre 1890.	Population au 31 décembre 1900.
—	—	—
Verviers.	48.907	49.067
Dison	13.221	12.355
Ensival	6.494	6.527
Hodimont.	5.073	4.791
Total.	73.695	72.740

Soit une diminution de 955 habitants, que l'on doit attribuer, pour une part, à l'émigration d'un certain nombre d'ouvriers vers le nord de la France (Roubaix, Tourcoing, etc.), mais pour une autre part, et, — s'il faut en croire le secrétaire communal de Verviers — une part plus large, au déplacement de la population vers la campagne.

On constate, en effet, que pendant la même période décennale, la population des communes rurales dont le territoire touche à Verviers, — Andrimont, Heuzy, Lambermont, Stambert — a notablement augmenté.

Communes.	Population au 31 décembre 1890.	Population au 31 décembre 1900.
—	—	—
Audrimont.	4.359	4.696
Heuzy	1.476	2.078
Lambermont.	1.530	1.945
Stambert.	2.074	2.568
Total.	9.439	11.287

Or, la plus grande partie, sinon la totalité de cette augmentation, provient de l'exode d'habitants de l'agglomération verviétoise et les immigrants ne se sont pas fixés autour du clocher de ces communes, situées en pleine campagne, dans les herbages qui dominent la vallée de la Vesdre, mais à peu de distance des établissements industriels, le long des routes qui escaladent, en lacets, les pentes raides de l'un et l'autre versant.

Ce sont, pour la plupart, des petits rentiers, des employés, des contre-maîtres, qui achètent un terrain à des conditions plus favorables qu'en ville et forment, sur le territoire de communes agricoles, ou faiblement industrialisées, une population qui, par ses habitudes, ses occupations, ses intérêts, ses opinions politiques, diffère profondément des habitants du village proprement dit.

Mais ces migrations individuelles, inspirées uniquement par des motifs d'hygiène et d'économie, se limitent à certaines classes de personnes, qui, n'ayant pas d'occupations professionnelles régulières, ou n'ayant qu'une brève journée de travail, peuvent, sans difficultés et sans inconvénients, s'établir à quelque distance des agglomérations urbaines.

Pareils déplacements, d'ailleurs, sont plutôt une extension des faubourgs, un élargissement des banlieues, qu'un véritable retour à la campagne, et, surtout, à l'agriculture.

Il en est autrement des tentatives de colonisation à l'intérieur qui ont été faites, depuis quelques années, soit par des groupes communistes ou des sociétés végétariennes, soit par des administrations publiques, soit enfin par des chefs d'industrie, sous forme d'institutions patronales.

Dans la première catégorie, nous trouvons, par exemple, les deux colonies hollandaises de Van Eede, à Bussum, et de l'ancien pasteur Kielstra, à Blaricum, aux environs du Zuiderzée, ou bien les célèbres colonies socialistes de l'Amérique du Nord, décrites jadis par Nordhoff.

Dans ces associations, composées en majeure partie de citadins revenus à la campagne, l'agriculture est presque toujours l'occupation principale, parfois même, comme dans la colonie Tolstoïenne de Blaricum, la seule occupation.

C'est le cas, également, pour les colonies végétariennes, dont parle Graham, dans *Rural Exodus* :

« Il est étonnant, dit-il, de voir combien de petites gens — *business people* — qui ont économisé un peu d'argent, sont impatients de retourner à la campagne. Les végétariens qui ont établi de petites fermes à fruits (*fruit-farms*), de 2 acres, dans divers districts (Kent, Norfolk, Northumberland, par exemple) n'éprouvent guère de difficultés à trouver des personnes qui ont amassé quelque chose comme 400 livres, et qui veulent bien, pour jouir de la campagne, les placer de cette manière. »

Quiconque voyage, notamment de Stoke Ferry à Methwold, ne manque pas d'être frappé du grand nombre de villas, d'apparence faubourienne, entourées de vergers, qui contrastent fortement avec les cottages en ruines, que l'on trouve dans le voisinage.

Ce sont les résidences des végétariens, qui ont à Methwold leur colonie principale[1].

Mais, quel que soit l'intérêt de ces expériences, si féconds que puissent être les germes d'avenir qui s'y trouvent contenus, elles sont trop clairsemées et portent sur un trop petit nombre d'individus pour exercer, actuellement, une influence appréciable sur le mouvement des villes vers les campagnes.

1. Une colonie végétarienne est en voie de formation à Bouchout-lez-Anvers (Belgique). Le fondateurs ont, dès à présent, acquis un terrain de 3 hectares, qu'ils se proposent de cultiver comme suit : 1 hectare en verger ou jardin fruitier; 1 hectare en potager moderne; 1 hectare affecté à une spécialité (pois, fèves ou haricots), en attendant que cette partie du terrain puisse être couverte de serres chaudes. Celles-ci seraient érigées graduellement et fourniraient les fruits de qualité exceptionnelle, ainsi que des primeurs, difficiles à obtenir sous les châssis du potager ordinaire.

Et, jusqu'à présent, il faut dire la même chose des tentatives qui ont été faites, sur une échelle plus vaste, par des administrations publiques, telles que les gouvernements des colonies anglaises de l'Australie, pour fournir de l'ouvrage aux ouvriers sans travail et obvier à la proportion anormale de l'élément urbain.

On sait, par exemple, qu'en Sud Australie, depuis 1893, on a fait des avances en argent et mis des terres à la disposition des groupes de chômeurs, ou d'autres personnes, comptant 20 adultes âgés de dix-huit ans et plus, qui voudraient former un village coopératif.

Une douzaine de ces villages — dont un seul, celui de Murtho, présente un caractère plus ou moins socialiste — ont été créés en plein *bush*, parmi les ronces et les eucalyptus, sur les rives du Murray moyen. Plusieurs ont été dissous, après quelque temps. Ceux qui existent encore — au nombre de huit — comptaient 675 habitants en 1899. Pour les établir, il avait fallu tout apporter dans cette région sauvage, défricher les terres vierges, couper la brousse, arracher les racines profondes des arbres, créer à grand frais des travaux d'irrigation, indispensables dans un pays où les pluies sont exceptionnellement rares et irrégulières. Devant pareilles difficultés, beaucoup se découragèrent; d'autres se louèrent chez les rares habitants voisins, se firent pêcheurs, chasseurs, ou encore bûcherons, pour approvisionner les bateaux à vapeur qui transportent la laine sur le Murray. Ceux qui restent cultivent surtout les fruits et la vigne. Leur sort, d'ailleurs, est toujours précaire, car ils ne peuvent vendre leurs fruits frais étant trop éloignés des marchés ; ils sont obligés de les sécher, ce qui en diminue beaucoup la valeur. D'autres cultures ont été essayées. Les céréales n'ont rien donné. Mais les légumes viennent assez bien ; les fourrages artificiels réussissent également et permettent d'élever quelques vaches.

Des essais de colonies analogues ont été tentés, pour occuper les sans-travail en Nouvelle-Galles et en Queensland, mais sans aboutir à rien de durable. En Victoria les *Village Communities*, installés de préférence près des centres agricoles, où les *villagers* peuvent aller se placer comme ouvriers de ferme, se développent lentement et groupent, en y comprenant les femmes et les enfants, 10.000 personnes environ. Malgré leur titre, d'ailleurs, ce sont moins des communautés de villages, que des allotements de parcelles ouvrières [1].

En somme, les résultats obtenus par les villages coopératifs de Sud Australie et de Victoria n'autorisent pas les conclusions prématurément pessimistes de Pierre Leroy-Beaulieu dans son livre sur « *Les nouvelles sociétés anglo-saxonnes* »; mais il n'en est pas moins vrai que ces résultats sont loin d'être décisifs et tout le monde souscrira à cette conclusion de Métin, dans sa consciencieuse étude sur la *Législation ouvrière et sociale en Australie et en Nouvelle Zélande* : « L'expérience des villages a montré une fois de plus, combien il était difficile de peupler les campagnes en y jetant tout à coup une masse d'ouvriers urbains ».

Comment s'étonner, d'ailleurs, que des hommes accoutumés au séjour des villes, n'ayant aucune expérience de la vie rurale, se trouvant aux prises avec tous les obstacles que leur oppose une nature hostile, s'adaptent malaisément à des conditions d'existence absolument nouvelles pour eux !

Mais il en est autrement — c'est la troisième caté-

1. Voy. sur les colonies ouvrières en Australasie, outre le livre de Métin, *Législation ouvrière et sociale en Australie et en Nouvelle Zélande*, Paris 1901, auquel nous avons emprunté les renseignements ci-dessus, le rapport de L. Vigoureux, dans le Bulletin du Musée social de mars 1900.

gorie de tentatives dont nous ayons à parler — dans

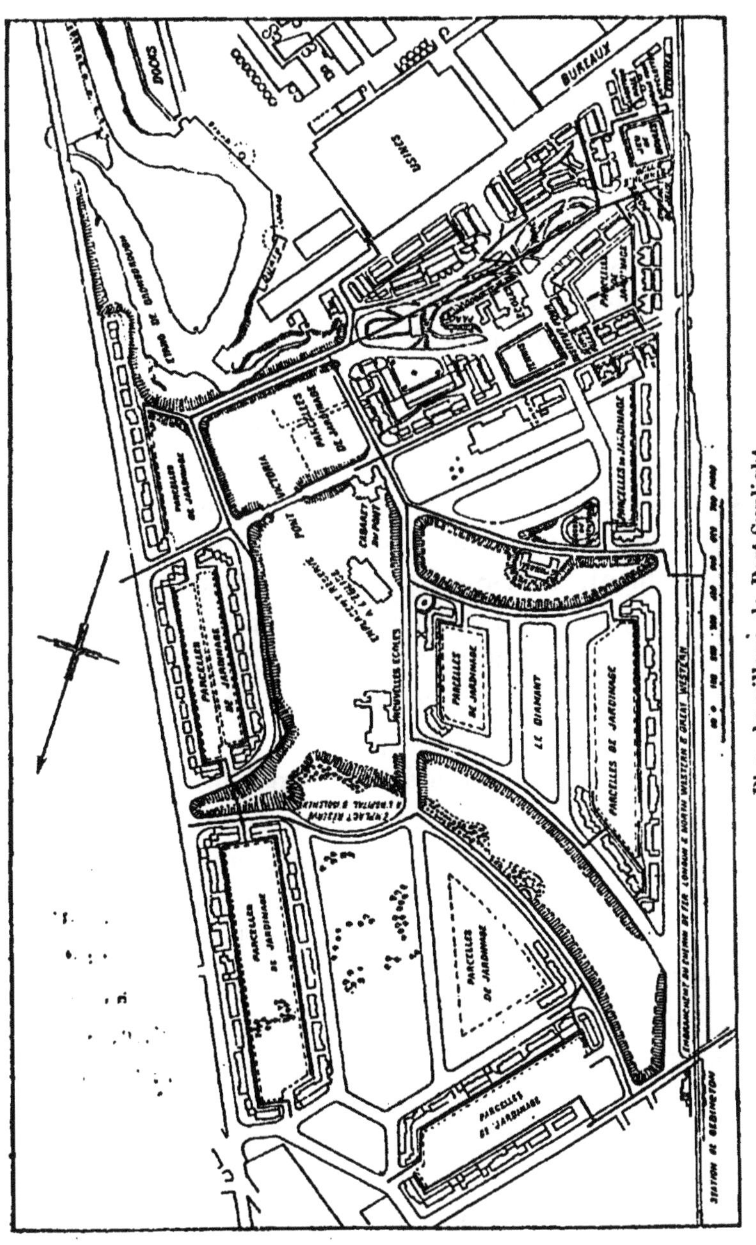

Plan du village de Port-Sunlight.

les cas, exceptionnels du reste, où des chefs d'industrie, qui transfèrent leurs établissements à la campagne, prennent, en même temps, les mesures nécessaires pour emmener leur personnel urbain.

Les deux expériences les plus caractéristiques qui aient été faites dans cette direction, sont celles des frères Cadbury à Bournville et des frères Lever à Port-Sunlight.

Nous avons déjà dit qu'en 1887, MM. Lever, les fabricants du célèbre savon *Sunlight*, transportèrent leur usine, établie antérieurement à Warrington, dans une région purement rurale, le long des rives de la Mersey, à environ 7 milles de l'hôtel de ville de Liverpool. Ils achetèrent, à cet effet, 56 acres de terrain, dont 24 étaient destinés à la fabrique ou à ses dépendances, et 32 à l'établissement d'un village pour la population ouvrière. Peu à peu de nouvelles acquisitions furent faites, et, actuellement, *Port-Sunlight* a une superficie totale de 230 acres, dont 90 sont affectés à l'entreprise industrielle et 140 au logement des ouvriers. Les dépressions de terrain, qui étaient couvertes à marée haute, ont été endiguées et converties en parcs ou en *stands* pour les jeux. Un certain nombre d'édifices publics ont été construits, pour les écoles, les bibliothèques et salles de lecture, les lieux de réunions, l'auberge, qui sert en même temps de café antialcoolique. Le reste du village se compose de cottages, entourés de jardins, dont les locataires peuvent disposer en outre d'allotements, pour lesquels ils paient une rente annuelle de 5 sh., par 10 perches. Les frais d'établissement de *Port-Sunlight* se sont élevés à 350.000 livres, comprenant les dépenses pour l'achat des terrains, la construction des édifices et habitations, la création des parcs, l'aménagement des chemins. Ce capital, ayant été donné par MM. Lever, ne rapporte aucun intérêt : les loyers sont calculés de manière à couvrir seulement les frais d'entretien, de réparation et les taxes à payer à l'État; ils étaient au début de

3 sh. par semaine; ils sont aujourd'hui de 5 sh., et, d'après les calculs qui ont été faits, ils devraient s'élever à 8 sh. 30, pour rapporter aux fondateurs 3 p. 100 d'intérêts et un demi p. 100 d'amortissement[1].

Le village de Bournville a été créé dans des conditions analogues.

Vers 1896, MM. Cadbury, fabricants de chocolat, transplantèrent leurs établissements de Birmingham à Bournville, à quatre milles de l'agglomération industrielle. Leurs 3.400 ouvriers continuèrent, pendant un certain temps, à demeurer à Birmingham et à se rendre pour leur ouvrage à Bournville; mais, les patrons ayant fait don à un corps de fidei-commissaires, d'une propriété, que l'on évalue à 4.500.000 francs, pour y édifier une Cité champêtre (*Garden City*), une série de cottages ont été bâtis sur cet emplacement.

Bournville comprend à peu près 132 hectares, sur lesquels vivent environ 2.000 personnes, dont la moitié, peut-être, travaille à la manufacture Cadbury. Beaucoup d'ouvriers de cette firme se sont établis à leur gré, dans les villages voisins. Près de quatre cents cottages sont déjà construits, qui occupent, avec les services publics, à peu près le tiers de la surface totale. De larges routes, plantées d'arbres, sont bordées par des groupes de maisons jumelles. Chaque double maison est entourée d'un espace libre qui équivaut à trois fois la superficie de la bâtisse. Derrière chaque habitation s'étend un jardin légumier, planté d'arbres à fruits, tels que pommiers, poiriers et pruniers; sur le devant s'étalent des jardinets à fleurs[2].

On voit qu'à Bournville, comme à Port-Sunlight, le

1. *The « Garden City » Realised*. A description of Port-Sunlight, dans the Municipal journal, 4 and 11 april 1902.

2. Bournville. *Cité champêtre*. Revue municipale, 25 janvier 1902. Voy. également, *The British Sanitarian*, vol. I, n° 10, may 1902.

retour à la campagne est, en même temps, un retour partiel à l'agriculture, ou plutôt à l'association de travaux agricoles accessoires, avec des travaux industriels, qui restent la principale source des revenus ouvriers.

Dans l'un et l'autre cas également, l'une des conditions du succès de l'expérience a été l'initiative de grands industriels, prélevant quelques millions, pour leur politique sociale, sur les profits que leur rapportent des entreprises exceptionnellement prospères.

C'est encore à des interventions capitalistes que font appel les fondateurs de la *Garden City Association*[1], constituée récemment, dans le but de pourvoir à la création de « cités champêtres », analogues à Bournville et Port-Sunlight, mais sur une échelle plus vaste et sans le caractère exclusivement patronal de ces deux institutions.

Cette association propose d'acheter, aux prix que l'on paie pour le sol arable, 40 livres par acre, par exemple, une vaste étendue de terrain rural (6.000 acres) et de fonder, sur ce terrain, une cité champêtre (*garden city*), conservant les avantages de la campagne, mais pourvue des perfectionnements techniques et des agréments intellectuels d'une grande ville.

Au point de vue financier, l'argent nécessaire serait fourni par une émission d'actions et d'obligations, portant dividendes et intérêts à un taux fixe et limité, ne pouvant excéder, par exemple, 4 ou 5 p. 100. On constituerait, en même temps, une société civile de fideicommissaires, qui aurait pour tâche, dans la suite, de racheter ou d'amortir les actions et obligations, pour compte des habitants de la cité, de telle manière qu'après ce rachat ou amortissement, le sol sur lequel la ville serait bâtie, ainsi que les travaux publics créés par

1. *Garden City Association*. Head office : 77 Chancery Lane, London W.C.

le capital de la société anonyme et par le loyer des terrains, devienne la propriété collective de la commune ainsi fondée.

Dans la pensée de ses promoteurs, la Société anonyme qui présiderait à la formation de la cité champêtre, n'entreprendrait aucunement de construire les maisons de cette cité : elle se bornerait à jouer le rôle de municipalité modèle, se chargeant seulement des entreprises d'utilité publique qui sont le mieux faites par une corporation, et laissant le surplus à l'initiative des particuliers.

Si ce plan venait à être réalisé, l'on estime que la cité champêtre pourrait donner asile à 30.000 personnes environ, logées sur 400 hectares de terrain (1.000 acres), tandis que les 2.000 hectares restant (5.000 acres), seraient des champs et des plantations avec des fermes et un petit nombre d'établissements publics. La ville industrielle formerait l'enceinte de la cité proprement dite, comme c'est, dès à présent, le cas dans certaines grandes villes d'Allemagne. Tout le long d'un chemin de fer circulaire s'étendraient des usines, des dépôts et magasins de gros, des chantiers de bois et de charbon, des laiteries, des marchés à provisions. Ce chemin de fer circulaire serait relié par de nombreux embranchements à une ligne traversant la ville[1].

Bref, au lieu d'être formée, comme les autres agglomérations urbaines, par des générations successives, au hasard des établissements individuels et pour le plus grand profit des propriétaires de terrains, la Garden City serait fondée, d'après un plan préconçu, en tenant compte de toutes les exigences de l'hygiène et de l'esthétique, sur un terrain collectif, dont la propriété serait inaliénable et

1. Ebenezer Howard. *Outline of Garden City Project.* The Garden City Conference at Bournville. Report of Proceedings. London 77, Chancery Lane W. C, 1901.

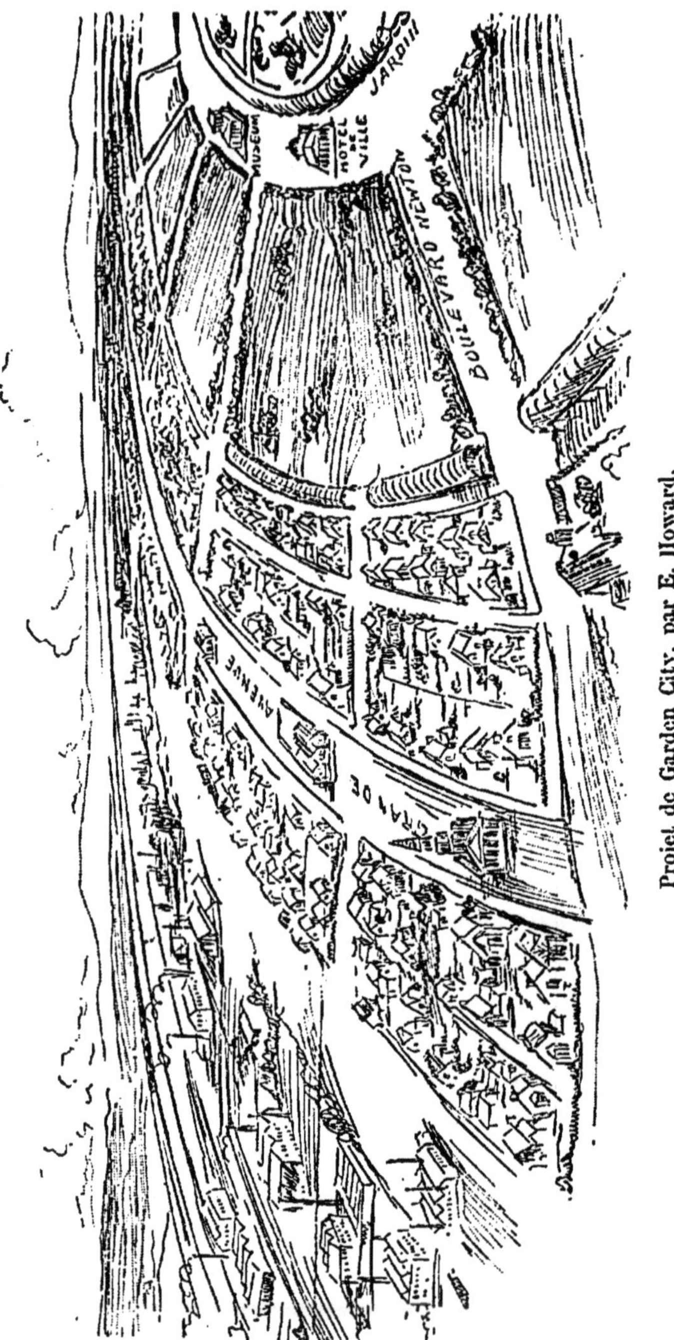

Projet de Garden City, par E. Howard.

dont la rente profiterait tout entière à la communauté.

Pour tenter de mettre ce vaste projet à exécution, l'on a lancé, en juin 1902, le prospectus d'une Société au capital de 20.000 livres, *Garden City Pioneer Company Limited*, ayant pour objet de rechercher des terrains et de négocier avec des industriels qui seraient disposés au transfert de leurs établissements dans la cité champêtre.

Ces efforts aboutiront-ils? La Garden City sortira-t-elle des limbes et verra-t-on, dans un prochain avenir, d'autres cités analogues se constituer?

Nous nous garderons de toutes conjectures à cet égard, mais à supposer que l'initiative patronale ou capitaliste se montre impuissante, ou insuffisante, ce serait une raison de plus pour que de grandes administrations publiques mettent la question à l'étude et se préoccupent, à leur tour, de remédier à l'encombrement des agglomérations urbaines, en facilitant le transfert et l'habitation des travailleurs dans les campagnes.

Au lieu de créer, à grands prix, des logements ouvriers sur leur propre territoire — comme le fait, par exemple, le County Council de Londres — les municipalités ne trouveraient-elles pas avantage à créer des Garden Cities, plus ou moins étendues, qui pourraient dépendre, administrativement, de la commune mère et qui s'y rattacheraient par des communications rapides et à bon marché?

La mise à exécution de pareils projets impliquerait nécessairement des modifications profondes dans la législation et, surtout, dans la mentalité des pouvoirs publics; elle se heurterait actuellement à des difficultés considérables, résultant de l'insuffisance des moyens de transport, de l'opposition des intérêts conservateurs, de l'attachement des citadins à la vie urbaine; mais, à mesure que se multiplieront les déplacements individuels vers la campagne, sous la pression des nécessités économiques, on peut prévoir que l'idée gagnera du terrain, et que, sous une forme, ou sous une autre, la Cité champêtre passera du domaine des rêves dans le champ des réalités.

3° *Migrations saisonnières.* — Les motifs qui empêchent les ouvriers adaptés depuis longtemps à la vie urbaine de reprendre, pendant les périodes de crise, leurs anciennes occupations agricoles, les empêchent également de s'y livrer temporairement, pendant la saison où le travail des champs requiert une main-d'œuvre plus considérable qu'à l'ordinaire.

En Angleterre, à la fin du XVIIIe siècle, beaucoup de travailleurs des villes avaient coutume d'émigrer dans les villages voisins, quand arrivait l'automne, pour participer aux travaux de la moisson[1].

Aujourd'hui encore, une partie de la population qui grouille dans les *slumbs* de Londres, s'en va, chaque année, faucher les foins dans les *grazing countries* d'alentour, pour aller ensuite faire la récolte du houblon dans le Kent.

De même à Pétersbourg, il y a des milliers de tisserands et d'ouvriers des fabriques de coton qui retournent passer les trois mois d'été dans leurs villages natals pour y cultiver la terre[2].

Mais ce sont là des faits exceptionnels, et qui tendent à le devenir de plus en plus, à mesure que se développe la division et surtout la continuité du travail industriel.

Seulement, si les habitants des villes n'émigrent plus guère, pendant la belle saison, pour travailler dans les champs, ils émigrent, de plus en plus, pour s'y reposer, et ces migrations saisonnières intéressent des classes toujours plus nombreuses de la population.

« Au temps de Charles II — dit Macaulay — les cita-

1. Hassbach. *Loc. cit.*, p. 78.
2. Kropotkine. *Autour d'une vie*, p. 335. Paris, Stock, 1902.

dins aisés n'avaient pas encore contracté l'habitude d'aller respirer l'air pur des champs et des bois, durant les mois d'été. Un badaud de Londres excitait autant d'étonnement, lorsqu'il entrait dans un village, que s'il fût entré dans un kraal de Hottentots. »

Aujourd'hui, le besoin de distraction, la nécessité du repos, le sentiment plus ou moins sincère de la nature, repeuplent les campagnes pendant une partie de l'année ; les stations thermales et balnéaires se multiplient d'une manière prodigieuse; les bicyclettes et les automobiles rendent leur ancienne splendeur à quantité de vieilles auberges, d'antiques *osterias*, que l'établissement des chemins de fer avait fait déserter; et, dans l'Oberland ou sur la Corniche, au bord de la mer ou au pied des montagnes, des populations entières trouvent, au contact de l'étranger, des moyens d'existence qui les dispensent de l'émigration.

Si l'on veut, à ce point de vue, mesurer le chemin parcouru depuis moins de deux siècles, que l'on veuille relire ce passage d'une des lettres de Saint-Preux à Julie, dans *la Nouvelle Héloïse :*

« Quand j'arrivai le soir, dans un hameau (du Haut Valais), chacun venait avec tant d'empressement m'offrir sa maison, que j'étais embarrassé du choix; et celui qui obtenait la préférence en paraissait si content que, la première fois, je pris son ardeur pour de l'avidité. Mais je fus bien étonné quand, après en avoir usé chez mon hôte à peu près comme au cabaret, il refusa le lendemain mon argent, s'offensant même de ma proposition... Cependant l'argent est rare dans le Haut Valais, mais c'est pour cela que les habitants sont à leur aise, car les denrées y sont abondantes sans aucun débouché au dehors, sans consommation de luxe au dedans... J'étais d'abord fort surpris de l'opposition de ces usages avec ceux du Bas Valais, où, sur la route d'Italie, on rançonne assez durement les étrangers ; et j'avais peine à concilier dans un même peuple des manières si différentes. Un Valaisan m'en expliqua la raison : Dans la vallée, me dit-il, les étrangers qui passent sont des marchands et d'autres gens uniquement occupés de leur négoce et de leur gain ; il est juste qu'ils nous laissent une partie de leur profit et nous les traitons comme ils traitent les autres. Mais ici, où nulle affaire n'appelle les étrangers, nous sommes sûrs que leur voyage est désintéressé ; l'accueil qu'on leur fait l'est aussi. Ce sont des hôtes qui nous viennent voir parce qu'ils nous aiment, et nous les recevons avec amitié. Au reste, ajouta-t-il en souriant, cette hospitalité n'est pas coûteuse et peu de gens s'avisent d'en profiter ![1] »

Peut-être les descendants de ce bon Valaisan sont-ils, dans le même hameau devenu gros village, les *managers* de quelque vaste établissement, dont l'hospitalité, pour être plus coûteuse, n'en attire pas moins beaucoup plus de visiteurs.

Pour donner une idée du prodigieux développement de « l'industrie des étrangers », depuis quelque vingt ans, voici des chiffres particulièrement suggestifs : en 1880, la Suisse n'avait encore que 1.002 hôtels, renfermant 58.000 lits ; en 1894, ce nombre s'élevait à 1.693, avec 88.000 lits, et, en 1899, à 1.896 hôtels, avec 104.000 lits. De 1899 à 1902, la progression n'a pu que se poursuivre et l'on peut admettre que, depuis 1880, le nombre des établissements hospitaliers a doublé.

Le total des capitaux engagés dans ces entreprises est passé, durant ce temps, de 319 millions à 550 millions, chiffre qui se répartit de manière presque égale entre les établissements ouverts toute l'année et les hôtels de saison.

Sur une population d'un peu plus de trois millions

1. Rousseau. *La Nouvelle Héloïse*, p. 66. Paris, Firmin Didot, 1873.

d'âmes, les hôtels — dont la moitié au moins se trouvent situés dans les campagnes — occupent environ 30.000 personnes.

Pendant la saison hivernale, une grande partie du personnel d'été, — portiers, cuisiniers, sommeliers, cuisinières, femmes de chambre et relaveuses, — se transporte dans les stations du littoral méditerranéen, où bon nombre d'établissements appartiennent à des Suisses.

On voit que le développement des villégiatures et des voyages est, au point de vue même de ses conséquences économiques, un phénomène très important.

Si l' « industrie des étrangers » présente des inconvénients sérieux pour la santé morale des populations qui s'y livrent, elle n'en fournit pas moins de notables ressources à quantité de villages, perdus dans les montagnes ou dans les forêts.

D'autre part, il faut se réjouir de l'augmentation incessante du nombre des voyageurs, car l'exode pendant les vacances est, actuellement, le seul correctif sérieux de la suractivité contemporaine et de l'existence antihygiénique que mènent, pendant la plus grande partie de l'année, la plupart des citadins.

Malheureusement, ce correctif n'est encore que le privilège d'une classe et c'est à peine si, depuis un petit nombre d'années, des tentatives se font, en vue de procurer aux travailleurs manuels ou à leurs enfants quelques semaines de vie au grand air, dont ils ont autant besoin que les travailleurs intellectuels.

On peut citer, dans cet ordre de faits, les colonies scolaires et, pour les adultes — si rudimentaire que soit encore cette institution — la colonie de vacances, établie à Ploubazlanec, sur la côte de Bretagne, par le groupe parisien, la « Coopération des idées ».

Les organisateurs de cette colonie ont loué, pour cent

francs par an, une vieille et grande maison, située sur le plateau de l'Arcouest, en vue de l'île de Bréhat. On a sommairement aménagé les chambres de l'étage. Les colons, peu nombreux d'ailleurs, font eux-mêmes leur frugale cuisine et, dans ces conditions, arrivent à vivre, malgré les frais de transport aller et retour, aussi économiquement que s'ils restaient à Paris[1].

Mais, le grand obstacle à l'extension de ces villégiatures ouvrières, c'est moins la question d'argent que l'absence de loisir.

Ce qui est relativement facile, pour certains artisans de la fine industrie parisienne, se heurte à des difficultés bien plus grandes, lorsqu'il s'agit d'ouvriers de fabrique. Néanmoins, ici encore, l'expérience démontre qu'à un degré suffisant d'organisation ouvrière, ces difficultés ne sont pas insurmontables.

Depuis longtemps, par exemple, dans la plupart des localités industrielles de Lancashire, les fabriques chôment, pendant une semaine, durant les mois de juillet, d'août ou de septembre; c'est ce qu'on appelle *wakes*. Une grande partie des ouvriers en coton et des constructeurs de machines profitent de cette semaine pour faire des voyages d'agrément. Les uns parcourent les collines du Derbyshire et le bassin des lacs anglais; d'autres vont à Londres; il en est qui poussent jusque sur le continent; mais ce qu'ils préfèrent généralement à tout le reste, c'est la mer : l'île de Man et les bains de Blackpool (Lancashire) sont, pendant les *wakes*, inondés de touristes ouvriers.

Schulze Gaevernitz, à qui nous empruntons ces renseignements, rapporte que, pour la seule ville de Oldham, les caisses spéciales, destinées à faire des excursions ou des voyages d'agrément, (*going off clubs*),

1. Une colonie, pour jeunes filles, a été organisée également (1902), à Chatelaillon par G. Téry.

dépensent annuellement plus de 65.000 livres sterling, dont environ 45.000 reviennent aux ouvriers en coton et 20.000 aux constructeurs de machines.

Fortuné Lancashire, s'écrie notre auteur! Soit, mais combien de temps, d'efforts et de luttes ne faudra-t-il pas, avant que cet état de choses se généralise et que les vacances deviennent un droit pour tous, au lieu d'être un privilège pour quelques-uns!

§ 4. — Résumé et conclusions

Tous les phénomènes que nous avons étudiés — migrations quotidiennes, permanentes ou saisonnières; dissociation et réassociation de l'industrie et de l'agriculture, centralisation et décentralisation industrielle; afflux des paysans dans les villes et reflux des citadins vers le plat pays — supposent une condition commune: c'est, par suite de la facilité grandissante des transports et des communications, la possibilité, pour les travailleurs, d'avoir le siège de leur travail à de grandes distances de leur habitation, ou bien, pour les industries, d'avoir le siège de leur production à des distances bien plus grandes encore des centres de consommation.

Au cours du XIXe siècle, cette scission du travail et du domicile, de la production et de la consommation a eu, généralement, pour effets, de provoquer la désertion des campagnes, l'accroissement de la population urbaine, et, spécialement, de la population des grandes villes.

C'est ainsi qu'ont pu se former les vastes agglomérations d'hommes, dont le prodigieux développement a été l'une des causes maîtresses du progrès des idées et des institutions. Mais les avantages de la concentration urbaine, qui n'est autre chose, en somme, que l'un des aspects de la concentration capitaliste, ne doivent pas nous empêcher de voir les inconvénients et les misères qu'elle engendre.

Si nous contestons formellement que les habitants des villes, plus instruits, plus indépendants, plus solidaires, soient moralement inférieurs à ceux des campagnes, il est indéniable que — neuf fois sur dix — la mortalité des grandes agglomérations, pour les groupes de même âge, est sensiblement plus forte que celle du plat pays.

Certes, à ce point de vue même, de notables progrès ont été réalisés; mais, s'il n'est plus vrai de dire que « les villes sont les gouffres de l'espèce humaine », s'il faut repousser les exagérations de Nordau qui voit dans leur croissance la cause essentielle de l'augmentation du nombre des dégénérés depuis quelque cinquante ou soixante ans, il n'est guère possible de récuser le témoignage, plus pondéré, du statisticien anglais, J.-B. Longstaff :

« Que la vie urbaine soit moins favorable à la santé que la vie rurale, c'est là une proposition qui ne saurait être contredite... La poitrine étroite, la figure pâle, la vue basse, la mauvaise denture de l'enfant élevé dans les villes ne sont que de trop apparents symptômes. Il est facile de tout exagérer, mais les faits par eux-mêmes sont d'une évidence suffisante : un séjour de longue durée dans les villes s'accompagne toujours d'une dégénérescence plus ou moins forte de la race. Les grandes puissances militaires du continent le savent bien et il est permis de supposer que leurs efforts pour protéger l'agriculture ne sont qu'un moyen pour augmenter le nombre des recrues de la campagne[1]. »

Nous nous trouvons donc en présence d'un conflit, qu'il importe de résoudre, entre les intérêts de la produc-

1. Longstaff. *Rural depopulation*. Journal of the R. statistical Society, vol. XVI, p. 416. Londres 1893.

tion industrielle, scientifique, esthétique, qui exige la réunion d'un grand nombre d'hommes dans les villes et les intérêts de la santé publique qui protestent contre leur agglomération.

Quelle est la solution, ou plutôt, quelles sont les solutions que l'avenir réserve à ce conflit ?

Les tendances qui se manifestent déjà permettent de la pressentir.

Tout d'abord, on doit supposer que le nombre des citadins qui passent une partie de l'année, soit à la campagne, soit en voyage, pour réagir contre les conséquences mauvaises de l'habitation des villes, continuera à s'accroître comme il s'est accru depuis vingt-cinq ans.

D'autre part, le déplacement d'un grand nombre d'industries et la facilité grandissante des communications auront pour conséquences l'élargissement graduel des banlieues et l'accroissement de la population dans les communes rurales, arrachées à leur isolement.

Enfin, les progrès réalisés, au point de vue de l'hygiène, par le désencombrement des quartiers pauvres, le relèvement des conditions matérielles d'existence, la prophylaxie des maladies épidémiques, l'abondante distribution des eaux potables, l'ouverture de ces larges trouées d'air et de lumière, de ces parcs et jardins publics, qui forment déjà, dans l'agglomération de Londres, des oasis de fleurs et de verdure, diminueront de plus en plus les inconvénients de la vie urbaine.

Dans ses *Principles of Economics*, Marshall suggère quantité d'améliorations techniques qui pourraient, dans une plus large mesure encore, obvier à ces inconvénients :

« Le premier pas, dit-il, est de construire, dans toutes les rues, de grands tunnels, dans lesquels beaucoup de fils et de tuyaux (*pipes*) pourraient être placés, côte à côte, et réparés, en cas de dérangement, sans grande dépense et sans interruption du trafic général. La force motrice, et, peut-être, la chaleur, pourraient être transportées à grandes distances, de la campagne (dans certains cas, des mines de charbon) et conduites là où elles manquent. L'eau douce et l'eau de source, peut-être même l'eau de mer, et l'air ozonizé pourraient être conduits par des tuyaux séparés dans chaque maison, tandis que les *steam-pipes* pourraient être employés à donner de la chaleur en hiver, et de l'air comprimé pour rafraîchir l'ardeur de l'été; ou bien encore, la chaleur pourrait être fournie par du gaz à grand pouvoir calorifique amené par des conduites spéciales, tandis que la lumière proviendrait de l'électricité ou du gaz fabriqué spécialement dans ce but; et chaque maison pourrait être en communication électrique avec le reste de la ville. Toutes les vapeurs malsaines, y compris celles que produisent les foyers domestiques, pourraient être chassées, par de forts courants d'air, à travers de longues conduites, être purifiées en passant par de grands fourneaux et renvoyées vers les régions supérieures de l'air, par de hautes cheminées[1] ».

Si les villes venaient à être ainsi transformées, leurs conditions sanitaires ne seraient certes pas inférieures à celles des régions rurales.

D'autre part, les campagnes également transformées, couvertes d'habitations et d'ateliers, de vergers et de jardins, de pâturages et de cultures industrielles, sillonnées par des lignes de chemins de fer, de télégraphes et de téléphones, sans parler des bicyclettes et des automobiles, *s'urbaniseraient* de plus en plus.

Grâce à des communications et des contacts toujours plus nombreux, on assisterait, suivant la prédiction de Kingsley « à une complète interpénétration de la ville et

1. Marshall. *Principles of Economics*, vol. I, p. 303 et 304, note, London Macmillan and Co, 1898.

de la campagne, à une fusion de leurs différents modes de vie et à une combinaison des avantages de l'une et de l'autre, telle qu'aucun pays du monde ne l'a jamais vue ».

Mais, dans l'état actuel des choses, l'amplification de ces tendances se heurte à de multiples obstacles.

Pour l'immense majorité des ouvriers, — sans compter bien d'autres catégories professionnelles, — les vacances n'existent pas, les échappées vers la campagne sont radicalement impossibles, les voyages ne peuvent être, dans les conditions les plus favorables, que des excursions de quelques jours, instructives certes, mais trop brèves et trop fatigantes pour exercer une influence tangible sur la santé. Il faut se placer, en imagination, dans un état social bien différent du nôtre, pour concevoir des armées de travailleurs émigrant à la campagne, pendant une partie de l'année, soit pour y prendre du repos, soit pour y faire les travaux de la moisson.

Quant aux améliorations et embellissements effectués dans les villes, l'expérience montre que, trop souvent, ils ont pour résultat d'entasser plus encore les familles ouvrières dans les quartiers pauvres respectés par la pioche des démolisseurs. Ce n'est que par une politique résolument socialiste, s'attachant, à la fois, aux moyens de transport et aux moyens d'habitation, que l'on verra définitivement disparaître du centre des villes les ruelles immondes, les impasses ténébreuses, où la surpopulation n'a d'autre frein qu'une mortalité excessive, tandis que dans les faubourgs et dans les banlieues, l'initiative édilitaire fera surgir des logements spacieux, où les travailleurs auront, en abondance, l'air, la lumière, la chaleur, l'eau pure, qui sont indispensables à la plante humaine, pour croître, s'épanouir et fructifier normalement.

Pour ce qui est enfin de l'urbanisation des campagnes,

il faut vivre comme nous à quatre lieues d'une grande ville, dans un pays où pareilles conditions d'existence, semi-urbaine, semi-rurale, sont encore l'exception pour se rendre compte des difficultés *actuelles* du retour aux champs.

Si l'on n'habite pas à proximité d'une gare de chemin de fer, sur une ligne où les trains sont nombreux, jusque très avant dans la soirée, s'établir en permanence dans un village, c'est rompre totalement avec toutes les distractions et les avantages intellectuels de la vie urbaine.

Autour de Bruxelles, par exemple, le dernier train desservant la banlieue dans les cinq directions de Jette, Uccle, Vilvorde, Hal et Dieghem, part respectivement à 8 h. 16, 8 h. 35, 9 h. 5, 9 h. 56 et 10 h. 24 du soir. C'est uniquement sur la ligne de Bruxelles à Ottignies, que des trains s'arrêtent à toutes les gares, circulent jusqu'à minuit et permettent aux habitants des localités suburbaines de rentrer chez eux, après avoir passé la soirée en ville[1].

De même, dans les environs de Gand, où plusieurs villages tels que Melle ou Meirelbeke conviendraient merveilleusement pour transporter, comme disait Calino, « la ville à la campagne », il n'y a plus de trains après 8 h. 9 du soir.

Dans ces conditions, qui se retrouvent presque partout sur le continent européen — malgré d'incontestables progrès depuis quelques années — l'exode urbain se limite nécessairement aux environs immédiats des principaux centres, et spécialement aux localités desservies par des tramways de pénétration.

Pour que l'émigration des citadins vers la campagne proprement dite cesse d'être un fait exceptionnel, il

[1] Il faut tenir compte, en outre, des tramways électriques, qui desservent jusqu'à minuit plusieurs localités de la banlieue.

faudrait au préalable que les administrations des chemins de fer les rendent possibles, fût-ce au prix de sacrifices transitoires, en multipliant les communications entre les villes et leurs banlieues.

Mais ces difficultés résultant de l'insuffisance des transports, auxquelles il faut ajouter les ennuis qui proviennent de la rareté des distributions postales, ne sont pas les seules qui attendent les pionniers du retour aux champs.

Combien n'est-il pas de communes rurales, en effet, où les distributions d'eau sont encore inconnues, où les gens s'éclairent au pétrole ou à la chandelle, où les citadins qui viennent s'y établir doivent chercher au puits l'eau de leur bain ou de leur table et — lorsqu'ils ne peuvent installer à leurs frais l'électricité ou l'acétylène — en sont réduits aux procédés d'éclairage qui avaient cours chez leurs grands parents.

Encore si ces mêmes inconvénients de la campagne étaient compensés par des avantages au point de vue du coût des denrées alimentaires et de la facilité des approvisionnements. Mais, si paradoxal que cela puisse paraître, c'est plutôt le contraire qui se produit, pour ceux, du moins, qui ne vivent pas de la vie rurale, qui ne tirent pas de leur potager, de leur poulailler ou de leur étable, une grande partie des denrées dont ils ont besoin.

Tout le monde sait combien il est difficile d'acheter du poisson dans les ports de pêche, où la marée part directement vers les villes.

De même, c'est au prix de difficultés incroyables que l'on parvient à se procurer, surtout à l'improviste, du lait, du beurre, des œufs ou des légumes, dans les villages où les cultivateurs ont l'habitude de vendre à des intermédiaires ou de porter au marché, tout ce qui ne sert pas à leur propre consommation.

Que de fois n'est-il pas arrivé à notre ménagère — au temps où nous n'avions pas de jardin potager — d'acheter à un revendeur, dont la charette parcourait la campagne, des légumes qui avaient traîné, tout d'abord, sur le pavé des Halles de Bruxelles.

Récemment, dans une commune du pays de Herve [1], qui, pour être habitée surtout par des ouvriers mineurs, n'en est pas moins en pleine campagne, on nous rapportait que beaucoup de femmes s'en vont tous les jours à Liège, pour vendre quelques canettes de lait, achetées dans les fermes et rapportent de la ville, située à plus d'une heure de distance, des légumes qu'elles revendent à leur rentrée au village.

Bien plus, dans des localités comme Hoeylaert et La Hulpe, qui se sont fait une spécialité de la production des fraises et des raisins en serre, il est souvent plus avantageux d'acheter à Bruxelles des fruits qui viennent peut-être de l'endroit même où ils sont consommés !

Il va sans dire que cette situation anormale prendrait fin le jour où l'exode urbain aurait assez d'importance pour fournir aux campagnards — détaillants ou petits cultivateurs — une clientèle suffisamment nombreuse et régulière.

Mais avant que ce résultat soit atteint, avant que la cité champêtre soit autre chose que le rêve d'un poète ou la fantaisie d'un industriel riche à millions, que de préventions à vaincre, que de difficultés d'ordre psychologique à surmonter.

Facilitez les transports, réduisez au minimum les tarifs de chemin de fer, mettez à la disposition des habitants de la campagne toutes les installations, tous les avantages matériels qui sont réservés actuellement aux habitants des villes, organisez, en un mot, la *Garden City* de la manière la plus complète et vous aurez à lutter,

1. Beyne Heusay, canton de Fléron, arrondissement de Liège.

longtemps encore, contre les habitudes acquises, contre l'attachement des travailleurs à la vie urbaine.

Pour beaucoup de gens, en effet, qui prétendent aimer la campagne, qui seraient heureux d'y séjourner pendant la belle saison, l'idée seule d'y vivre en permanence, même en conservant des contacts avec la ville, apparaît comme un véritable cauchemar.

Et cependant, pour qui reste à portée d'une grande agglomération, à une faible distance de la station d'un chemin de fer, sans avoir l'obligation d'affronter, soir et matin, les fondrières de quelque route vicinale, c'est peut-être à la campagne que l'on supporte le mieux les intempéries de la saison mauvaise.

L'hiver, en ville, depuis novembre jusque fin mars, c'est, presque sans interruption, le régime de la boue et de l'obscurité. La neige, quand elle vient à tomber, tient quelques heures à peine, bientôt salie par la foulée des passants, le roulement des voitures, la circulation des tramways; et, au milieu de cette fangeuse tristesse, rien ne décèle la persistance de la vie des plantes, la continuelle préparation du printemps, dès l'instant même où les feuilles de l'automne achèvent de tomber.

A la campagne, au contraire, il n'est pour ainsi dire aucun moment dans l'année, où quelque chose ne pousse, où quelque jeune plante ne lutte contre les rigueurs de la saison. Quand les gelées sont tardives, on trouve encore dans les jardins, à la fin de décembre ou au commencement de janvier, des œillets ou des roses de Bengale, parfois aussi des primevères ou des violettes, qui devancent le printemps. Dès la mi-février, souvent, les perce-neige ouvrent leurs corolles, les bourgeons commencent à gonfler, les champs se mettent à verdir. Par contre, si l'hiver se prolonge, ce sont les belles journées froides, sous le soleil clair; c'est la neige éblouissante et pure, couvrant d'un manteau de ouate les pointes vertes du blé.

Et le soir, quand on rentre de la ville, tumultueuse et surexcitée, c'est un délice que de retrouver la campagne endormie, la sérénité silencieuse de la terre et du ciel, la splendeur pacifiante de la voûte étoilée.

Mais ce charme de la vie des champs n'agit et ne peut agir que sur des minorités.

Ce ne sont pas ces considérations subjectives, mais, avant tout, les conditions objectives de la vie économique, qui déterminent et continueront, sans doute, à déterminer dans l'avenir l'importance relative des populations urbaines et des populatious rurales.

Mais, quelle que soit la proportion des unes et des autres, le mode de leur distribution sur la surface des territoires habités, il est dès à présent certain que l'alternance des séjours, les échanges de main-d'œuvre entre l'industrie et l'agriculture, la suppression des distances par des moyens de locomotion et de communication presque indéfiniment perfectibles, effaceront, de plus en plus, la distinction si nettement tranchée naguère entre les villes et les campagnes.

Sous l'ancien régime, en effet, les populations urbaines, vouées au commerce et à l'industrie, investies de monopoles corporatifs, protégées par des barrières économiques, vivaient, étroitement agglomérées, dans l'enceinte de leurs remparts. Les populations rurales, au contraire, ne connaissaient guère d'autre industrie que l'agriculture, avec les métiers locaux qui en dépendent; leur état politique et social représentait encore un stade que les villes avaient depuis longtemps dépassé : produisant avant tout pour leur propre usage, ou celui de leurs maîtres, attachées à la terre par leur dépendance servile et par la perpétuité de leurs tenures, elles végétaient isolées, repliées sur elles-mêmes et, pour ainsi dire, sans contacts avec le dehors.

Mais, avec le progrès des moyens de transport, cette situation se modifie : la ligne de démarcation entre les villes et les campagnes perd sa rigidité ; politiquement et économiquement, urbains et ruraux deviennent égaux, sinon en fait, du moins en droit. Les murailles des villes sont démolies. Les barrières d'octroi commencent à tomber. Les relations se multiplient entre citadins et campagnards. Dès à présent, il apparaît comme vraisemblable que les cités de l'avenir seront bien moins des centres d'habitation que des agglomérations de monuments, des lieux de réunion ou de travail, des rendez-vous d'affaires, de plaisirs et d'études.

Ce serait, dans une mesure plus ou moins large, la réalisation du rêve de Morris, dans *News from nowhere* : Londres a été éclairci. Les bouges ont été « défrichés ». Saint-Paul est en ruine. Le palais du Parlement a été converti en dépôt d'engrais. Trafalgar square est un grand verger. Le ciel n'est plus assombri par les fumées industrielles. La Tamise ne roule plus des eaux salies par les déjections d'une agglomération monstrueuse. Le plat pays s'est couvert de cottages ; on se rencontre dans les villes, mais on habite dans les campagnes.

Seulement, les campagnes de Morris, et, sans doute, les campagnes de l'avenir, ne ressemblent plus aux campagnes du « bon vieux temps ». Ceux qui les habitent n'ont rien de commun avec les paysans de Labruyère : ils ont passé par les villes ; ils restent en contact permanent avec elles ; ils sont retournés aux champs, mais en y transportant les avantages d'une transformation sociale, dont la centralisation urbaine a été la condition préalable et le facteur décisif.

Avant que les *Aubes* se lèvent, il a fallu que les *Villes tentaculaires* fassent le vide, dans les *Campagnes hallucinées*.

ANNEXES

ANNEXE I

MOUVEMENT DE LA POPULATION

DANS CERTAINES COMMUNES

DES CANTONS DE FOSSES ET DE GEMBLOUX (BELGIQUE)

CANTON DE FOSSES			CANTON DE GEMBLOUX		
COMMUNES	1890	1900	COMMUNES	1890	1900
Aisemont. . . .	656	728	Balâtre.	690	714
Arsimont. . . .	1.507	1.754	Bossière	906	880
Falisolle	1.937	2.420	Bothey.	298	313
Floreffe.	2.000	2.807	Corroy-le-château	874	829
Franière	671	979	Grand Leez. . .	2.018	1.867
Le Roux	614	650	Le Mazy	729	830
Mettet	3.041	3.139	Onoz.	320	300
Moignelée. . . .	1.053	1.267	Saint-Martin . .	607	547
Mornimont . . .	615	683	Sauvenière . . .	1.250	1.230
Vitrival.	935	925			
Total. . . .	13.629	15.352	Total. . . .	7.722	7.510

[1] Pour dresser ce tableau, nous avons fait abstraction :

1° Des deux chefs-lieux de canton, dont la population s'est élevée, pour Fosses, de 3.259 à 3.457, pour Gembloux, de 3.936 à 4.365.

2° Des communes rurales qui ne se trouvent pas à proximité des lignes de chemins de fer aboutissant à la Basse-Sambre. La population globale de ces communes a subi de 1890 à 1900, les modifications suivantes :

a) 13 communes du canton de Fosses ont passé de 11.315 à 11.398 habitants.
b) 10 — — Gembloux — 13.151 à 13.618 — . —

L'augmentation que l'on constate dans cette partie du canton de Gembloux, provient des communes qui touchent au bassin industriel de Charleroy : Velaines et Ligny, par exemple.

ANNEXE II

STATISTIQUE DES COUPONS OUVRIERS

Délivrés sur le réseau de l'Ouest (France), de 1884 à 1900.

	Billets aller et retour pour ouvriers.	Cartes d'abonnements hebdomadaires.	Total du nombre des voyages correspondant aux billets.
	—	—	—
1884. . .	440.651	4.228	940.494
1885. . .	580.276	23.807	1.493.850
1886. . .	582.347	36.836	1.680.398
1887. . .	641.892	55.425	2.059.734
1888. . .	721.007	78.515	2.541.224
1889. . .	874.363	116.368	3.377.878
1890. . .	905.028	139.766	3.766.780
1891. . .	1.036.227	164.172	4.370.862
1892. . .	1.267.751	179.058	5.042.314
1893. . .	1.318.544	203.410	5.484.828
1894. . .	1.307.784	230.297	5.839.726
1895. . .	1.505.604	238.547	6.350.866
1896. . .	1.635.245	259.889	6.908.936
1897. . .	1.801.490	304.129	7.860.786
1898. . .	2.029.473	368.121	9.212.640
1899. . .	2.271.624	414.558	10.347.060
1900. . .	2.762.216	490.069	12.510.838

ANNEXE III

BARÈME DES ABONNEMENTS OUVRIERS EN BELGIQUE

APERÇU DES PRIX

Distances en kilom.	Pour un voyage aller et retour par jour. 6 jours.	7 jours.	Pour un voyage aller et retour par semaine.	Distances en kilom.	Pour un voyage aller et retour par jour. 6 jours.	7 jours.	Pour un voyage aller et retour par semaine.	Distances en kilom.	Pour un voyage simple par jour. 6 jours.	7 jours.
5	0.95	1.15	0.35	50	2.25	2.60	1.10	5	0.60	0.75
6	1.00	1.20	0.40	55	2.30	2.70	1.15	6	0.65	0.75
7	1.05	1.25	0.45	60	2.40	2.80	1.20	7	0.70	0.80
8	1.10	1.30	0.45	65	2 50	2.95	1.25	8	0.70	0.85
9	1.15	1.35	0.50	70	2.60	3.05	1,30	9	0.75	0.90
10	1.25	1.45	0.55	75	2.70	3.15	1.35	10	0.80	0.90
15	1.35	1.60	0.80	80	2.75	3.25	1.35	11	0.85	1.00
20	1.50	1.75	0.85	85	2.85	3.35	1.40	12	0.90	1.00
25	1.60	1.85	0.90	90	2.95	3.45	1,45	13	0.90	1.10
30	1.75	2.00	0.90	95	3.05	3.55	1.50	14	0.95	1.15
35	1.85	2.15	0.95	100	3.15	3.60	1.55	15	1.00	1.15
40	2.00	2.30	1.00	150	—	—	2.00	16 à 19	1.00	1.20
45	2.10	2.45	1.05	250	—	—	2.90	20	1.05	1.30

ANNEXE IV

STATISTIQUE DES COUPONS DE SEMAINE

Délivrés par l'État belge en 1901.

MOIS	INDUSTRIE PRIVÉE					OUVRIERS DE L'ADMINISTRATION			TOTAUX GÉNÉRAUX
	6 voyages simples par semaine.	7 voyages simples par semaine.	6 voyages A. R. par semaine.	7 voyages A. R. par semaine.	1 voyage A. R. par semaine	6 ou 7 voyages simples par semaine.	6 ou 7 voyages A. R. par semaine.	12 voyages hebdomadaires A. R consécutifs.	
Janvier	2.039	78	225.124	19.076	41.766	437	30.561	335	319.416
Février	2.050	82	213.977	17.838	37.294	433	29.866	313	301.853
Mars	2.249	80	231.779	21.403	55.498	498	37.609	332	399.448
Avril	1.785	82	249.685	14.980	57.886	448	32.932	350	358.148
Mai	1.763	78	243.322	15.767	59.966	452	31.774	273	353.395
Juin	2.206	83	282 371	19.938	73.129	546	38.285	397	416.855
Juillet	2.430	72	248.041	16.054	63.280	467	33.528	323	364.495
Août	1.589	80	243.645	17.583	59.386	496	32.889	300	355.968
Septembre	2.083	84	290.981	21.329	65.623	586	37.190	343	418.219
Octobre	1.878	96	250.545	22.476	50.003	486	31.214	332	357.030
Novembre	2.025	112	253.942	24.777	49.993	448	32.815	323	364.435
Décembre	2.196	100	289.568	27.258	45.963	531	37.887	258	403.761
Totaux	24.293	1.027	3.072.980	238 479	659.787	5.828	406.450	3.879	4.412.723

ANNEXE V

STATISTIQUE DES COUPONS DE SEMAINE

D'après la distance kilométrique, pour l'exercice 1897 (*Belgique*).

Distances	Nombre de coupons délivrés.	Nombre d'ouvriers (à raison de 50 coupons par année).
—	—	—
De 1 à 5 kilomètres.	241.038	4.820
6 à 10 —	766.260	15.323
11 à 15 —	441.875	8.837
16 à 20 —	324.496	6.489
21 à 25 —	232.664	4.733
26 à 30 —	129.629	2.592
31 à 35 —	55.596	1.112
36 à 40 —	39.644	793
41 à 45 —	18.695	374
46 à 50 —	10.806	216
51 à 55 —	6.783	135
56 à 60 —	7.924	158
61 à 70 —	5.113	102
71 à 100 —	503	10

ANNEXE VI

STATISTIQUE DES OUVRIERS BELGES

Quittant leur province pour se rendre à l'étranger (1897)

PROVINCES	ARRONDISSEMENTS	NOMBRE D'ÉMIGRANTS	PROFESSIONS DOMINANTES
Anvers	Anvers	669	*Terrassiers.*
	Malines	111	*Ouv. agricoles* et briquetiers.
	Turnhout	1.259	*Ouvriers agricoles.*
		2.039	
Brabant	Bruxelles	200	Briquetiers et *ouv. agric.*
	Louvain	183	—
	Nivelles	1.008	*Maçons,* briquet., paveurs.
		1.391	
Flandre occident.	Bruges	1.688	*Ouv. agric.* et briquetiers.
	Ostende	1.324	—
	Courtrai	1.836	—
	Dixmude	1.951	—
	Furnes	165	*Pêcheurs d'Islande.*
	Roulers	2.752	*Ouv. agricoles* et briquetiers.
	Thielt	1.107	—
	Ypres	1.759	—
		12.582	
Flandre orientale	Alost	6.208	*Ouv. agric.*; quelq. briquet[iers]
	Audenaerde	5.400	— —
	Ecloo	69	— et terrassiers.
	Gand	4.373	— et briquetiers.
	St-Nicolas	539	*Terrassiers,* bateliers, ouv. agricoles.
	Termonde	2.353	*Ouvriers agricoles.*
		18.942	
Hainaut	Ath	8.214	*Ouvriers agricoles,* terrassiers, briquetiers.
	Charleroy	3.685	*Briquetiers.*
	Mons	1.265	Ouvriers agricoles.
	Soignies	1.496	—
	Thuin	905	*Briquetiers,* maçons, bûcherons.
	Tournay	1.647	*Ouvr. agricoles,* briquetiers et maçons.
		17.212	

PROVINCES	ARRONDISSEMENTS	NOMBRE D'ÉMIGRANTS	PROFESSIONS DOMINANTES
Liège	Liège	710	*Chapeliers en paille*[1].
	Verviers	156	Ouv. d'usine et *ouv. agric.*
	Waremme	198	*Briquetiers* et maçons.
	Huy	678	*Briquetiers.*
		1.742	
Limbourg	Hasselt	265	Ouv. agricoles, *briquetiers.*
	Tongres	1.482	*Chapeliers en paille,* briquetiers.
	Maeseyck	544	*Briquetiers,* maçons et colporteurs.
		2.191	
Luxembourg	Ch.-l. d'arr.	155	*Briquetiers,* ouv. de fabr.
	Arlon	267	*Ouvriers de fabrique.*
	Bastogne	118	*Ouvriers de fabrique,* et ouvriers agricoles.
	Marche	126	*Bûcherons,* briquetiers, ouvriers agricoles.
	Neufchâteau	407	*Bûcherons* et ouv. d'usine.
	Virton	1.044	*Ouv. d'usine* et bûcherons.
		2.117	
Namur	Namur	227	Briquetiers, maçons, carriers, tailleurs de pierre, ouvriers d'usine, ouvriers agricoles, bûcherons, etc.
	Dinant	951	
	Philippeville	106	
		1.284	
Le pays		59.600	

1. Il faudrait ajouter à ce chiffre un certain nombre de briquetiers, métallurgistes, forains, non compris dans le relevé.

ÉVREUX, IMPRIMERIE DE CHARLES HÉRISSEY

ce livre la même argumentation logique et précise et la même clarté d'exposition que nous avions déjà remarquées dans une précédente étude du même auteur.

(*Bulletin du Musée social.*)

L'Idéalisme social, par EUGÈNE FOURNIÈRE, député. 1 vol. in-8°, cart. à l'angl. . . . . 6 fr.

L'auteur nous dit « que la science ayant dissipé en fumées la Cité de rêve où l'individu comptait abriter son immortalité, elle a pour devoir de construire la Cité réelle où l'espèce, devenue immortelle, donnera à chacun de ses enfants mortels un abri sûr et agréable ». Ce n'est pas le plan définitif de cet abri que M. Fournière prétend nous donner dans son livre, mais il nous en indique la possibilité et nous en démontre la nécessité. C'est une sorte de philosophie et de poésie du socialisme que formule M. Fournière en ces pages vibrantes et substantielles qu'on lira avec intérêt.

(*La Grande Revue.*)

Ouvriers des temps passés, par H. HAUSER, professeur à l'Université de Dijon. 1 vol. in-8°, cart. à l'angl. . . . . 6 fr.

Entre l'époque des guerres anglaises et Colbert, s'étend une longue période particulièrement intéressante. C'est cette période que retrace doctement M. H. Hauser en étudiant successivement l'apprenti, le compagnon, le contrat de travail, l'organisation du travail, les salaires, le travail libre et l'accès à la maîtrise, le travail des femmes, les confréries et coalitions, etc.

Au fur et à mesure des développements de cette étude sûrement et largement documentée, on voit se disloquer peu à peu le régime des communautés, à la fois industrielles et religieuses, du temps de saint Louis; on voit l'État chercher à prendre, en matière économique, cette autorité absolue qu'il acquerra au dix-septième siècle.

La révolution économique déterminée par la découverte des nouveaux mondes, la révolution sociale que marque l'avènement de la bourgeoisie, la révolution politique qui prépare le triomphe de la royauté, la révolution scientifique et industrielle causée par la Renaissance, enfin, la révolution religieuse elle-même, — tels sont, dans leur ensemble, les faits qui agissent pour modifier la condition de l'ouvrier.

(*Journal des Débats.*)

Les transformations du pouvoir, par G. TARDE, de l'Institut, professeur au Collège de France. 1 vol. in-8°, cart. à l'angl. . . . . 6 fr.

Ce livre est un essai partiel de sociologie politique, où l'auteur a indiqué l'application de sa doctrine générale au côté gouvernemental des sociétés. Après une première partie consacrée à une exploration libre du sujet, à des recherches sur les sources du pouvoir, sur les rapports entre l'invention et le pouvoir, sur la formation des noblesses et des capitales considérées comme des organes de concentration et d'emploi du pouvoir, la science politique est présentée plus méthodiquement dans la seconde partie de l'ouvrage, laquelle comprend trois divisions principales. Tout ce qui concerne la répétition politique, l'opposition politique (lutte des partis, guerre et diplomatie), l'adaptation (ou violation) politique et sa loi, y est traité successivement. Un dernier chapitre sur l'art et la morale politique fait sentir, d'une part, la nécessité d'une rhétorique supérieure qui soit à l'art de créer l'opinion par la presse ce que la rhétorique ancienne était à l'art de convaincre un auditoire par le discours, et d'autre part, montre à quelles conditions la politique peut et doit se moraliser, à quels signes l'immoralité, en politique, se distingue de l'innovation morale.

(*La Grande Revue.*)

Morale sociale. 1 vol. in-8°, cart. à l'angl. . . . . 6 fr.

On ne saura mieux marquer l'intérêt du livre qu'en donnant les titres des conférences qui le composent et les noms de leurs auteurs : *Morale positive, art et science, vues d'ensemble*, par E. DELBET. — *Classification des idées morales du temps présent*, par A. DARLU. — *L'unité morale*, par MARCEL BERNÈS. — *De l'orientation morale du temps présent*, par le PASTEUR WAGNER. — *La justice et le droit*, par le R. P. MAUMUS. — *Charité et sélection*, par G. BELOT. — *L'éthique du socialisme*, par G. SOREL. — *La morale de Tolstoï*, par M. KOVALEVSKY. — *Justice et charité*, par CH. GIDE. — *L'ordre des joies*, par L. BRUNSCHVICG. — *Le devoir présent de la jeunesse*, par F. BUISSON. — *Morale et politique*, par E. DE ROBERTY. — *La morale individuelle et la morale sociale*, par P. MALAPERT. — *La morale des Grecs et la crise morale contemporaine*, par L. DAURIAC.

Une préface de M. ÉMILE BOUTROUX, de l'Institut, montre l'intérêt de ces leçons, qui ne constituent pas un enseignement, mais une sorte d'examen de conscience auquel furent conviées des personnes de toutes opinions ayant réfléchi sur les questions morales.

Les Enquêtes, par P. du Maroussem. 1 vol. in-8°, cart. à l'angl. 6 fr.

M. du Maroussem a inauguré à la Faculté de Droit de Paris, il y a dix ans, l'enseignement des « Enquêtes », ou si l'on préfère l'expression anglaise, de « l'économie descriptive ». Ce livre est la condensation des 3,600 pages constituant son œuvre déjà parue. C'est, en outre, l'exposé le plus limpide d'une nouvelle méthode d'observation et de classement, qui permet à tous, ingénieurs, agronomes, explorateurs ou simples touristes, de déchiffrer avec la plus grande facilité, à l'aide de cadres variés, la complication des faits économiques et sociaux.

En un mot, résumé de l'économie politique pratique et aussi manuel de reportage scientifique. Tels sont les deux caractères de ce volume bourré de faits et d'anecdotes, qui n'a d'équivalent dans aucune littérature, française ni étrangère.

Questions de morale, *leçons professées à l'École de morale*. 1 vol. in-8°, cart. à l'angl. . . . . 6 fr.

Cet ouvrage fait suite à la *Morale sociale* publiée l'année d'avant dans la même collection. Les opinions philosophiques et économiques des conférenciers sont très diverses, comme on en jugera par leur énumération : *La science et la morale*, par G. Sorel; *L'ère sans violence*, par G. Moch; *La morale chrétienne et la conscience contemporaine*, par A. Darlu; *Les facteurs moraux de l'évolution*, par G. Sorel; *Le kantisme et la science de la morale*, par V. Delbos; *Vue d'ensemble sur la morale grecque*, par A. Croiset; *Les conditions de l'action*, par M. Bernès; *La raison et l'instinct en morale*, par D. Parodi; *Le luxe*, par G. Belot; *La morale d'après Guyau*, par Eug. Fournière; *La justice sociale*, par P. Malapert; *L'éducation morale et l'éducation religieuse*, par F. Buisson.— Malgré cette diversité, un but unique réunissait ces auteurs qui, sans rien aliéner de leurs opinions personnelles, sont d'accord sur deux points essentiels : l'importance des idées morales et la fécondité de l'initiative individuelle en toutes choses.

Les allocutions prononcées par MM. Boutroux et Croiset, à l'occasion de l'ouverture de l'École, servent d'introduction à ce livre.

Le catholicisme social depuis l'Encyclique *Rerum novarum*. Idées directrices et caractères généraux, par Max Turmann, professeur au Collège libre des Sciences sociales. 1 vol. in-8°, cart. à l'angl. . . . . 6 fr.

L'École sociale catholique a formulé un ensemble de doctrines que nous trouvons exposées, défendues, appliquées de manière à peu près semblable, quels que soient les pays. Sans doute, suivant la région, on pourra signaler telle ou telle différence de détail, voire même quelques divergences sur des questions secondaires. Sans doute encore, il sera possible de constater que chaque peuple a été séduit par un aspect particulier du catholicisme social. Mais, quelles que soient ces légères variations, l'École sociale catholique se présente une et identique à elle-même dans tous les pays : ses orateurs, ses docteurs, ses représentants dans les Parlements s'appuient tous sur les mêmes principes fondamentaux et s'accordent dans leurs principales conclusions pratiques.

De toutes ces doctrines, M. Turmann n'a pas prétendu donner un exposé détaillé : il s'est uniquement proposé d'en noter les idées directrices et les caractères généraux. A la lecture de son ouvrage, on a l'impression que le catholicisme social constitue, dans le monde moderne, une force puissante qui, par son intensité et sa diversité, peut être comparée, et à peu près partout être opposée au socialisme révolutionnaire.

Le socialisme sans doctrines, *la question agraire et la question ouvrière en Australie et Nouvelle-Zélande*, par A. Métin, agrégé de l'Université, professeur à l'École municipale Lavoisier. 1 vol. in-8°, cart. à l'angl. 6 fr.

L'arbitrage obligatoire, les retraites pour la vieillesse, la journée de huit heures, le minimum de salaire, la protection des employés de commerce, une foule d'autres mesures qui n'existent qu'en projet chez nous, sont appliqués en Australie et Nouvelle-Zélande, ces pays qu'on a surnommés *le Paradis des ouvriers*.

L'évolution sociale et économique de l'Australie, l'organisation et l'influence des partis ouvriers, les dispositions et le fonctionnement des lois sociales sont étudiés dans cet ouvrage par un auteur qui a dépouillé les documents officiels et qui vient de faire une enquête personnelle en Australie, en Tasmanie et en Nouvelle-Zélande.

Le régime des terres publiques, l'influence des théories de H. George, la lutte contre les grands propriétaires, l'essai partiel de nationalisation du sol en Nouvelle-Zélande, les efforts faits partout pour créer une classe de petits propriétaires, l'organisation du crédit agricole, les colonies ouvrières, enfin tous les éléments, toutes les solutions de la *question agraire* dans ces colonies à population européenne, sont décrits par un témoin d'après la réalité elle-même.

Le livre comprend d'utiles notes bibliographiques et un index alphabétique.

La méthode historique appliquée aux sciences sociales, par CH. SEIGNOBOS, maître de conférences à la Faculté des lettres de l'Université de Paris. 1 vol. in-8°, cart. à l'angl. . . . . 6 fr.

C'est la première fois qu'en France un historien essaie de décrire les conditions de la méthode sociale, étude qui, jusqu'ici, semblait réservée aux philosophes seuls.

L'auteur analyse l'ensemble d'études réunies sous le terme imparfaitement défini de sciences sociales: la démographie, la statistique, l'histoire des doctrines économiques, et surtout le groupe des sciences économiques descriptives. Il montre comment les sciences sociales se confondent avec les sciences historiques et sont astreintes aux mêmes conditions de méthode, par la nécessité d'employer l'observation et de s'appuyer sur des documents dont l'étude critique s'impose. Il a été amené au cours de ce travail à traiter plusieurs des questions les plus controversées : la nature des sociétés et des phénomènes sociaux, la conscience collective, le caractère objectif de la sociologie, le matérialisme historique, l'emploi de la méthode biologique dans l'explication de l'évolution sociale, la théorie des races et des climats.

Ce livre est écrit dans une langue simple et familière, en termes systématiquement empruntés au langage vulgaire, pour éviter de dissimuler sous des expressions abstraites ou métaphoriques les faits d'observation vulgaire qui constituent seuls la matière de l'histoire et des sciences sociales.

Il offre ainsi un attrait considérable par l'aspect nouveau sous lequel il présente ces études, et montre le parti que peuvent en tirer les historiens aussi bien que les philosophes et les économistes, et tous ceux qui peuvent s'intéresser à la science des phénomènes sociaux.

L'Éducation morale dans l'Université (*Enseignement secondaire*). Conférences et discussions sous la présidence de M. A. CROISET, doyen de la Faculté des lettres de l'Université de Paris (*Écoles des Hautes Études sociales, 1900-1901*). 1 vol. in-8°, cart. à l'angl. . . . . 6 fr.

On répète souvent que l'Université sait enseigner, mais qu'elle est incapable de donner l'éducation. La direction de l'*École des hautes études sociales* a pensé que la question méritait un examen approfondi. Elle a fait appel à nos professeurs parisiens de l'enseignement secondaire universitaire qui ont recherché en toute sincérité, dans un esprit véritablement scientifique, quels remèdes apporter à ce mal au cas où il existerait réellement.

Chaque question fit l'objet d'une conférence, suivie d'une libre discussion entre tous les assistants; les noms seuls des conférenciers, qui comptent parmi les membres les plus autorisés de l'Université, MM. Lévy-Bruhl, Darlu, Marcel Bernès, Kortz, Clairin, Rocafort, Bioche, Ph. Gidel, Malapert et Belot, suffisent pour faire voir tout l'intérêt qu'elles ont présenté.

L'Université, imbue d'excellentes maximes qu'elle fait pénétrer de plus en plus dans sa pratique journalière, donne aux jeunes générations une très haute éducation morale, la plus capable de faire d'honnêtes gens de ce temps-ci, des consciences fermes, libres et tolérantes. Telle est l'opinion des hommes expérimentés et réfléchis qui ont pris part aux discussions dont ce livre est le résumé; telle est l'impression qui se dégage de ses pages aux yeux d'un lecteur attentif et impartial. — Ce n'est pas à dire que des progrès ne soient pas à réaliser dans les pratiques éducatives de l'Université; certains desiderata exprimés par ces professeurs ont été soumis à la discussion et ont été l'objet de vœux qui pourront être entendus de ceux qui sont chargés d'étudier et de préparer les réformes attendues dans l'enseignement secondaire par l'État.

Assistance sociale, *Pauvres et mendiants*, par PAUL STRAUSS, sénateur. 1 vol. in-8°, cart. à l'anglaise.. . . . . 6 fr.

De la bienfaisance publique. — La loi des pauvres en Angleterre. — La charité sous l'ancien régime. — La répression de la mendicité. — Ateliers de charité. — Ateliers de filature. — Les secours publics sous la Révolution. — Secours à domicile. — Le domicile de secours. — Les bureaux de bienfaisance. — L'assistance communale. — Les bureaux parisiens. — Vieillards indigents. — Misère et bienfaisance. — Le système d'Elberfeld. — Échange de renseignements. — Visiteurs et visiteuses des pauvres. — Le délit de mendicité. — Assistance et prévoyance, — tels sont les titres des différents chapitres du nouvel ouvrage de M. Paul Strauss.

Le sujet est traité avec la compétence bien connue de l'auteur en ces matières auxquelles il s'est tout spécialement consacré au Conseil municipal et au Sénat. M. Paul Strauss examine la charité telle qu'elle existait autrefois et l'étudie jusque dans ses formes actuelles. Bourré de chiffres et de faits sans néanmoins qu'un seul instant l'intérêt le cède à la documentation, écrit en un style élégant et clair, ce livre sera utile à tous ceux, nombreux à notre époque, qui s'occupent de questions de charité.

BIBLIOTHÈQUE
DE PHILOSOPHIE CONTEMPORAINE

SCIENCE SOCIALE

DERNIERS VOLUMES PARUS

L'année sociologique, publiée sous la direction de E. Durkheim, professeur de sociologie à l'Université de Bordeaux, 4 années parues. Chaque année, 1 vol. in-8°. . . . . 10 fr.

Chercher dans les travaux historiques, ethnographiques, statistiques parus chaque année tout ce qui peut intéresser le sociologue, faits ou idées, en faisant voir les conséquences sociologiques qui en découlent, tel est le but principal de l'*Année sociologique*; en outre, elle présente annuellement un tableau de la sociologie générale. Elle ne s'adresse pas seulement aux sociologues, mais à tous ceux qui sont curieux des problèmes sociaux; les ouvrages qui y sont étudiés sont l'objet d'analyses critiques étendues, et celles-ci sont méthodiquement groupées suivant la nature des questions; tous les principaux aspects de la vie sociale sont ainsi passés en revue. Enfin les spécialistes eux-mêmes, historiens du droit, des religions, économistes, ethnographes, y retrouveront les faits dont ils s'occupent, mais présentés d'un point de vue nouveau, puisqu'ils sont examinés d'après les principes de la méthode comparative. De ces comparaisons se dégagent des vues qui peuvent être utiles à des recherches plus spéciales.

Tables des matières des quatre années parues

1re Année (1896-1897). — **Durkheim** : La prohibition de l'inceste et ses origines. — **G. Simmel** : Comment les formes sociales se maintiennent. — *Analyses* des travaux parus du 1er Juillet 1896 au 30 Juin 1897 : sociologie générale, religieuse, morale, juridique, criminelle, économique, etc.

2e Année (1897-1898). — **Durkheim** : De la définition des phénomènes religieux. — **Hubert et Mauss** : Essai sur la nature et la fonction du sacrifice. — *Analyses* des travaux (1897-1898).

3e Année (1898-1899). — **Ratzel** : Le sol, la société et l'État. — **Richard** : Les crises sociales et la criminalité. — **Steinmetz** : Classification des types sociaux. — *Analyses* des travaux (1898-1899).

4e Année (1899-1900). — **Bouglé** : Remarques sur le régime des castes. — **Durkheim** : Deux lois de l'évolution pénale. — **Charmont** : Notes sur les causes d'extinction de la propriété corporative. — *Analyses* des travaux (1899-1900).

La Sociologie, par Auguste Comte, résumée par E. Rigolage, agrégé de l'Université. 1 vol. in-8°. . . . . 7 fr. 50

Ce livre est un abrégé de l'ouvrage du célèbre positiviste. Sans rien vouloir lui enlever de son caractère, M. Rigolage pense avec raison que certains développements, inutiles et sans intérêt pour le lecteur de l'époque actuelle, pouvaient en être facilement supprimés. L. *Sociologie* n'a fait au contraire qu'y gagner. Elle est d'une lecture simple et facile, qui la rend accessible à ceux mêmes qui ne sont pas versés dans l'étude de cette science.

Les lois sociales, par G. Tarde, de l'Institut, professeur au Collège de France. 1 vol. in-12. . . . . 2 fr. 50

M. Tarde s'est proposé non seulement de donner le résumé de ses principaux ouvrages de sociologie générale, mais encore et surtout de mettre en lumière, par des considérations d'ordre général, le lien intime qui les unit. Les rapports mutuels des trois termes, *répétition*, *opposition*, *adaptation*, sont aisément intelligibles quand on considère la répétition progressive comme fonctionnant au service de l'adaptation qu'elle répand, et que, par ses interférences, elle développe, — à la faveur toutefois de l'opposition que, par ses interférences d'autre sorte, elle conditionne aussi; —on peut croire même, et M. Tarde le démontre, que toutes trois collaborent à l'épanouissement de la variation universelle sous ses formes individuelles et personnelles les plus élevées, les plus larges et les plus profondes.

Les idées égalitaires, par C. BOUGLÉ, chargé d'un cours à l'Université de Toulouse. 1 vol. in-8°. . . . . 3 fr. 75

Pourquoi les idées égalitaires se sont-elles révélées dans la civilisation occidentale, et non ailleurs, une première fois, encore vagues, au crépuscule du monde antique, une deuxieme fois, plus précises, à l'aurore de l'ère contemporaine?

De ce fait ni la problématique vertu des races, ni la mystérieuse puissance d'expansion des doctrines ne donnent une explication suffisante; M. Bouglé cherche à l'expliquer par les effets propres aux *formes sociales*. Par une observation abstraite des faits historiques, il constate que les sociétés où les idées égalitaires se sont montrées, étaient à la fois les plus volumineuses, les plus denses et les plus mobiles, les plus homogènes et les plus hétérogènes, les plus compliquées et les plus unifiées. Que tous ces caractères sociologiques ne coïncident pas seulement avec les idées étudiées, mais qu'ils puissent contribuer réellement à leur expansion, c'est ce qu'il essaie de démontrer par une série d'analyses psychologiques. La psychologie et l'histoire se mêlent donc perpétuellement et se soutiennent réciproquement dans cet ouvrage où la sociologie se présente comme spécifique, mais sans rester attachée aux métaphores et aux entités qui ont trop longtemps embarrassé la marche des sciences sociales.

(*La Grande Revue.*)

L'Évolution du droit et la conscience sociale, par L. TANON, président à la Cour de Cassation. 1 vol. in-12. . . . . 2 fr. 50

Toutes les règles et les institutions juridiques ont été déterminées, d'une part, par les intérêts qui naissent des conditions de la vie, et d'autre part, par les états successifs de la conscience sociale. L'utilité proprement dite ne suffit pas pour expliquer toutes ces transformations et toutes ces règles. Leur explication totale, leur parfaite intelligibilité ne se trouvent que dans l'union de ces deux éléments. Ce sont eux qui ont inspiré, d'une manière plus ou moins consciente, les trouveurs de la coutume aussi bien que les inventeurs de la loi.

La relation nécessaire entre l'utilité et la conscience sociale, dans le droit, se révèle toujours; car cette utilité c'est l'utilité sociale; ce rapport peut se reconnaître par la confrontation de l'utilité avec les autres idées de justice qui sont fixées dans la conscience sociale.

M. Tanon prouve que le terme de bien commun est celui qui conviendrait le mieux au principe du droit, si on veut le ramener à l'unité verbale, et le dégager des équivoques qui s'attachent toujours à l'idée de la simple utilité. Ce qui fait la valeur commune des généralisations, qu'on parle de l'utilité sociale, du bien commun, des conditions de la vie, du consensus des intérêts ou de la conscience sociale, c'est qu'elles opposent aux principes du droit naturel une conception positive de l'ordre juridique, seule compatible avec les données de sa formation historique. Leur valeur comparée vient de ce qu'elles expriment les évaluations sociales de toute nature, les biens matériels et moraux qu'il faut toujours savoir distinguer dans la réalité du droit, et qui font l'objet de toutes les règles juridiques.

La philosophie sociale au XVIII° siècle et la Révolution, par A. ESPINAS, professeur adjoint à l'Université de Paris. 1 vol. in-8°. . . . 7 fr. 50

Après un chapitre d'introduction où la morale et la politique de l'absolu sont opposées à la morale et à la politique qui tiennent compte des conditions locales et historiques où toute société réelle se développe, M. Espinas signale rapidement les cinq grandes crises où le socialisme s'est affirmé comme doctrine : 1° la fin des cités grecques; 2° la fin de l'Empire romain (Christianisme); 3° la Renaissance en Angleterre et en Allemagne; 4° le XVIII° siècle français et la Révolution qui le termine; 5° la Révolution de 1848. Mais comme d'ordinaire on voit seulement dans la Révolution un mouvement individualiste engendré par une philosophie individualiste, M. Espinas a été conduit à montrer comment la philosophie égalitaire du siècle impliquait une théorie collectiviste du rôle de l'État en matière de propriété et quelles conséquences cette théorie a portées de Mirabeau à Robespierre et à Babeuf. Babeuf se rattache à la fois à la philosophie du XVIII° siècle et à la pratique du gouvernement révolutionnaire. L'auteur raconte en détail la conjuration dont il éclaire l'histoire par des documents inédits, et analyse la doctrine philosophique de Babeuf et de Buonarroti, où il trouve les antécédents du Fouriérisme et du Saint-Simonisme.

La question sociale au point de vue philosophique, par L. STEIN, professeur de philosophie à l'Université de Berne. 1 vol. in-8°. . . . 10 fr.

Quand on parle de la question sociale on pense d'habitude principalement au côté économique de cette question. Et cependant, on ne devrait pas perdre de vue qu'à côté du point de vue économique il y a encore ceux de l'éthique, de la pédagogie, de la philosophie, du droit et de l'esthétique qui compliquent extraordinairement le problème et l'entravent en même temps.

Mais la philosophie a des droits particuliers à dire son mot dans la question sociale. Les premières tentatives entreprises pour formuler le problème social ont été faites par des philosophes, et l'histoire du socialisme, comme celle de chaque problème, est appelée à l'approfondir : elle ne peut que gagner à être présentée à la lumière de la philosophie.

C'est là ce qu'a voulu montrer M. Stein : son livre est un exposé clair de la situation actuelle; après avoir étudié les *Formes primitives de la vie sociale et de la vie en commun*, il fait une magistrale *Esquisse d'un système de philosophie sociale*, pleine d'originalité et de vues nouvelles.

Socialisme et science sociale, par GASTON RICHARD, agrégé de philosophie, docteur ès lettres. 1 vol. in-12. . . . . 2 fr. 50

L'auteur ne considère pas le socialisme comme un parti qu'il faille ou combattre ou servir, mais comme un état d'esprit confus qu'il importe d'élucider. Sous le nom de socialisme, on entend fréquemment désigner la remarquable aspiration à la solidarité qui caractérise notre temps et qui agite non seulement les ouvriers et les employés, mais encore les classes libérales. Les syndicats de toutes sortes sont les signes de cette aspiration dont l'objet est l'*atténuation de la concurrence économique*.

Mais aujourd'hui les collectivistes concluent de l'atténuation de la concurrence à la disparition de la propriété et de l'initiative individuelle, et leurs raisonnements se présentent sous une forme scientifique, en apparence rigoureuse. C'est scientifiquement que l'auteur discute la valeur de leurs arguments, leurs conclusions et leurs prévisions. Il démontre que le socialisme est une erreur, souvent professée sincèrement, mais issue fatalement de l'état imparfait des connaissances sociologiques et qui ne cédera que devant les progrès de la science sociale.

L'ouvrage débute par un historique du socialisme et un exposé de ses variations, et suit pas à pas ses efforts pour se constituer une histoire et une prévision des faits sociaux.

Psychologie du socialisme, par le Dr GUSTAVE LE BON. 3e édition, entièrement refondue. 1 vol. in-8°. . . . . 7 fr. 50

Le socialisme synthétise un ensemble d'aspirations, de croyances et d'idées de réformes, qui passionne profondément les esprits. Les Gouvernements le redoutent, les législateurs le ménagent, les peuples voient en lui l'aurore de nouvelles destinées. Cet ouvrage est consacré à son étude. On y trouvera l'application des principes exposés par l'auteur dans ses précédents ouvrages : *les Lois de l'évolution des peuples* et la *Psychologie des foules*. Passant rapidement sur le détail des doctrines pour retenir seulement leur essence, il examine les causes qui ont fait naître le socialisme et celles qui en retardent ou en favorisent la propagation. Il montre le conflit entre les idées anciennes, fixées par l'hérédité, sur lesquelles reposent encore les sociétés, et les idées nouvelles, filles des milieux nouveaux que l'évolution scientifique et industrielle moderne a créés. Sans contester la légitimité des tendances du plus grand nombre à améliorer leur sort, il recherche si les institutions peuvent avoir une influence réelle sur cette amélioration, ou si nos destinées ne sont pas régies par des nécessités tout à fait indépendantes des institutions que nos volontés peuvent enfanter.

Le Régime socialiste, *principes de son organisation politique et économique*, par GEORGES RENARD, professeur au Conservatoire des arts et métiers. 1 vol. in-12, 2e édition. . . . . 2 fr. 50

Les socialistes ont le choix entre deux méthodes pour rendre intelligible leur idéal : la première serait de prouver que la crise sociale actuelle permet et exige la réalisation du socialisme; la seconde serait d'établir, d'une manière absolument abstraite et théorique, qu'un régime socialiste cohérent est chose logiquement concevable, et que, seul, il permet de satisfaire nos postulats modernes de liberté et de justice. De ces deux méthodes, la première est, de sa nature, plus agressive, peut-être plus efficace; la seconde est plus désintéressée, plus philosophique. M. Georges Renard a choisi la seconde; il l'a appliquée avec infiniment de ferveur simple, de logique pressante. Ce petit livre ne convaincra certainement pas tous ceux qui le liront; mais il donnera de l'estime pour les nobles convictions de l'auteur et son calme enthousiasme.

(*Revue de Paris.*)

Le Transformisme social, *Essai sur le progrès et le regrès des sociétés,* par G. DE GREEF, professeur à la Nouvelle Université libre de Bruxelles. 1 vol. in-8°, 2e éd. . . . . 7 fr. 50

Les problèmes relatifs au progrès et au regrès des sociétés peuvent et doivent être étudiés sous deux aspects différents : le premier, principalement subjectif, est du domaine de la psychologie collective; le deuxième, surtout objectif, embrasse les conditions et les facteurs de la réalisation de ces phénomènes dans l'histoire, c'est-à-dire dans la vie concrète des sociétés. A ces deux points de vue, l'histoire des civilisations dégage, des formes transitoires de leur structure et de leur activité, des lois générales, universelles, constantes et nécessaires dont la connaissance constitue la philosophie du progrès et de la décadence de l'espèce humaine.

L'auteur, se basant sur ces données, débute par une étude de psychologie collective pour finir, en passant par l'observation des modes de progression et de régression dans les sociétés particulières, par une indication des lois les plus générales que, dans l'état de nos connaissances, il nous est possible d'abstraire des données antécédentes. Ce problème n'offre pas seulement un intérêt scientifique important, il touche directement à ce qui concerne aussi bien le bonheur individuel que le bonheur de l'espèce. L'un est impossible sans l'autre, ils progressent et régressent parallèlement; l'individu et la société ne sont pas une antithèse, chacun d'eux au contraire est, l'un en petit, l'autre en grand, la synthèse et l'image fidèle de l'autre.

Précis de Sociologie, par G. PALANTE, agrégé de philos. 1 vol. in-12. 2 fr. 50

L'auteur s'est attaché à présenter d'après un plan simple les résultats les mieux établis et les plus utiles à connaître qui se dégagent de l'œuvre complexe des sociologues contemporains.

L'inspiration de ce petit livre est nettement psychologique et individualiste. C'est en psychologue social que M. Palante envisage les lois qui président à la formation, à la conservation, à la croissance et au déclin des sociétés, et qu'il analyse les principales formes du Vouloir-vivre collectif, telles que l'esprit de solidarité, l'esprit grégaire, le dogmatisme et l'optimisme social, les formalismes sociaux, les insincérités sociales, etc.

L'influence de la sociologie de Schopenhauer et de Nietzsche se fait plus d'une fois sentir dans ces pages. Bien que l'auteur n'adopte pas toutes les idées de ces deux penseurs, il lui a semblé que leur œuvre contient des éléments indispensables à tous ceux qui essaient de défendre le point de vue d'une philosophie sociale individualiste.

C'est également de ce point de vue individualiste que l'auteur critique, non sans sympathie, le socialisme, qu'il considère comme « un moment dans le développement de l'individualisme ».

La sûreté et la précision dans l'information, le souci de mettre au point les questions et de les conduire jusqu'aux enquêtes sociologiques les plus récentes, la clarté et l'allure vivante de l'exposition, la nouveauté de certains aperçus font de ce petit livre un guide précieux à consulter, pour tous ceux qui s'intéressent aux questions sociales.

Psychologie économique, par G. TARDE, de l'Institut, professeur au Collège de France. 2 vol. in-8° . . . . 15 fr.

M. Tarde s'est efforcé de mettre en relief le côté subjectif des phénomènes économiques et de montrer que c'est là leur côté vraiment explicatif. Après une partie préliminaire, où des considérations et des lois de sociologie générale lui ont permis de placer l'économie politique à son vrai rang parmi les autres sciences sociales, il a divisé son sujet en trois parties : 1° la *répétition économique*, où sont exposées les *données* des problèmes économiques, c'est-à-dire la propagation et la reproduction périodique des désirs, des croyances, des travaux, condition de la reproduction des richesses, ainsi que la formation et le développement de la quantité économique spéciale, la Monnaie, qui résulte de ce fonctionnement complexe; 2° l'*opposition économique*, où sont posés les *problèmes* que soulève le conflit des besoins, soit le conflit individuel qui est l'origine des *prix*, soit le conflit collectif appelé concurrence, crises, etc.; 3° l'*adaptation économique*, où sont esquissées les *solutions* qui naissent successivement (sauf à susciter de nouveaux problèmes) sous la forme de l'invention, de l'échange et de l'association.

L'opinion et la foule, par le MÊME. 1 vol. in-8°. . . . . 5 fr.

Cet ouvrage comprend trois études : dans la première, *le public et la foule*, M. Tarde montre la différence qui existe entre ces deux groupements, l'un essentiellement moderne et créé par les moyens de communication nouveaux, l'autre, bien plus ancien, d'ailleurs purement physique.

La seconde partie du livre a trait à *l'opinion et la conversation*. *L'opinion*, pour M. Tarde, est conséquence directe du public : sans lui, son importance serait nulle; comme lui, elle doit sa grande importance à la presse. La *conversation* est le facteur le plus important de l'opinion, qu'elle crée à elle seule et qu'elle contribue puissamment à entretenir.

La dernière étude est consacrée à *la foule et les sectes criminelles*. L'auteur y examine la question du délit de groupe et montre l'importance de la complicité du milieu, qui, presque toujours, devrait innocenter l'individu.

Ce livre, écrit dans le style vif auquel nous a accoutumés M. Tarde, semble appelé au même succès que ses précédents ouvrages.

Essai sur l'individualisme, par E. FOURNIÈRE, député. 1 vol. in-12°. 2 fr. 50

Dans ce livre, l'auteur de l'*Idéalisme social* aborde un important problème de sociologie, celui de la prétendue opposition de l'individualisme et du socialisme, et il le résout en démontrant que le développement de l'individu est un résultat de coopération sociale et que le socialisme ne peut être qu'un phénomène de coopération volontaire, sous peine de se voir fermer l'avenir. A signaler tout particulièrement le chapitre où sont exposés, avec des preuves abondantes et sûres, les origines et les caractères individualistes du socialisme dans tous les ordres de l'activité humaine.

Dans la même collection

BERTAULD, sénateur, professeur à la Faculté de droit de Caen. — **L'ordre social et l'ordre moral.** 1 vol. in-18. . . . . 2 fr. 50
— **De la philosophie sociale.** 1 vol. in-18. . . . . 2 fr. 50
BOUGLÉ (C.). — **Les sciences sociales en Allemagne.** 1 vol. in-12 . . . . . 2 fr. 50
— **Les principes d'une sociologie objective.** 1 vol. in-8. . . . . 3 fr. 75
— **L'expérience des peuples** *et les prévisions qu'elle autorise.* 1 vol. in-8. . . 10 fr.
COSTE (Adolphe). — **Les conditions sociales du bonheur et de la force.** 2 fr. 50
DURKHEIM, professeur à la Faculté des lettres de Bordeaux. — **De la division du travail social.** 2ᵉ édit. 1 vol. in-8 . . . . 7 fr. 50
— **Les règles de la méthode sociologique.** 2ᵉ édition, 1 vol. in-12. . . . . . 2 fr. 50
EICHTHAL (Eug. d'). — **Socialisme et problèmes sociaux.** in-18. . . . . . . 2 fr. 50
FRANCK (Ad.), de l'Institut. — **Des rapports de la religion et de l'État.** 2ᵉ édit., augmentée d'une préface nouvelle. 1 vol. in-18. . . . . 2 fr. 50
— **Philosophie du droit civil.** 1 vol. in-8. . . . . 5 fr.
— **Philosophie du droit pénal.** 5ᵉ édit., 1 vol. in-18. . . . . 2 fr. 50
GAROFALO, conseiller à la cour d'appel et professeur agrégé à l'université de Naples. — **La superstition socialiste,** traduit de l'italien par A. DIETRICH. 1 vol. in-8. . . . . 5 fr.
— **La Criminologie.** 4ᵉ édit., 1 vol. in-8. . . . . 5 fr.
GREEF (De), professeur à la Nouvelle Université libre de Bruxelles. — **Les lois sociologiques.** 2ᵉ édit., 1 vol. in-18. . . . . 2 fr. 50
GUYAU (M.). — **L'art au point de vue sociologique.** 2ᵉ édit., 1 vol. in-8. 7 fr. 50
IZOULET (Jean), professeur au Collège de France. — **La cité moderne,** *Métaphysique de la sociologie.* 4ᵉ édit., 1 vol. in-8. . . . . 10 fr.
JANET (P.), de l'Institut. — **Les origines du socialisme contemporain.** 3ᵉ édit., 1 vol. in-18. . . . . 2 fr. 50
— **Philosophie de la Révolution française.** 5ᵉ édit., 1 vol. in-18. . . . . . 2 fr. 50
LAMPÉRIÈRE (Mᵐᵉ A.). — **Le rôle social de la femme.** 1 vol. in-12. . . . . 2 fr. 20
LAPIE (E.). — **La justice par l'État.** 1 vol. in-12 . . . . 2 fr. 50
LAVELEYE (E. de), correspondant de l'Institut. — **La propriété et ses formes primitives.** 4ᵉ édit. refondue, 1 vol. in-8. . . . . 10 fr.
— **Le gouvernement dans la démocratie.** 3ᵉ éd., 2 vol. in-8. . . . . 15 fr.
MARION, professeur à la Faculté des lettres de Paris. — **De la solidarité morale.** 5ᵉ édit., 1 vol. in-8. . . . . 5 fr.
MAUS. — **De la justice pénale.** *Étude philosophique sur le droit de punir.* 1 vol. in-18. 2 fr. 50

NORDAU (Max). — **Paradoxes sociologiques**, traduit de l'allemand par Aug. Dietrich. 2e édit., 1 vol. in-18. . . . . 2 fr. 50
— **Les mensonges conventionnels de notre civilisation**, traduit de l'allemand par Aug. Dietrich. 1 vol. in-8, 2e éd. . . . . 5 fr.
NOVICOW (J.). — **Les luttes entre sociétés humaines et leurs phases successives**. 2e édit., 1 vol. in-8. . . . . 10 fr.
— **Les gaspillages des sociétés modernes**, contribution à l'étude de la question sociale. 2e édit., 1 vol. in-8. . . . . 5 fr.
OSSIP-LOURIÉ. — **La philosophie sociale dans le théâtre d'Ibsen**. 1 vol. in-12. 2 fr. 50
PIOGER (Julien). — **La vie sociale, la morale et le progrès**, essai de conception expérimentale. 1 vol. in-8. . . . . 5 fr.
SPENCER (Herbert). — **Principes de sociologie**, traduits par MM. Cazelles et Gerschell. 4 vol. in-8. . . . . 36 fr. 25
On vend séparément : Tome I, 6e éd., 1 vol. in-8, 10 fr.; Tome II, 4e éd., 1 vol. in-8, 7 fr. 50.; Tome III, 3e éd., 1 vol. in-8, 15 fr.; Tome IV, 1 vol. in-8. . 3 fr. 75
— **Essais politiques**, trad. par M. A. Burdeau. 5e éd., 1 vol. in-8. . . . . 7 fr. 50
— **Essais sur le progrès**, traduit par M. A. Burdeau. 4e édit., 1 vol. in-8. 7 fr. 50
— **L'individu contre l'État**, traduit par M. J. Gerschell. 5e édit., 1 vol. in-18. 2 fr. 50
SANZ Y ESCARTIN, membres de l'Académie royale des sciences morales et politiques de Madrid. — **L'individu et la réforme sociale**, traduit de l'espagnol par Aug Dietrich, 1 vol. in-8. . . . . 10 fr
STUART MILL (J.). — **L'utilitarisme**, traduit par M. P.-L. Le Monnier. 2e édit., 1 vol. in-18. . . . . 2 fr. 50
TARDE (G.), de l'Institut. — **Les transformations du droit**. 2e édit., 1 vol. in-18. 2 fr.50
— **Les lois de l'imitation**, *étude sociologique*. 3e édit., 1 vol. in-8 . . . . 7 fr. 50
— **La logique sociale**. 2e édit., 1 vol. in-8. . . . . 7 fr. 50
— **L'opposition universelle**. *Essai d'une théorie des contraires*. 1 vol. in-8. . 7 fr. 50
— **La criminalité comparée**. 4e édit., 1 vol. in-18. . . . . 2 fr. 50
ZIEGLER, professeur à l'Université de Strasbourg. — **La question sociale est une question morale**, traduit de l'allemand par M. Palante. 2e édit., 1 vol. in-18. 2 fr. 50

ANTHROPOLOGIE CRIMINELLE

DERNIERS VOLUMES PARUS

Les Criminels dans l'Art et la Littérature, par Enrico Ferri, professeur à l'Université de Rome, député au Parlement italien. 1 vol. in-12. 2 fr. 50

L'auteur s'est proposé de montrer, chez des personnages immortalisés par l'art, jusqu'à quel point l'intuition artistique a su prévoir ou suivre les notions si péniblement acquises par l'expérience scientifique, sur la nature véritable des crimes et des criminels. Les criminels dans les arts décoratifs, les crimes de sang dans la tragédie et le drame, le crime dans les romans et les drames judiciaires, les criminels dans le roman contemporain et dans l'art septentrional, tels sont les sujets qu'il passe en revue dans les œuvres des tragiques grecs, de Shakespeare, Schiller, Sardou, Gaboriau, Victor Hugo, Bourget, Zola, Coppée, d'Annunzio, Ibsen, Tolstoï, Dostoïewsky, pour ne citer que les plus grands parmi ceux qui ont donné dans leurs œuvres une place à l'étude des criminels.

Le crime et le suicide passionnels, par Louis Proal, conseiller à la cour de Paris. 1 vol. in-8°. . . . . 10 fr.

L'auteur ne s'est point proposé de composer un recueil de crimes passionnels : c'est la psychologie de l'amoureux criminel, de la femme délaissée, de l'assassin par jalousie, du meurtrier par honneur, du suicidé par amour contrarié qu'il a écrite. Son étude est le résumé des observations qu'il a faites en interrogeant les accusés des crimes passionnels, en lisant les écrits que laissent les suicidés par amour, ou que composent les assassins pour leur défense. Cette étude s'impose au moraliste et au criminaliste; elle intéressera également le grand public qui, grâce à la lecture quotidienne des débats judiciaires, sera en mesure d'apprécier les théories de M. Proal.

L'Ame du Criminel, par le Dr MAURICE DE FLEURY. 1 vol. in-12, 2 fr. 50

L'ouvrage se compose de trois parties : 1° Le cerveau de l'homme et le libre arbitre; 2° Déterminisme et responsabilité; 3° Conséquences pratiques (répression du crime et prophylaxie du mal).

M. de Fleury montre comment les doctrines de la psycho-physiologie la plus moderne, bien loin d'être menaçantes pour le bon fonctionnement de la société, ne peuvent que nous conduire à la raréfaction du crime, grâce à une éducation plus rationnelle, à une hygiène préservatrice et à une thérapeutique appropriée pour les jeunes cerveaux inclinés au mal par hérédité ou par imitation.

Le Suicide, par E. DURKHEIM, professeur de sociologie à l'Université de Bordeaux. 1 vol. in-8°. . . . . 7 fr. 50

Dans cet ouvrage, le suicide est étudié comme phénomène social. Chaque peuple a pour le suicide un penchant d'une intensité déterminée; cette intensité se mesure par le rapport entre le nombre annuel des cas et la population, ce que l'auteur appelle le taux social de la *mortalité-suicide*. Chercher en fonction de quelles conditions varie le taux, tel est l'objet du livre. Après avoir montré que les facteurs extra-sociaux (organiques, physiques, psychologiques) ne soutiennent avec ce phénomène aucune relation définie, l'auteur passe en revue les facteurs sociaux, les groupe en classes, détermine ainsi un certain nombre de courants suicidogènes de nature différente et décrit les formes qu'ils prennent en pénétrant les individus. Après avoir ainsi fait voir qu'il y a un élément social du suicide et ce qui le constitue, il se demande quels sont les rapports du suicide avec les autres faits sociaux, notamment avec les crimes, et examine enfin par quels moyens peut être arrêté l'énorme accroissement du suicide que l'on constate dans toutes les grandes sociétés européennes. L'ouvrage est accompagné de cartes et de nombreux tableaux statistiques.

La foule criminelle, *essai de psychologie collective*, par S. SIGHELE, professeur à l'Université libre de Bruxelles. 2e édition entièrement refondue. 1 vol. in-8° . . . . 5 fr.

Cet ouvrage comprend l'étude des crimes de la foule et l'analyse de certaines autres manifestations des masses. Après une introduction consacrée à *la Sociologie et la Psychologie collective*, l'auteur traite dans la première partie de *la psycho-physiologie de la foule et la foule criminelle;* dans la seconde, il s'occupe de *la foule au point de vue sociologique*. Dans la dernière intitulée *La théorie de la foule criminelle devant les tribunaux*, M. Sighele donne le texte d'un certain nombre d'arrêts dans lesquels les juges ont le plus souvent appliqué la théorie de *l'irresponsabilité de la foule criminelle*, théorie qu'il défend tout au cours de son livre, et qu'une argumentation claire et précise nous contraint d'adopter après lui.

Dans la même collection

AUBRY (Le Dr Paul). — **La contagion du meurtre.** 3e édit., 1 vol. in-8, préface de M. le docteur CORRE. . . . . 5 fr.

FÉRÉ (Ch.), médecin de Bicêtre. — **Dégénérescence et criminalité.** 3e éd., 1 vol. in-12 avec 21 graphiques. . . . . 2 fr. 50

GAROFALO, conseiller à la cour d'appel et professeur agrégé à l'Université de Naples. — **La criminologie.** 1 vol. in-8, 4e édit. . . . . 7 fr. 50

LOMBROSO (Cesare), professeur à l'Université de Turin. — **Nouvelles recherches de psychiatrie et d'anthropologie criminelle.** 1 vol. in-12. . . . . 2 fr. 50

— **Les applications de l'anthropologie criminelle.** 1 vol. in-12. . . . . . . 2 fr. 50

— **L'anthropologie criminelle et ses récents progrès.** 1 vol. in-12, 3e édit. 2 fr. 50

— **L'homme criminel** (*criminel-né, fou moral, épileptique*). 2e édit. 2 vol. in-8 avec atlas . . . . 36 fr.

LOMBROSO et FERRERO. — **La Femme criminelle et la prostituée.** 1 vol. in-8 avec 13 planches hors texte. . . . . 15 fr.

LOMBROSO et LASCHI. — **Le crime politique et les révolutions.** 2 vol. in-8 avec planches hors texte. . . . . 15 fr.

PROAL (Louis), conseiller à la cour de Paris, lauréat de l'Institut. — **La criminalité politique.** 1 vol. in-8. . . . . 5 fr.
— **Le crime et la peine.** 3ᵉ édit. 1 vol. in-8. . . . . 10 fr.
TARDE (G.). — **La criminalité comparée.** 4ᵉ édit. 1 vol. in 18. . . . . 2 fr. 50

BIBLIOTHÈQUE D'HISTOIRE CONTEMPORAINE

RÉCENTES PUBLICATIONS :

Les origines du socialisme d'État en Allemagne, par Ch. ANDLER, maître de conférences à l'École normale supérieure. 1 vol. in-8°. . . 7 fr.

M. Ch. Andler décrit les causes qui ont amené en Allemagne ce fait très important de l'histoire contemporaine : *l'établissement de la monarchie socialiste.* Parmi toutes les transformations récentes de l'Allemagne, il n'en est pas de plus curieuse, car elle tient à des causes intellectuelles, à une conversion des esprits profondément troublés par quelques livres émouvants. Le pouvoir des idées sur les faits est d'ailleurs incontestable, comme le prouvent par exemple les débats des parlements et les décisions des hommes d'État, se traduisant par des lois qui nous touchent tôt ou tard dans nos intérêts.

L'auteur trouve l'origine de la conception socialiste du droit dans Hegel, Savigny, Ferdinand Lasalle et Rodbertus. Il étudie la propriété, la production et la répartition des richesses, l'organisation du travail social, les revenus et les salaires, et dans toutes ces questions, il montre l'influence des penseurs du commencement de ce siècle. Il constate que ces philosophes ont tous été plus attentifs aux relations de l'individu avec l'État qu'aux relations des individus entre eux. D'où le mouvement d'idées qui a conduit l'Allemagne au socialisme d'État, c'est-à-dire à l'État exerçant son contrôle et son action sur tous les faits de la vie sociale.

Le Socialisme en Angleterre, par ALBERT MÉTIN, agrégé de l'Université. 1 vol. in-12. . . . . 3 fr. 50

Comment l'Angleterre, qui était encore il y a vingt ans la terre classique de l'individualisme libéral et qui l'est restée pour la candide ignorance de nos plus distingués économistes, est devenue la patrie d'adoption du socialisme, et la terre d'éclosion des doctrines interventionnistes les plus larges, les plus souples, les plus ouvertes et les plus hardies, c'est ce que M. Métin explique aujourd'hui largement, profondément, complètement, dans un livre qui est à la fois une excellente étude d'histoire et une précieuse enquête actuelle. Il ressort clairement de ce livre, pour quiconque sait lire, que, si la doctrine socialiste est destinée à s'élargir, à se compléter, à s'adapter plus étroitement aux réalités sociales et aux réalités politiques, elle le devra, plus encore qu'au doctrinarisme allemand, à l'énergique poussée et à la libre expansion des théoriciens de l'Angleterre. (*Revue de Paris.*)

Le Socialisme Utopique, *étude sur quelques précurseurs du socialisme,* par ANDRÉ LICHTENBERGER, docteur ès lettres. 1 vol. in-12... 3 fr. 50

Ces monographies sont consacrées à des écrivains anglais et français du XVIIIᵉ siècle. La philosophie sentimentale de l'époque vit une véritable efflorescence d'un socialisme humanitaire qui, pour n'avoir pas l'allure scientifique du socialisme actuel, a, en partie au moins, des origines analogues. M. André Lichtenberger a esquissé les physionomies et analysé les théories de quelques-uns des plus singuliers parmi ces précurseurs inconnus ou oubliés. Mrs Afra Behn et Guendeville, devanciers de Rousseau ; Linguet, ancêtre de Karl Marx ; le général Caffarelli du Falga, émule et contemporain de Saint-Simon, etc., sont des figures curieuses qui ont une valeur pittoresque et historique indéniable.

Le Socialisme et la Révolution française, *étude sur les idées sociales en France, de 1789 à 1796,* par ANDRÉ LICHTENBERGER. 1 vol. in-8°. 5 fr.

L'étude des rapports du socialisme et de la Révolution française intéresse au plus haut point l'étude de la Révolution française et celle du socialisme lui-même.

Ce n'est qu'après l'avoir élucidée que l'on comprend la profondeur du mouvement révolutionnaire et les origines véritables du mouvement socialiste. Elle entraîne naturellement un grand nombre de conclusions dont l'intérêt n'est pas seulement historique, mais d'une brûlante actualité.

M. André Lichtenberger a écrit son livre dans un esprit d'absolue impartialité et a puisé à la fois dans des documents imprimés et des sources manuscrites importantes.

Histoire des rapports de l'Église et de l'État en France de 1789 à 1870, par A. DEBIDOUR, inspecteur général de l'Enseignement secondaire, doyen honoraire de la Faculté des lettres de Nancy. 1 vol. in-8°. . . 12 fr.

(*Ouvrage couronné par l'Institut.*)

M. Debidour s'est proposé de retracer les rapports de l'État et de l'Église catholique en France, depuis la Révolution jusqu'à la chute du second Empire. La question est passionnante, mais l'auteur a entendu exclure de ce livre la politique contemporaine avec ses débats irritants, ses exagérations, ses incertitudes, et c'est pour ne pas être tenté d'y toucher qu'il a arrêté son récit à une époque déjà éloignée de nous et appartenant définitivement à l'histoire.

Ce travail n'est donc ni une thèse, ni un plaidoyer, ni un pamphlet; c'est une narration explicative d'où se dégagent, par la force des choses, des jugements basés sur deux principes : la liberté des cultes et la souveraineté de l'État.

L'ouvrage se termine par un certain nombre de pièces justificatives : concordat, circulaires ministérielles, lois sur l'organisation civile du clergé, bulles et instructions papales, tous documents de première importance venant à l'appui des faits historiques relatés au cours du récit.

La dissolution des assemblées parlementaires, *étude de droit public et d'histoire*, par PAUL MATTER, substitut du Procureur de la République à Versailles, docteur en droit. 1 vol. in-8°. . . . . 5 fr.

M. Matter a recherché le rôle que ce droit a joué dans les États qui présentent un caractère particulier et forment, en quelque sorte, un type spécial; il suit son développement historique, examine l'influence qu'il a pu exercer sur les destinées des nations et les changements qu'ont produits en lui les événements politiques.

Il conclut que le droit de dissolution est essentiel à la monarchie représentative et au régime parlementaire. Il termine en émettant l'espoir que le droit de dissolution ne sera jamais exercé révolutionnairement, qu'il ira en se perfectionnant dans sa théorie et dans sa pratique, que son emploi sera toujours correct, de façon à justifier les belles paroles de Rossi : « Dissoudre une chambre, ce n'est pas satisfaire un caprice, c'est faire un acte de haute politique, c'est faire un appel au pays. »

Les problèmes politiques et sociaux à la fin du XIXe siècle, par E. DRIAULT, professeur agrégé d'histoire au lycée d'Orléans. 1 vol. in-8°. 7 fr.

L'expansion coloniale, qui est le fait le plus caractéristique de la fin du XIXe siècle, a multiplié les points de contact, les occasions de conflits entre les nations, et arraché les gouvernements aux traditions diplomatiques qui avaient pu suffire pendant des centaines d'années. Il y a quelque temps on pouvait encore dire que les Balkans et la flèche de Strasbourg dominaient toute la politique européenne. La question d'Alsace et la question d'Orient sont toujours d'importance capitale, primordiale, et leur solution préoccupe toujours les cabinets d'Europe, mais d'autres questions se sont posées depuis quinze ans, avec une gravité soudaine, qui en ont quelque peu détourné l'attention.

Ce sont ces nouveaux problèmes que M. Driault expose dans son livre. *La question d'Alsace-Lorraine. — La question romaine : le pape, le roi, le peuple. — La question d'Autriche-Hongrie. — La question ottomane. — La Méditerranée. — La mer Rouge : Égypte et Abyssinie. — Le partage de l'Afrique. — L'Asie antérieure. — L'Asie centrale. — La question chinoise. — Les États-Unis. — La triple alliance. — L'alliance franco-russe. — Les grandes puissances et le partage du monde. — Les conflits et la paix. — La société : église et science.* Tels sont les titres des principaux chapitres de l'ouvrage.

L'évolution du socialisme, par JEAN BOURDEAU. 1 vol. in-16. . . . 3 fr. 50

Le socialisme n'est pas une doctrine fixe et immuable, un mouvement uniforme en vue d'établir au sein des sociétés modernes un état social définitif d'où les maux qui résultent de la concurrence et de l'inégale distribution des richesses seraient bannis; ses tendances et ses aspirations ont beaucoup varié en ce siècle, elles sont très complexes. Le but de ce livre est de refléter cette complexité des problèmes sociaux dans la politique et la législation, l'administration communale, à l'usine et aux champs. C'est une histoire à la fois du mouvement et des idées socialistes qu'on ne peut séparer de leur milieu, ni étudier isolément.

Dans la même collection

BARNI (Jules). **Histoire des idées morales et politiques en France au XVIIIe siècle.** 2 vol. in-12. Chaque volume. . . . . 3 fr. 50
— **Les moralistes français au XVIIIe siècle.** 1 vol. in-12 faisant suite aux deux précédents. . . . . 3 fr. 50
BEAUSSIRE (Émile), de l'Institut. **La guerre étrangère et la guerre civile.** 1 vol. in-12. . . . . 3 fr. 50
BOURDEAU (J.). **Le socialisme allemand et le nihilisme russe.** 1 vol. in-12, 2e édit. 3 fr. 50
DRIAULT (E.). **La question d'Orient,** *depuis ses origines jusqu'à nos jours.* Préface de G. MONOD de l'Institut. 2e édition, 1 vol. in-8. . . . . 7 fr.
DEPASSE (Hector). **Transformations sociales.** 1 vol. in-12. . . . . 3 fr. 50
— **Du travail et de ses conditions** (Chambres et Conseils du travail). 1 vol. in-12. 3 fr. 50
D'EICHTHAL (Eug.). **Souveraineté du peuple et gouvernement.** 1 vol. in-12. 2 fr. 50
GUÉROULT (G.). **Le Centenaire de 1789,** évolution politique, philosophique, artistique et scientifique de l'Europe depuis cent ans, 1 vol. in-12. . . . . 3 fr. 50
LAVELEYE (E. de), correspondant de l'Institut. **Le Socialisme contemporain.** 1 vol. in-12. 11e édit. augmentée. . . . . 3 fr. 50
SPULLER (E.). **L'Éducation de la démocratie.** 1 vol. in-12. . . . . 2 fr. 50
— **L'Évolution politique et sociale de l'Église.** 1 vol. in-12. . . . . 3 fr. 50

BIBLIOTHÈQUE SCIENTIFIQUE INTERNATIONALE

DERNIERS VOLUMES PARUS :

La monnaie et le mécanisme de l'échange, par W. STANLEY JEVONS, Professeur d'économie politique à l'Université de Londres. 1 vol. in-8°, cart. à l'angl. . . . . 6 fr.

L'auteur décrit les différents systèmes de monnaies anciennes ou modernes du monde entier, les matières premières employées à faire de la monnaie, la réglementation du monnayage et la circulation, les lois naturelles qui régissent cette circulation et les divers moyens appliqués ou proposés pour la remplacer par de la monnaie de papier. Il termine par un exposé du système des chèques et des compensations, maintenant si étendu et si perfectionné, et qui a tant contribué à diminuer l'usage des espèces métalliques.

L'Évolution régressive en Biologie et en Sociologie, par MM. JEAN DEMOOR, JEAN MASSART et ÉMILE VANDERVELDE, professeurs à Bruxelles. 1 vol. in-8°, avec 84 gravures dans le texte, cart. à l'anglaise. . . . . 6 fr.

Le mot *évolution* n'implique par lui-même aucune idée de progrès ou de regrès; il désigne toutes les transformations soit favorables, soit défavorables. Les auteurs se sont appliqués à étudier ces dernières; grâce à leur compétence spéciale et à leurs recherches personnelles sur le même sujet, dans le domaine social et dans le domaine biologique, ils ont pu coordonner leurs résultats. Les analogies qui existent, au point de vue de l'évolution, entre la biologie et la sociologie, résultent de ce que l'évolution des sociétés, aussi bien que des organismes, est le concours des deux facteurs : *la ressemblance* et *l'adaptation.* Sans pousser jusqu'à l'exagération l'assimilation entre les organismes sociaux et les organismes végétaux ou animaux, MM. Demoor, Massart et Vandervelde ont réussi à découvrir des analogies très curieuses dans l'étude de la régression dans ces trois ordres de phénomènes.

L'Origine de la Nation française *(Textes, linguistique, palethnologie, anthropologie),* par GABRIEL DE MORTILLET, professeur à l'École d'Anthropologie, ancien président de la Société d'Anthropologie. 1 vol. in-8°, 2e éd., avec 153 gravures et 18 cartes dans le texte, cart. à l'anglaise. 6 fr.

Ce livre est divisé en quatre parties : 1° *Textes.* Critique chronologique des anciens textes. Populations sédentaires et populations mobiles. Gaulois et Germains formant un seul et même type. 2° *Linguistique.* Langues parlées. Évolution de l'écriture en

France. 3° *Anthropologie.* Précurseur de l'homme. Naissance et développement de l'industrie et de la civilisation. Absence de culte. Invasion et révolution sociologique. Protohistorique et métallurgie. 4° *Anthropologie.* Races humaines primitives de la France. Dolichocéphales et brachycéphales. Origine et variations des cultes. Les premiers habitants apparaissent il y a 230 à 240 mille ans. Races françaises pures pendant le paléolithique. Mélange des races autochtones avec les races envahissantes. Formation de la population française.

Dans la même collection

BAGEHOT. Lois scientifiques du développement des nations, 6e édit. 1 vol. in-8° 6 fr.
BAIN. La science de l'éducation, 7e édit. 1 vol. in-8°. . . . . 6 fr.
DRAPER. Les conflits de la science et de la religion. 10e édit. 1 vol. in-8°. . 6 fr.
DREYFUS. L'évolution des mondes et des sociétés. 3e édit. 1 vol. in-8°. . . . 6 fr.
HERBERT SPENCER. Introduction à la science sociale. 12e édit. 1 vol. in-8°. 6 fr.
LE DANTEC. L'évolution individuelle et l'hérédité. 1 vol. in-8°. . . . . 6 fr.
MAUDSLEY. Le crime et la folie. 6e édit. 1 vol. in-8°. . . . . 6 fr.
DE QUATREFAGES. L'espèce humaine. 12e édit. 1 vol. in-8°. . . . . 6 fr.
DE ROBERTY. La Sociologie, 3e édit. 1 vol. in-8° . . . . 6 fr.
STARCKE. La Famille primitive, 1 vol. in-8°. . . . . 6 fr.

AUTRES OUVRAGES SUR LA SCIENCE SOCIALE

BOILLEY (P.). La Législation internationale du travail. In-12. . . . . 3 fr.
— Les trois socialismes : anarchisme, collectivisme, réformisme. . . . . . 3 fr. 50
— De la production industrielle, association du capital, du travail et du talent. 1 vol. in-12 . . . . 2 fr. 50
BRASSEUR. La question sociale. 1 vol. in-8. . . . . 7 fr. 50
BROOKS ADAMS. La loi de la civilisation et de la décadence, in-8. . . . 7 fr. 50
COSTE (Ad.). Hygiène sociale contre le paupérisme. In-8. . . . . 6 fr.
— Nouvel exposé d'économie politique et de physiologie sociale. In-18. . . 3 fr. 50
DROZ (Numa). Essais économiques. 1 vol. in-8. . . . . 7 fr. 50
— La démocratie fédérative et le socialisme d'État. In-12. . . . . 1 fr.
— Éléments de science sociale. 1 vol. in-18. 4e édit. . . . . 3 fr. 50
GREEF (Guillaume de). Introduction à la Sociologie. 2 vol. in-8. . . . . 10 fr.
GUIRAUD (P.). La main-d'œuvre ouvrière dans l'ancienne Grèce. 1 vol. gr. in-8. 7 fr.
LETAINTURIER (J.). Le socialisme devant le bon sens. 1 vol. in-18 . . . . 1 fr. 50
LICHTENBERGER (A.). Le socialisme au XVIIIe siècle. Études sur les idées socialistes dans les écrivains français au XVIIIe siècle, avant la Révolution. 1 vol. in-8 . . . 7 fr. 50
MISMER (Ch.). Principes sociologiques. 1 vol. in-8. 2e éd. . . . . 5 fr.
NOVICOW. La fédération de l'Europe. 1 vol. in-12 . . . . 3 fr. 50
NAUDIER (F.). Le socialisme et la révolution sociale. 1 vol. in-18. . . . . . 3 fr. 50
PARIS (Comte de). Les Associations ouvrières en Angleterre (Trades-unions). 1 vol. in-18. 7e édit. 1 fr. — Édition sur papier fort. . . . . 2 fr. 50
PAUL BONCOUR. — Le Fédéralisme économique. Préface de M. WALDECK-ROUSSEAU. 2e édit. 1 vol. in-8. . . . . 6 fr.
PRINS (Ad.). L'organisation de la liberté et le devoir social. 1 vol. in-8. . . 4 fr.
ROUSSEAU (J.-J.). Du contrat social, édition publiée avec une introduction et des notes, par E. DREYFUS-BRISAC. 1 vol. in-8°. . . . . 12 fr.
SECRETAN (Ch.). Études sociales. 1 vol. in-18 . . . . 3 fr. 50
SKARZYNSKI (L.). Le progrès social à la fin du XIXe siècle. 1 vol. in-12. . . 4 fr. 50
STOCQUART (Émile). Le contrat de travail. In-12. . . . . 3 fr.
ZOLLA (D.). Les questions agricoles d'hier et d'aujourd'hui. 1894, 1895. 2 vol. in-12. Chacun. . . . . 3 fr. 50
Le premier Congrès de l'Enseignement des sciences sociales. Paris. Compte rendu des séances et texte des mémoires, 1901. 1 vol. in-8. . . . . 7 fr. 50
La Fondation universitaire de Belleville. CH. GIDE, *Travail intellectuel et travail manuel.* — J. BARDOUX. *Premiers efforts et première année,* 1 vol. in-12. . . . 1 fr. 50

Publications périodiques

Annales des Sciences politiques

REVUE BIMESTRIELLE (17e Année, 1902).

Publiée avec la collaboration des professeurs et des anciens élèves de l'École libre des Sciences politiques.

Comité de Rédaction :

MM. ÉMILE BOUTMY, de l'Institut, Directeur de l'École libre des Sciences politiques; ALFRED DE FOVILLE, de l'Institut, Conseiller maître à la Cour des Comptes; STOURM, de l'Institut, ancien Inspecteur des finances et Administrateur des Contributions indirectes; AUGUSTE ARNAUNÉ, Directeur de l'Administration des Monnaies; A. RIBOT, Député, ancien Président du Conseil des Ministres; GABRIEL ALIX; JULES DIETZ; LOUIS RENAULT, Professeur à la Faculté de droit de Paris; ALBERT SOREL, de l'Académie française; VANDAL, de l'Académie française; ÉMILE BOURGEOIS, Maître de conférences à l'École normale supérieure, *Directeurs des Groupes de travail, Professeurs à l'École libre des Sciences politiques.*

Rédacteur en chef : M. ACHILLE VIALLATE, Professeur à l'École libre des Sciences politiques.

PRIX D'ABONNEMENT (1 an, du 15 janvier)

Paris, 18 fr.; Départements et étranger, 19 fr.; La livraison. . . . . . . 3 fr. 50

REVUE HISTORIQUE

Dirigée par G. MONOD

Membre de l'Institut, Maître de conférences à l'École normale
Président de la section historique et philologique à l'École des hautes études.

(*27e année, 1902.*)

Paraît tous les deux mois, par livraisons grand in-8° de 15 feuilles, et forme par an trois volumes de 500 pages chacun.

PRIX D'ABONNEMENT :

Un an, du 1er janvier, pour Paris, 30 fr. — Pour les départements et l'étranger, 33 fr.
La livraison. . . . . 6 francs.

REVUE PHILOSOPHIQUE
DE LA FRANCE ET DE L'ÉTRANGER

Dirigée par Th. RIBOT

Membre de l'Institut
Professeur honoraire au Collège de France.

(*27e année, 1902.*)

Paraît tous les mois, par livraisons de 7 feuilles grand in-8, et forme chaque année deux volumes de 680 pages chacun.

Prix d'abonnement :

Un an, du 1er janvier, pour Paris, 30 fr. — Pour les départements et l'étranger, 33 fr.
La livraison............................ 3 fr.

Revue de l'École d'Anthropologie de Paris

(**12e année, 1902**)

RECUEIL MENSUEL PUBLIÉ PAR LES PROFESSEURS

MM. CAPITAN (Anthropologie pathologique), Mathias DUVAL (Anthropologie et Embryologie), Georges HERVÉ (Ethnologie), J.-V. LABORDE (Anthropologie biologique), André LEFÈVRE (Ethnographie et Linguistique), Ch. LETOURNEAU (Histoire des civilisations), MANOUVRIER (Anthropologie physiologique), MAHOUDEAU (Anthropologie zoologique), A. DE MORTILLET (Technologie ethnographique), SCHRADER (Anthropologie géographique), H. THULIÉ, directeur de l'École.

ABONNEMENT DU 15 JANVIER : France et étranger, 10 fr. — Le numéro, 1 fr.

On s'abonne à la librairie **FÉLIX ALCAN**, 108, boulevard Saint-Germain, Paris, 6e, chez tous les libraires et dans tous les bureaux de poste.

ENVOI FRANCO CONTRE MANDAT-POSTE

Coulommiers. — Imp. PAUL BRODARD. — 916-1901.

www.ingramcontent.com/pod-product-compliance
Ingram Content Group UK Ltd.
Pitfield, Milton Keynes, MK11 3LW, UK
UKHW020200250726
13967UKWH00003B/1181

9 782012 941502